博士论文
出版项目

二战后美国联邦政府
国际学生流动政策变迁

The Evolution of International Student Mobility Policies of the U. S. Federal Government Since World War II

安亚伦 著

中国社会科学出版社

图书在版编目（CIP）数据

二战后美国联邦政府国际学生流动政策变迁／安亚伦著．-- 北京：中国社会科学出版社，2025.4.
ISBN 978-7-5227-4928-0

Ⅰ．G649.712

中国国家版本馆 CIP 数据核字第 2025T7Y233 号

出 版 人	赵剑英
责任编辑	赵　丽
责任校对	王　龙
责任印制	郝美娜

出　　版	中国社会科学出版社
社　　址	北京鼓楼西大街甲 158 号
邮　　编	100720
网　　址	http://www.csspw.cn
发 行 部	010-84083685
门 市 部	010-84029450
经　　销	新华书店及其他书店
印　　刷	北京君升印刷有限公司
装　　订	廊坊市广阳区广增装订厂
版　　次	2025 年 4 月第 1 版
印　　次	2025 年 4 月第 1 次印刷
开　　本	710×1000　1/16
印　　张	19
字　　数	265 千字
定　　价	118.00 元

凡购买中国社会科学出版社图书，如有质量问题请与本社营销中心联系调换
电话：010-84083683
版权所有　侵权必究

出 版 说 明

为进一步加大对哲学社会科学领域青年人才扶持力度,促进优秀青年学者更快更好成长,国家社科基金2019年起设立博士论文出版项目,重点资助学术基础扎实、具有创新意识和发展潜力的青年学者。每年评选一次。2021年经组织申报、专家评审、社会公示,评选出第三批博士论文项目。按照"统一标识、统一封面、统一版式、统一标准"的总体要求,现予出版,以飨读者。

全国哲学社会科学工作办公室

2022年

前　言

高等教育机构自诞生之日起就具有国际化基因，国际学生流动作为高等教育国际化的显著标志之一，是各国间教育合作与交流的重要组成部分，也是提升国家文化软实力和高等教育国际竞争力的必要手段。"二战"后，作为世界上唯一的超级大国和高等教育体系最发达的国家，美国大力发展留学生教育，通过实施个性化的国际学生流动政策吸引了世界各地的高端人才。截至目前，美国在留学生教育的全球竞争中处于领先地位，是高等教育阶段在校国际学生数量最多的国家，美国在吸纳和培养国际学生方面已取得显著成效。美国之所以能够成为全球留学生教育的领跑者，坐拥前沿学术科研成果，很大程度上得益于其联邦政府国际学生流动政策的宏观调控。美国联邦政府国际学生流动政策的发展历程、变迁机制和发展经验值得探究。

改革开放以来，来华留学生规模持续扩大、教育层次结构不断优化、生源国别多样化发展，教育对外开放水平和国际影响力快速提升。党的十八大以来，以习近平同志为核心的党中央高度重视来华留学生教育事业发展，推进来华留学生教育成为中国教育改革与发展的重要政策走向。从《中国教育现代化2035》中明确"建立并完善来华留学教育质量保障机制，全面提升来华留学质量"的新目标，到《来华留学生高等教育质量规范（试行）》中首次针对来华留学生高等教育制定和实施全国统一的基本规范，提出"逐步实现中外学生教学管理的趋同"的重点部署，来华留学生教育进入高层次高质量发展的新阶段。当前，中国已经成为世界第三大、亚洲最大的留学目的地国家，但是与美国等留学生教育强国相比还有不小的差距，来华留学生教育政策在实践过程中面临诸多问题与挑战，亟须深入研究留学生教育发达国家的经验。

2022年，本人依托北京体育大学申请国家社科基金后期资助暨优秀博士论文项目"二战后美国联邦政府国际学生流动政策变迁"，并得到全国哲学社会科学工作办公室批准。本书就是该项目的研究成果。第一章"'二战'后美国联邦政府国际学生流动政策的发展历程"，从历史动因的维度，对"二战"后美国联邦政府出台的《富布赖特法》、《国防教育法》第六章、《国际教育法》和《美国爱国者法案》第四章的形成和变迁脉络进行梳理，描述四项政策的决策机构、实施主体、管理机构以及拨款情况，探究政策子系统内部具有不同政策信念和资源的倡导联盟如何将政策信念转化为政策行动，并对四项政策的影响与评价进行解析。第二章"影响美国国际学生流动政策变迁的相对稳定变量"，分析美国根本的文化价值观、多元化的社会结构和基本的法律框架等相对稳定变量对国际学生流动政策系统内联盟深层核心信念的影响。第三章"影响美国国际学生流动政策变迁的外部事件变量"，分析"二战"后美国不断变化的社会经济条件、公共舆论、占统治地位联盟以及外交战略的变化对联盟政策核心信念的影响。第四章"美国国际学生流动政策的变迁"，分析政策子系统内的倡议联盟构成、联盟信念体系的凝聚与输出、联盟间的博弈对美国国际学生流动政策变迁的影响。第五章"美国国际学生流动政策发展中的经验与问题"，总结美国国际学生流动政策发展中的经验与问题，特别是吸引高端国际人才的政策与措施，并尝试提出中国推进来华留学生教育政策改革的路径与建议。

本书的核心结论也是按照上述研究思路和章节内容呈现的。第一，美国国际学生流动政策的变迁是在渐进式模式和间断—均衡模式下交替进行的。符合不同时期的国家核心利益是政策变迁的出发点与归宿。总统的参与增加了国际学生流动政策快速变迁的可能性。

第二，相对稳定变量通过制约政策参与者的资源和深层核心信念，引导美国国际学生流动政策的渐进式变迁。其中，根本的文化价值观为联盟内核心信念的形成奠定了基础，联邦体制决定了联邦政府与州政府和高校的分散型权力分配模式，为长期联盟机会结构的政策诉求提供了制度保障。第三，外部环境的变化是动摇美国国际学生流动政策核心信念、促使政策发生重大变迁的关键因素。首先，社会背景的变化为政策的重大变迁提供了直接动力，经济条件为政策的变迁提供了物质保障。其次，公共舆论可以改变政策决策者对国际学生流动政策图景的判断，政策制定者可以利用公共舆论推行或阻碍政策行动。最后，只要提起政策的子系统倡议联盟仍然掌握权力，国际学生流动政策的核心就不会发生重大改变。第四，美国国际学生流动政策的变迁是通过不同联盟间以政策为导向的博弈与学习过程实现的。首先，国际学生流动政策联盟的参与者对政策核心问题的立场有着基本共识，但在信念体系的次要方面共识度较低。其次，以政策为导向的学习是引发国际学生流动政策变迁的重要机制，可以发生在联盟内部，也可以发生在跨联盟间，但通常只能改变政策的次要方面。此外，相对于外部事件，国际学生流动政策变迁的失败主要源于政策子系统内部。第五，在美国国际学生流动政策的变迁过程中，联邦政府始终强调对留学生教育的领导权，注重发挥各州政府和高校的自主调节作用，重视与非营利性组织的政策协同关系。第六，美国国际学生流动政策的发展由于受到政策子系统内、外因素的制约暴露出诸多问题。其一，国际学生流动政策的发展难以克服孤立主义的基因缺陷。其二，在国家层面缺乏统一的国际学生流动政策指导各州和各高校的国际学生流动政策。其三，国际学生流动政策变迁中始终未能设立一个机构全面管理和协调来自各部门的资金，导致无法最大限度的利用联邦资金。

在本书撰写过程中，我的导师王英杰教授和刘宝存教授给予我悉心的指导和宝贵的建议，在此，谨向他们表示衷心的感谢。本书还参考了国内外的许多研究成果，未能一一列出，在此一并表示感谢。中国社会科学出版社的编辑赵丽为本书的出版付出了艰辛的努力，在此深表感谢。由于有关美国国际学生流动的法案全部为英文文献，且文本冗长、内容庞杂，在甄别与理解政策内容的过程中，难免会有一些细节上的纰漏，恳请各位专家、学者和广大读者不吝赐教。

安亚伦
2023 年 10 月于北京体育大学教育学院

摘 要

高等教育机构自诞生之日起就具有国际化基因,国际学生流动作为高等教育国际化的显著标志之一,不但可以扩大国家的世界影响力,也是促进社会、经济繁荣的重要武器。进入21世纪,以美国为首的留学发达国家争相发展留学生教育,通过实施个性化的国际学生流动政策吸引全球各地的学生前往就读。截至目前,美国在留学生教育的全球竞争中处于领先地位,是高等教育阶段接收国际学生数量最多的国家。改革开放以来,随着中国综合实力和国际地位的不断提升,来华留学人员数量日益增长,中国已经成为新兴的留学目的地国。然而,与美国等留学教育发达国家相比,我国仍然存在不小的差距,来华留学教育政策在实践过程中面临诸多问题与挑战。本研究既能丰富教育政策的分析框架,帮助人们深入理解美国开展留学教育的理论、政策与实践的关系,又能为新时期加强和完善来华留学教育政策提供参考,对适应中国教育对外开放的发展大局有着重要的实践意义。

本书基于间断—均衡理论和倡议联盟框架,通过使用文献研究法和个案分析法,对"二战"后美国联邦政府颁布的与接收国际学生最直接相关的《富布赖特法》、《国防教育法》第六章、《国际教育法》和《美国爱国者法案》第四章的发展背景、政策内容与实施过程、政策影响与反馈进行研究,然后利用倡议联盟框架对政策变迁中的相对稳定变量、外部事件变量、政策子系统内的联盟信念体系、以政策为导向的博弈与学习过程进行分析,最后,结合公共政策学中的间断—均衡理论和倡议联盟框架提出的重要假设，归纳美国国际学生流动政策的变迁机制，总结政策变迁中的经验与问题。

本研究主要发现六点核心结论。第一，美国国际学生流动政策的变迁是在渐进式模式和间断均衡模式下交替进行的。符合不同时期的国家核心利益是政策变迁的出发点与归宿。总统的参与增加了国际学生流动政策快速变迁的可能性。第二，相对稳定变量通过制约政策参与者的资源和深层核心信念，引导美国国际学生流动政策的渐进式变迁。其中，根本的文化价值观为联盟内核心信念的形成奠定了基础，联邦体制决定了联邦政府与州政府和高校的分散型权力分配模式，为长期联盟机会机构的政策诉求提供了制度保障。第三，外部环境的变化是动摇美国国际学生流动政策核心信念、促使政策发生重大变迁的关键因素。首先，社会背景的变迁为政策的重大变迁提供了直接动力，经济条件为政策的变迁提供了物质保障。其次，公共舆论可以改变政策决策者对国际学生流动政策图景的判断，政策制定者可以利用公共舆论推行或阻碍政策行动。再次，只要提起政策的子系统倡议联盟仍然掌握权力，国际学生流动政策的核心就不会发生重大改变。第四，美国国际学生流动政策的变迁是通过不同联盟间以政策为导向的博弈与学习过程实现的。首先，国际学生流动政策联盟的参与者对政策核心问题的立场有着基本共识，但在信念体系的次要方面共识度较低。其次，以政策为导向的学习是引发国际学生流动政策变迁的重要机制，可以发生在联盟内部，也可以发生在跨联盟间，但通常只能改变政策的次要方面。此外，相对于外部事件，国际学生流动政策变迁的失败主要源于政策子系统内部。第五，在美国国际学生流动政策的变迁过程中，联邦政府始终强调对留学教育的领导权，注重发挥各州政府和高校的自主调节作用，重视与非营利性组织的政策协同关系。第六，美国国际学生流动政策的发展由于受到政策子系统内、外因素的制约暴露出诸多问题。其一，国际学生流动政策的发展难以摆脱深厚的孤立主义传统。其二，在国家层面缺乏统一的国际学生流动政策指导各州和各高校的国际学生流动政策。其三,国际学生流动政策变迁中始终未能设立一个机构全面管理和协调来自各部门的资金,导致联邦资金无法得到最大限度的利用。

本研究认为,应加强来华留学教育顶层设计,发挥来华留学教育的战略支撑作用;政府适当简政放权,促进高校自主发展;加强与非营利组织的合作,充分发挥其政策协同作用;重视留学教育质量,提升院校综合实力;丰富留学教育经费来源,完善留学资助服务体系;弘扬中国传统文化,增加其国际吸引力。

关键词:美国国际学生流动政策;政策变迁;美国留学教育;来华留学教育;高等教育国际化

Abstract

  Higher education institutions have international genes since their birth. The international student mobility, as one of the most remarkable symbol of the internationalization of higher education, can not only expand a country's world influence, but also be an important weapon to promote social and economic prosperity. In the 21st century, the United States and other western countries have competed to develop international education, and have attracted students from all over the world to study by carrying out various international student mobility policies. By now, the United States is taking the lead in the global competition for international education and it also receives the largest number of international students in higher education. Since the reform and opening up, with the continuous improvement of China's comprehensive strength and international status, the number of international students studying in China has been increasing, making China an emerging country of destination for studying abroad. However, compared with the United States and other developed countries, there is still a long way to go as the studying abroad policy in China faces many problems and challenges. This study enriches the analytical framework of education policies, helps people to understand the relationship between theories, policies, and practices of international education in the United States, and provides a practical reference for improving the studying abroad policy in China in the new era and adapting to the opening up of

China's education to the world.

Based on the punctuated-equilibrium theory and advocacy coalition framework, this study explores the policy background, policy contents, implementation process of and the policy impacts and feedbacks on the federal policies most directly related to receiving international students since World War II, such as the *Fulbright Act* of 1946, the Title VI of *National Defense Education Act* of 1958, the *International Education Act* of 1966 and the Title IV of the *USA PATRIOT Act* of 2001 through the literature research and case analysis. Then, the advocacy coalition framework is adopted to analyze relatively stable parameters, external event parameters, policy belief systems in the policy subsystem and policy-oriented learning processes. Finally, research conclusions in terms of the policy changing mechanism, experiences and problems of international student mobility are drawn based on the assumptions proposed in the punctuated-equilibrium theory and the advocacy coalition framework.

This study has drawn six core conclusions. First, the development model of international student mobility policies in the United States is alternating between progressive and punctuated equilibrium. To serve the core national interests in different periods is the starting point and ultimate goal of policy changes. The president's involvement has increased the possibility of rapid policy changes. Second, relatively stable parameters guide the progressive change of the international student mobility policy by restricting the resources and deep core beliefs of policy participants. Among them, fundamental cultural values have laid the foundation for the formation of core beliefs within the alliance. The federal system determines the decentralized power distribution mode of the federal government, state governments and universities, and provides institutional guarantee for the policy appeals of long-term coalition opportunity structures. Third, changes in the external environment are the key factors that shake the core beliefs of the international student mobility policy and promote major policy changes. First of all, changes in the social background provide a direct impetus for major policy changes, and economic conditions provide material basis for policy changes. What's more, public opinion can change international student mobility policy images of policy makers, who can make use of public opinion to promote or hinder policy actions. Lastly, as long as the supporting alliance that brings up the policy still holds power, the core of the policy won't change significantly. Fourth, changes in the international student mobility policy are achieved through a policy-oriented learning process between different alliances. Firstly, the participants of the international student mobility policy alliance have a basic consensus on the policy core beliefs, but the consensus on the secondary beliefs is low. Additionally, policy-oriented learning is an important mechanism that triggers changes in international student mobility policies, which can occur within an alliance or across alliances, but usually changed minor aspects of the policy. Furthermore, compared with external events, the failure of the international student mobility policy change is mainly due to the policy subsystem. Fifth, in the process of policy changes, the federal government always emphasizes its leadership in international student mobility, pays attention to the autonomous regulatory roles of state governments and universities, and values policy synergy with non-profit organizations. Sixth, the development of the international student mobility policy in the United States has also exposed many problems due to the constraints of internal and external factors in the policy subsystem. First, it cannot escape from the deep tradition of isolationism. Second, there is not a comprehensive policy at the federal level to guide international student mobility policies in states and universities. Third, the lack of an agency which can manage and coordinate funds from various departments results in the inability to maximize the use of federal funds.

It is necessary to strengthen the top-level design and strategic supporting role of studying abroad policy in China, to streamline administration and delegating power to the independent development of universities, to enhance the collaborations with non-profit organizations to reach policy synergy. It is also imperative to improve the quality of international education and comprehensive strength of China's universities, to enrich and perfect the funding service system, to strengthen appeal of Chinese traditional culture.

KEY WORDS: International student mobility policy of the United States, Policy change, Education for international students in the United States, Education for international students in China, Internationalization of higher education

目 录

绪 论 ……………………………………………………………（1）
 第一节 研究缘起 ……………………………………………（1）
 第二节 研究目的、研究内容与研究意义 …………………（12）
 第三节 国际学生流动政策的概念与内涵 ………………（15）
 第四节 研究综述 ……………………………………………（28）
 第五节 理论视角与分析框架 ………………………………（49）
 第六节 研究设计 ……………………………………………（64）

第一章 "二战"后美国联邦政府国际学生流动政策的
    发展历程 ………………………………………………（71）
 第一节 《富布赖特法》开创资助国际学生的先河 …………（72）
 第二节 《国防教育法》加大对外语和区域研究的资助 ……（87）
 第三节 《国际教育法》增加对国际教育项目的资助 ……（102）
 第四节 《美国爱国者法案》加强对国际学生的监控 ……（115）

第二章 影响美国国际学生流动政策变迁的相对
    稳定变量 ………………………………………………（129）
 第一节 根本的文化价值观 …………………………………（129）
 第二节 多元化的社会结构 …………………………………（137）
 第三节 基本的法律框架 ……………………………………（142）

第三章 影响美国国际学生流动政策变迁的外部事件变量 (146)

第一节 社会环境与经济条件的变化 (146)

第二节 公共舆论的变化 (162)

第三节 占统治地位的联盟变化 (170)

第四节 美国对外政策的变化 (174)

第四章 美国国际学生流动政策的变迁 (178)

第一节 《富布赖特法》子系统内联盟间的博弈 (178)

第二节 《国防教育法》子系统内联盟间的博弈 (189)

第三节 《国际教育法》子系统内联盟间的博弈 (196)

第四节 《美国爱国者法案》子系统内的垄断 (203)

第五章 美国国际学生流动政策发展中的经验与问题 (212)

第一节 美国国际学生流动政策发展中的经验 (212)

第二节 美国国际学生流动政策发展中的问题 (225)

第三节 美国国际学生流动政策的发展趋势 (231)

结论与启示 (245)

参考文献 (256)

索引 (280)

后记 (282)

Contents

Introduction ··· (1)
  Section 1 Origin of the Study ································· (1)
  Section 2 Purpose of the Study, Research Contents and
               Significance of the Study ······················· (12)
  Section 3 Concepts and Connotations of International
               Student Mobility Policies ······················ (15)
  Section 4 Overview of the Study ···························· (28)
  Section 5 Theoretical Perspectives and Analytical
               Framework ··· (49)
  Section 6 Research Design ···································· (64)

**Chapter 1 The Development of the U. S. Federal
Government's International Student
Mobility Policies after World War II** ············· (71)
  Section 1 *Fulbright Act* Pioneers the Funding of International
               Students ·· (72)
  Section 2 *National Defense Education Act* Increased Funding
               for Foreign Language and Area Studies ············ (87)
  Section 3 *International Education Act* Increases Funding for
               International Education Programs ················· (102)

Section 4 *USA PATRIOT Act* Strengthens Monitoring of
            International Students ……………………………… (115)

**Chapter 2 Relatively Stable Variables Influencing Changes
            in U. S. International Student Mobility Policies**
            ……………………………………………………… (129)
Section 1 Fundamental Cultural Values ……………………… (129)
Section 2 Diverse Social Structures ………………………… (137)
Section 3 The Underlying Legal Framework ………………… (142)

**Chapter 3 External Event Variables Influencing the
            Changes in U. S. International Student
            Mobility Policies** ……………………………………… (146)
Section 1 Changes in Social and Economic Conditions ……… (146)
Section 2 Changes in Public Opinion ………………………… (162)
Section 3 Changes in Dominant Coalitions …………………… (170)
Section 4 Changes in U. S. Foreign Policy …………………… (174)

**Chapter 4 Logic of Changes in U. S. International Student
            Mobility Policy** ……………………………………… (178)
Section 1 Gaming among Coalitions within the *Fulbright Act*
            Subsystem ……………………………………… (178)
Section 2 Gaming among Coalitions within the *National Defense
            Education Act* Subsystem ……………………… (189)
Section 3 Gaming among Coalitions within the *International
            Education Act* Subsystem ……………………… (196)
Section 4 Monopolization within the *USA PATRIOT Act*
            Subsystem ……………………………………… (203)

Chapter 5　Experiences and Issues in the Development of
　　　　　　U. S. International Student Mobility Policies ⋯ (212)
　　Section 1　Experiences in the Development of U. S.
　　　　　　　International Student MobilityPolicies ⋯⋯⋯⋯⋯⋯ (212)
　　Section 2　Issues in the Development of U. S. International
　　　　　　　Student Mobility Policies ⋯⋯⋯⋯⋯⋯⋯⋯⋯⋯⋯⋯ (225)
　　Section 3　Development Trends of U. S. International Student
　　　　　　　Mobility Policies ⋯⋯⋯⋯⋯⋯⋯⋯⋯⋯⋯⋯⋯⋯⋯⋯ (231)

Conclusion and Inspiration ⋯⋯⋯⋯⋯⋯⋯⋯⋯⋯⋯⋯⋯⋯⋯⋯ (245)

References ⋯⋯⋯⋯⋯⋯⋯⋯⋯⋯⋯⋯⋯⋯⋯⋯⋯⋯⋯⋯⋯⋯⋯⋯⋯ (256)

Index ⋯⋯⋯⋯⋯⋯⋯⋯⋯⋯⋯⋯⋯⋯⋯⋯⋯⋯⋯⋯⋯⋯⋯⋯⋯⋯⋯⋯ (280)

Afterword ⋯⋯⋯⋯⋯⋯⋯⋯⋯⋯⋯⋯⋯⋯⋯⋯⋯⋯⋯⋯⋯⋯⋯⋯⋯ (282)

绪 论

第一节 研究缘起

国际学生流动是经济全球化时代的必然趋势，也是知识经济时代知识传播和扩散的主要途径。进入21世纪以来，全球人才竞争不断加剧，招募国际学生已经成为许多国家构建全球人才智库、弥补本国教育水平能力较低短板、支持本国科技发展与创新系统和降低老龄化影响的重要方式。在人才流动与智力争夺日趋激烈的全球化时代，世界各国纷纷出台促进国际学生流动的政策与措施，不仅增加国际学生的招生名额，而且通过留学生教育为国际高端人才提供平台，意在将他们留在本国劳动力市场。以美国、英国、加拿大、澳大利亚为代表的留学生教育发达国家为顺应时代发展潮流，保持其核心竞争力，通过制定一系列吸引国际学生的签证政策、奖学金政策、就业与移民政策，努力打造包容、友好、多元的留学环境，以吸引更多的海外高端人才。

来华留学生教育是提升中国教育国际影响力的重要手段，也是开创教育对外开放新格局、推进中国式教育现代化的重要举措。《中国教育现代化2035》指出，要全面提升来华留学教育质量，吸引更多高层次来华留学生，努力建成具有重要国际影响力的全球教育高地。面对新形势新任务，中国需要研究以美国为代表的传统留学生教育强国的政策经验，对美国国际学生流动政策发展的历史动因、实施过程、实施效果与反馈、政策变迁的机制等进行分析，并在此基础上探讨中国如何优化来华留学生规模，提高高层次学历生比重，完善来华留学生教育质量保障机制，构建来华留学社会化、专业化服务体系，做强"留学中国"品牌，实现从留学生教育大国到留学生教育强国的升级转型。

一　国际化成为全球高等教育发展的重要趋势

全球化作为 21 世纪的一个关键现实，不仅塑造了世界经济和文化模式，还大大地影响了高等教育，其结果就是高等教育的国际化。"大学始终受到全球化环境和国际趋势的影响，而且在一定程度上，高等教育机构已经是在一个更大的国际学术机构、学者和研究的共同体中运作。"[1] 高等教育受到的全球化影响主要体现在：英语成为世界科学与学术交流的通用语言、一个便于全球传播的全球化知识体系的诞生、信息及通信技术的大幅扩张。

21 世纪以来，国际化在发现知识和培养国际高端人才方面对高等教育的影响越发深刻。从知识的角度，高等教育探求真理和发现知识的本质就已经决定了其国际化属性。[2] 科学的探索和知识的发现本就是无国界的，如果知识的需求与科研成果的分享囿于国界，高等教育就不可能持续蓬勃发展。尤其是在科技发展日新月异的今天，全球范围内对自然科学、电子工程技术方面的探索达到前所未有的高度，这就更需要世界各国的高等教育机构利用国际化的条件进行跨国的交流与合作。从人才培养的角度，在全球人才竞争白热化的今天，各国政府都出台了更为实惠的留学生政策以吸引高层次海外人才。越来越多的高等教育机构也制定了相关的国际化战略，其主

---

[1] Philip G. Altbach, Liz Reisberg and Laura Rumbley, *Trends in Global Higher Education: Tracking an Academic Revolution*, The Netherlands: Sense Publishers, 2010, pp.6-7.

[2] 王英杰、高益民：《高等教育的国际化——21 世纪中国高等教育发展的重要课题》，《清华大学教育研究》2000 年第 2 期。

要目的就是吸纳更多具有国际视野的高端人才，使大学从新的全球化环境中受益。此外，发达国家的大学在其他国家建立海外分校的现象日益普遍，不同国家的大学积极推进学分转换、学位学历互认、学位互授联授等国际教育合作项目。一些非英语国家也设立了英语授课的学位项目以吸引其他国家的国际学生。发达国家的高等教育机构通过建立海外分校或开展国际教育合作项目提升它们的国际化程度和国际形象，并从中获得更大的经济利益。发展中国家的高等教育机构则通过这类活动扩充自身的教育资源，提高自己的知名度。毋庸置疑，国际化是影响全球高等教育未来的关键因素。

二　全球学生流动处于历史最高水平

国际学生流动作为高等教育国际化的重要组成部分，由于关乎地区的经济发展、高校的收益和移民政策等多个方面，一直备受各国政策制定者、高等教育机构和学者的关注。早在1985年，菲利普·阿特巴赫与尤纳斯·路拉特就通过比较的方法全面研究了有关国际学生流动的问题。在他们看来，国际学生是高等教育中的增长性产业，其主要流动方向是由发展中国家流向工业化国家，其次是工业化国家之间的学生流动。[1] 阿特巴赫还预测，美国、英国、澳大利亚等工业化国家在20世纪末提高学费的决策会对国际学生流动产生消极的影响，国际学生快速增长的趋势将会在21世纪不可避免地放缓。然而，事实证明，在境外接受高等教育的学生数量在过去十几年里呈现爆炸式增长，从1999—2000学年的200万人上升至2018—2019学年的530万人，全球学生流动正处于历史最高水平。[2] 土耳其学者凯末尔·古鲁兹预测，全球国际学生数量在2025年将达

---

[1] Philip G. Altbach and Younus Lulat, *Research on Foreign Student and International Study: An Overview and Bibliography*, New York: Praeger Publishers, 1985, p.50.

[2] OECD, *Education at a Glance 2019: OECD Indicators*, Paris: OECD Publishing, 2019, p.228.

到 800 万人。①

美国国际教育协会最新数据显示（见图 1），全球十大留学目的地国中除中国、俄罗斯外，其他均为经合组织成员国，国际学生流入国家体现出高度密集性。其中，英语国家对国际学生最具吸引力，2018—2019 学年，美国、英国、加拿大、澳大利亚四个国家共接收了全球 46.2% 的国际学生。② 人力资本理论认为，全球学生流动是一种典型的国家和家庭对学生个体进行的人力资本投资，特别是对高等教育的投资是投资成本最高、预期效益最为显著的人力资本投资模式。③ 基于人力资本理论的观点，经合组织成员国之所以成为国际学生流入的集中区域，是因为这些国家有着更为优质的高等教育资源和更具优势的高等教育机会，国际学生选择到这些国家留学可以更大程度实现其文化资本和社会资本的积累，完成向更高社会阶层的身份转换和地位晋升。

数据还表明，具有越高学历层次的学生流动性越强。2018—2019 学年，经合组织国家的国际学生占高等教育总入学率平均为 6%，但有 22% 的国际学生注册了博士学位。④ 牛津大学高等教育学教授西蒙·马金森指出，国际学生为获取高等教育证书这一"位置商品"⑤，会在竞争激烈的全球高等教育市场选择更具相对优势的高等教育资源和机会，通过追求更优质的高等教育来实现其社会地位

---

① Kemal Gürüz, "Higher Education and International Student Mobility in the Global Knowledge Economy", *British Journal of Educational Studies*, Vol. 59, No. 3, 2011, p. 356.

② Project Atlas, *A Quick Look at Global Mobility Trends*, New York: IIE Release, 2019, pp. 1 – 2.

③ Joana Elizabeth Crossman & Marilyn Clarke, "International Experience and Graduate Employability: Stakeholder Perceptions on the Connection", *Higher Education*, Vol. 59, No. 5, 2010, pp. 599 – 613.

④ Project Atlas, *A Quick Look at Global Mobility Trends*, New York: IIE Release, 2019, pp. 1 – 2.

⑤ Simon Marginson, "National and Global Competition in Higher Education", *Australian Educational Researcher*, Vol. 31, No. 2, 2004, p. 3.

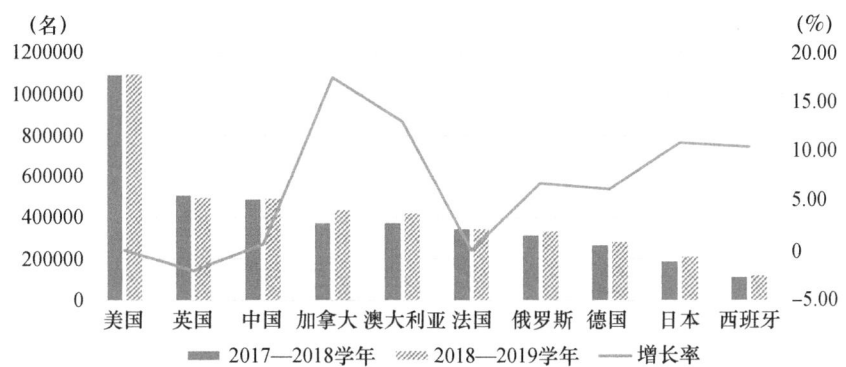

图 1 全球十大留学目的地国接收国际学生数量及增长情况

资料来源：根据美国国际教育协会公布的计划蓝图项目相关统计数据整理，数据详见 Project Atlas, *A Quick Look at Global Mobility Trends*, New York: IIE Release, 2019, pp. 1 - 2。

的变化。留学发达国家的博士学位学生流动比例高，不仅是因为高学历可以带来更多隐性优势资源，如知识能力水平、家庭生活质量、心理健康水平等，还是这些国家重视人力资本投资，尤其是重视高等教育投资的具体体现。

联合国教科文组织的最新数据表明，亚洲是派遣国际学生最多的地区（见图2），2017—2018学年，共有2701860名亚洲地区的学生在高等教育阶段到其他国家学习，占全球国际学生生源的52%；欧洲是世界第二大留学生源地，其高等教育阶段国际学生数量占全部国际学生生源的19%；阿拉伯国家、撒哈拉以南非洲、拉丁美洲和加勒比地区的国际学生生源占比分别为9%、7%和7%。[①]

具体到留学生源国，2017—2018学年，亚洲在全球十大国际学生生源地区中占据六席，分别是中国、印度、韩国、越南、哈萨克

---

① UNESCO, "Outbound Internationally Mobile Students by Host Region", March 1, 2019, http://data.uis.unesco.org/Index.aspx#.

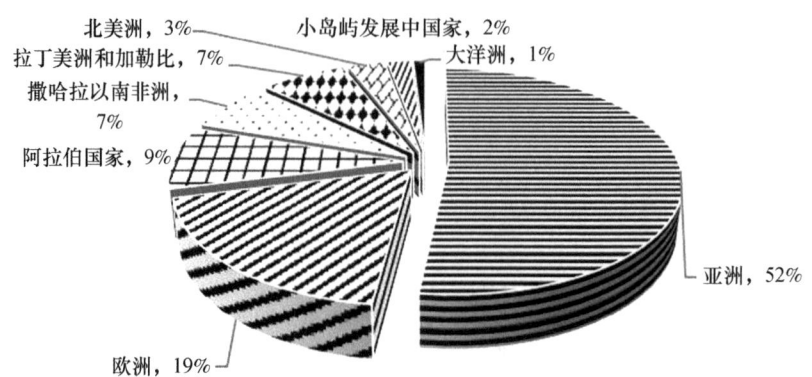

图 2　2017—2018 年度留学生源地各大洲分布情况

资料来源：根据联合国教科文组织网站公布的相关统计数据整理，数据详见 UNESCO，"Outbound Internationally Mobile Students by Host Region"，March 1，2019，http：//data. uis. unesco. org/Index. aspx#。

斯坦、沙特阿拉伯（见表1）。其中，中国是亚洲最大的国际学生输出国，2017—2018 学年，共有 928090 名中国学生在高等教育阶段出国留学，比前一年同期增长了6.8%；印度是亚洲第二大国际学生输出国，2017—2018 学年向外输送高等教育学生 332033 人，比前一年同期增长了9.2%。[①] 亚洲是国际学生流出的主要区域，学生流出的国家又以发展中国家为主，这表明亚洲发展中国家的大学目前仍然多是"边缘大学"[②]，它们承袭西方传统，并以发达国家的大学模式作为自身大学发展的蓝本。值得注意的是，尽管亚洲地区是全球主要的留学生源地，但近年来，中国和日本也成为亚洲地区主要的国际学生接收国，吸引了 86% 到该地区留学的国际学生（中国占比

---

① UNESCO，"Outbound Internationally Mobile Students by Host Region"，March 1，2019，http：//data. uis. unesco. org/Index. aspx#.

② ［美］菲利普·G. 阿特巴赫：《比较高等教育：知识、大学与发展》，人民教育出版社教育室译，人民教育出版社2001年版，第27页。

62%，日本占比 24%），① 有望发展成为亚洲地区高等教育国际化"边缘的中心"。

表1　　　　2017—2018年度全球前十大留学生源国　　　单位：名，%

国家	2017—2018年度向外流动学生数量	占全球留学生数量比
中国	928090	17.94
印度	332033	6.42
德国	122195	2.36
韩国	105399	2.04
越南	94662	1.83
法国	89379	1.72
美国	86566	1.67
尼日利亚	85251	1.65
哈萨克斯坦	84681	1.64
沙特阿拉伯	84310	1.75

资料来源：根据联合国教科文组织网站公布的相关统计数据整理，数据详见 UNESCO, "Outbound Internationally Mobile Students by Host Region", March 1, 2019, http://data.uis.unesco.org/Index.aspx#。

三　美国的国际学生流动政策成效显著

"二战"后，美国凭借其发达的高等教育体系逐渐取代欧洲，获得了学术产业的主导权。联邦政府把高等教育国际化上升至国家战略，美国的国际学生流动政策经历了"促进教育文化交流""培养外语人才和区域研究专家""提升经济竞争力""兼顾国土安全和精英人才培养"四个发展阶段，分步骤地完善了国际学生奖学金资助、国际化课程设置、留学签证与留学服务政策。可以说，美国高校的国际学生流动规模之所以能够不断扩大，成为美国高等教育国际化的重要表现形式和最显著标志，很大程度上得

---

① OECD, *Education at a Glance 2019: OECD Indicators*, Paris: OECD Publishing, 2019, p.220.

益于联邦政府在国际学生流动政策上的宏观调控。尽管受到新冠疫情暴发和特朗普政府时期留学生签证政策收紧的影响，美国高校的国际学生总数从 2019—2020 学年开始出现负增长，但美国在全球留学市场上的领跑者地位一时难以撼动，其国际学生接收数量依旧雄踞榜首。

美国国际教育协会的统计数据显示，2018—2019 学年，在美国高校注册的国际学生数量为 1095299 人，占全球流动学生总数量的 20.7%，创下历史新高；2020—2021 学年，在美国大学就读的国际学生数量为 914095 人，较前一年度下降了 15%。① 从留学生源国看，2019—2020 学年，美国高校的国际学生主要来自中国、印度、韩国、沙特阿拉伯、加拿大、越南、日本、巴西和墨西哥，与前两年基本保持一致。中国已经连续第十年蝉联赴美国际学生数量榜首。2019—2020 学年，有 372532 名中国学生在美国高校就读，占美国接收国际学生总量的 34.6%；2020—2021 学年，在美国高校就读的中国学生为 317299 人，较前一年下降了 14.8%，其他主要生源国的国际学生数量也出现了明显减少（印度 -13.2%，韩国 -20.7%，沙特阿拉伯 -29.2%）。② 相反，来自孟加拉国、巴西、尼日利亚和巴基斯坦等新兴市场国家的赴美国际学生数量出现了一定程度的同比增长。

从学术水平看，尽管近十年来赴美留学生仍以攻读本科和研究生学历为主（见图 3），但受到特朗普政府时期收紧国际学生签证和移民政策的影响，美国高校的本科国际学生（419321 人，-2.9%）、研究生国际学生（374435 人，-0.9%）和非学历国际学生（58201 人，-6.6%）在 2019—2020 学年都出现了不同程度的减少。2020—2021 学年，非学历国际学生的数量大幅下降，同比

---

① Project Atlas, *A Quick Look at Global Mobility Trends*, New York: IIE Release, 2021, pp. 1 - 2.

② IIE, "All Places of Origin", Open Doors, November 13, 2022, https://open-doorsdata.org/data/international-students/all-places-of-origin/.

减少了63.7%。① 相较之下，选择性实习培训的国际学生人数略有增长，占国际学生总人数的52%。2019—2020学年，OPT项目的国际学生人数增加了0.2%，达到223539人。② 考虑到美国联邦政府对OPT项目的优惠政策，允许攻读科学、技术、工程、数学四门学科（Science, Technology, Engineering, Mathematics，简称STEM）学位的国际学生在美国进行专业实习的时间从17个月延长至24个月，OPT项目的国际学生人数理应稳中有升，但由于疫情造成的审批延误和对自身安全的考虑，很多OPT项目的国际学生在完成学业后不会在美国寻求实习机会。

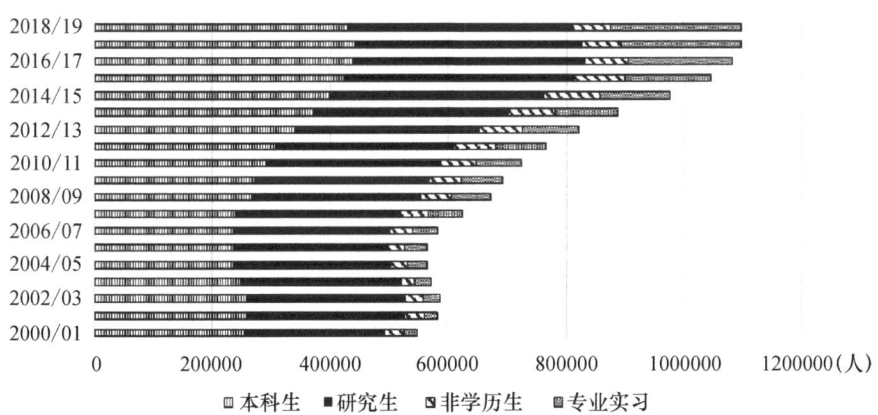

图3 2000—2019学年赴美国际学生学术水平

资料来源：根据美国国际教育协会网站公布的《门户开放报告》相关统计数据整理，数据详见IIE,"Academic Level", Open Doors, November 13, 2022, https://opendoorsdata.org/data/international-students/academic-level/。

从专业选择方面，STEM领域和工程学（涉及工程技术及技术员、物流运输、机械维修技术及技术员、建筑行业、精工制造和军

---

① IIE, "Academic Level", Open Doors, November 13, 2022, https://opendoorsdata.org/data/international-students/academic-level/.

② IIE, "Academic Level", Open Doors, November 13, 2022, https://opendoorsdata.org/data/international-students/academic-level/.

事技术等多个领域）一直是赴美留学的热门专业。2018—2019 学年，有 230780 名国际学生在美国高校就读工程学，占国际学生总数的 21.1%，有 203461 名国际学生就读数学和计算机科学，占国际学生总数的 18.6%。[①] 究其原因，STEM 教育可以让国际学生将不同科目的知识融会贯通，增加其知识的广度和厚度，使其具备综合技能素养，拓宽其视野的同时可以让其更好地融入社会，最终成为人工智能时代所需的复合型人才。但在美国以保护科学技术与知识产权为由，收紧对攻读敏感专业的中国学生的签证政策后，就读该专业的国际学生人数已经连续两年出现下降。2019—2020 学年，中国学生赴美留学的专业热度已经有所轮换，数学和计算机科学成为被最多选择的专业（21.2%）。此外，就读通信技术、精密生产、建筑行业的国际学生数量都出现了锐减，尤其是建筑行业的国际学生人数较前一年下降了 53%。通信、制造等行业国际学生数量的断崖式下跌与 2018 年 6 月美国移民和海关执法局将航空、高科技制造、机器人等"中国制造 2025"相关专业的中国留学生签证有效期从 5 年缩短至 1 年的决定有着密切关联。[②]

四　中国的留学生教育政策亟须加强

中国作为世界上传统留学生派出大国，每年向美国、英国、澳大利亚等发达国家输送大批国际学生。自改革开放以来，中国的综合实力和国际地位不断提升，来华留学人员数量增长势头明显，成为新兴留学目的地国。21 世纪以来，来华留学生政策发展进入提升和完善阶段，政府出台了一系列政策加速来华留学事业的发展。2010 年，《国家中长期教育改革和发展规划纲要（2010—2020 年）》中明确指出"进一步扩大外国留学生规模"。根据国家战略

[①] IIE, "Fields of Study", Open Doors, November 13, 2022, https://opendoorsdata.org/data/international-students/fields-of-study/.

[②] 安亚伦、滕一：《后疫情时代美国留学教育的新特点、新挑战与新动向》，《外国教育研究》2022 年第 7 期。

和发展需要，2020年实现在高等教育阶段接收国际学生15万人的目标，发展成为亚洲最大的留学生接收国。2013年，"一带一路"倡议的提出促进了中国与"一带一路"沿线国家在经济、文化和教育领域的合作交流，催生了世界各国对懂汉语、了解中国文化和社会习俗的"中国通"的需求。汉语、中医、艺术、武术等具有浓厚中国特色的学科备受海外留学生青睐，他们希望通过学习汉语和中国文化，为其国家未来与中国展开更广泛领域的合作做好准备。

2014年，中国提出将"出国留学与来华留学并重"作为新时期留学工作的指导方针，这是中国首次在国家政策中明确表明来华留学与出国留学同等重要，在推进中国教育对外开放战略中具有重要的、标志性的意义。2017年，教育部、外交部、公安部联合制定的《学校招收和培养国际学生管理办法》中，进一步完善了对各省、自治区和直辖市人民政府以及高等学校在国际学生招生管理、教学管理、校内管理、奖学金管理、社会管理和监督管理方面的政策内容。① 事实表明，中国的留学生教育政策取得了一定的现实成效，来华留学生奖学金、签证和就业方面的政策日趋完善。2016—2017学年，来华留学生总数为442773人，其中，有207746名国际学生来自"一带一路"沿线国家，占来华留学生总数的46.9%，比前一年增长了13.6%，成为来华留学发展的新增长极。②

从全球学生流动的历史进程看，北美与西欧的部分发达国家长期占据学生流动版图的中心地位。在新冠疫情与大国博弈的交织下，全球学生流动呈现出异质性的特征。西方留学生流入大国间竞争加剧，新兴市场国家的留学生教育吸引力不断增强，全球学生流动多

---

① 中华人民共和国教育部、中华人民共和国外交部、中华人民共和国公安部：《学校招收和培养国际学生管理办法》，2017年6月2日，http://www.moe.gov.cn/srcsite/A02/s5911/moe_621/201705/t20170516_304735.html。

② 王辉耀、苗绿主编，西南财经大学发展研究院、全球化智库（CCG）编：《中国留学发展报告（2017）》，社会科学文献出版社2017年版，第41页。

极化发展乃是大势所趋。在国内,"一带一路"倡议和"双循环"的提出更是为来华留学生教育高质量发展提供了新的历史机遇。然而,在新形势下,来华留学生政策在实践过程中仍然存在诸多问题,缺乏前瞻性、科学性和系统性,尚不能完全适应教育对外开放和"双循环"新格局。从宏观政策上看,中国通过顶层设计推动来华留学生教育高质量发展的战略定位尚未明确,尤其是在省级和高校层面缺乏总体规划。尽管中央政府逐渐将来华留学生教育工作下放到省级和高校,但实际上,高校在"中央与地方共管"的体制下,在国际学生招生、经费预算、专业设置方面的权限仍然有限,尤其是在涉及政府奖学金的国际学生录取时,还需要通过政府部门审批。在国际学生招生方面,一些政策甚至存在冲突,一方面要进一步扩大来华留学人员规模,另一方面又对高校在招收留学生数量和专业上进行严格限制。① 此外,中国在国际学生打工、就业、移民方面的政策也相对滞后,与留学发达国家的差距明显,这些政策不利于吸引更多的国际学生来华留学。面对新形势,中国亟须加强来华留学的政策建设,以优化来华留学生规模,提高高层次学历生比重,完善来华留学教育质量保障机制,构建来华留学社会化专业化服务体系,推动来华留学生教育高质量发展。

第二节 研究目的、研究内容与研究意义

本书以高等教育国际化为宏观背景,选取美国高等教育国际化进程中最为显著的一个方面,即国际学生流动为研究对象,对"二战"后美国联邦政府国际学生流动政策的变迁进行研究。

---

① 王永秀、谢少华:《关于来华留学教育政策的审思》,《高教探索》2017 年第 3 期。

一 研究目的

具体而言,本书涉及以下三个研究目的:

第一,梳理"二战"后美国联邦政府国际学生流动政策的发展动因、政策内容和演变过程、政策的实施效果及政策反馈,探究美国开展国际学生流动的理论、政策与实践的关系。

第二,分析美国国际学生流动政策子系统外相对稳定变量、外部事件变量以及政策子系统内不同倡议联盟的信念构成、联盟间以政策为导向的学习与博弈对政策变迁的影响,在此基础上总结美国国际学生流动政策的变迁机制。

第三,通过对美国联邦政府国际学生*流动政策的研究,反思中国现阶段来华留学生教育的政策与实践,为来华留学生教育政策的改革服务。

二 研究内容

本书主要涉及以下四个问题:

第一,美国联邦政府在"二战"后实施了哪些关于国际学生流动的政策,这些政策是在怎样的社会、政治、经济与文化环境中形成与发展的,其背后的动因是什么?

第二,美国国际学生流动政策子系统外的相对稳定变量、外部事件变量如何作用于政策子系统内部,促使倡议联盟将其政策核心信念转化为政策行动,从而引发政策变迁的?

第三,美国联邦政府的国际学生流动政策对国际学生和美国大学产生了哪些影响,联邦政府与州政府、大学、非营利性机构在政策方面是如何互动或博弈的?

第四,美国联邦政府国际学生流动政策发展呈现出怎样的特征,

---

* 此处的国际学生指赴美接受高等教育的留学生,详见本书第28页关于国际学生流动的概念界定。

又有哪些经验和问题需要反思，其未来发展趋势是怎样的？

三 研究意义

本书瞄准比较教育研究中的学术前沿领域，选题既反映了世界高等教育国际化的大趋势，又结合了中国教育对外开放政策的现实需要。

自20世纪80年代以来，关于全球学生流动的研究不断发展，针对美国等西方发达国家的留学生教育政策研究成果不断涌现，成为高等教育国际化和比较教育领域中的一个重要研究领域，且研究方法和角度多样，为理解国际学生流动奠定了理论基础。中国在教育国际化进程中一直扮演着追赶者的角色，以学习和借鉴发达国家留学生教育经验为主，研究对象多聚焦于发达国家国际学生流动政策与战略、学生流动的历史动因、影响学生流动的因素等方面，鲜有理论上的创新与改革。可以说，中国的国际学生流动政策研究尚处于起步阶段，在理论阐释和政策分析研究上存在不足与滞后性。顾明远等指出："建立和完善中国的外国留学生接纳和培养体制，对中国的教育国际化进程将会产生积极的影响。"[①] 正所谓知己知彼，百战不殆，只有了解留学发达国家国际学生流动政策的发展动因，以及政策发展过程中的规律与问题，中国才能制定相应的政策措施，积极参与到国际人才平等交流与竞争中，在当今"群雄割据"的全球留学生教育市场中占据一席之地。

本书结合间断—均衡理论和倡议联盟框架，通过对"二战"后美国联邦政府国际学生流动政策的发展背景与动因、政策内容、政策实施效果与反馈的梳理，对相对稳定变量、外部事件变量、倡议联盟信念凝聚与输出、以政策为导向的学习和博弈对于国际学生流动政策变迁的影响进行分析，透视美国联邦政府国际学生流动政策

---

① 顾明远、薛理银：《比较教育导论：教育与国家发展》，人民教育出版社1998年版，第340页。

的变迁机制，总结政策变迁中的经验与问题，既能丰富教育政策的分析框架，又能拓展比较教育学科的研究内容和领域。

从实践的角度，近几年来，中国"一带一路"倡议和"双循环"新发展格局的相继提出，带动了国内学界对"一带一路"背景下高等教育国际化路径及发展模式、中外合作办学与国际化人才培养、世界一流大学和一流学科建设方面的关注。然而，由于对留学发达国家的留学生政策缺乏深入的了解与研究，加之政策文本分析与案例研究结合的综合性研究成果相对缺乏，中国在国际人才竞争中缺乏策略与经验。作为新兴留学目的地国家，我们应当充分认识到，机遇与挑战并存，如果不了解当前国际学生流动政策的产生动因与发展规律，不加限制地扩大来华留学生规模，中国就会面临国际学生良莠不齐、教学资源分配不均、国际学生管理与服务质量无法保障等问题。因此，深入了解发达国家的国际学生流动政策，在借鉴发达国家促进国际学生流动的经验和问题上，探索出一条能够彰显自身文化和价值观以吸纳海外优秀人才的路径，既能够顺应世界高等教育国际化的发展趋势，又能够推动形成新时代扩大教育对外开放的新格局。本书的选题，正是从美国联邦政府出台的国际学生流动相关政策与实践中汲取经验，对探索来华留学生教育政策的路径、推动来华留学生教育事业的发展、强化现代化建设的人才支撑具有重要的实践意义。

第三节　国际学生流动政策的概念与内涵

国际学生流动是高等教育国际化的一个重要领域，廓清"高等教育国际化""国际学生流动""政策子系统""政策变迁"的概念，梳理相关概念的来龙去脉，有利于更好地把握国际学生流动政策的变迁逻辑和机制。

一 高等教育国际化

尽管国际化在政治科学和政府关系领域并不是一个新的词汇,但直到 20 世纪 80 年代初,随着高等教育呈现出日益普遍的国际化趋势,国内外学者才开始对高等教育国际化进行深入研究。要理解"高等教育国际化",有必要先明确何谓"国际化"(internationalization)。从词源学的角度看,"inter-"指"在……之间","national"指"民族或国家"性质的主体,"-ization"指"过程"。由此观之,"internationalization"是指"使国家的某种东西带有国际性质的过程"。"国际的"(international)和"全球的"(global)这两个概念非常相近,在教育领域往往容易互相混淆。要想理解国际化的概念和内涵,首先需要对与之紧密相关的"全球化"(globalization)这一概念进行辨析。

英国学者彼得·斯科特认为,全球化是指各国经济之间不断相互依赖和趋同的过程,国际化反映的则是国家之间增加合作的过程,强调的是以民族国家为中心,建立相互理解、相互尊重与相互合作的国际关系。① 根据斯科特的界定,全球化与国际化并非顺次或递进的关系,即国际化不是全球化的反映,二者之间应该是辩证的关系。罗格·金在其著作《全球化时代的大学》中,从参与主体和发展的先后顺序上,对全球化和国际化进行了区分,"国际化指的是国家之间的交流,是跨越国界的。然而,全球化是指超越国界的交流,它是即时的和电子化的,是一种新的趋势"。② 中国教育学家顾明远教授认为,全球化是现代化发展的必然产物,是无法回避的,只能更好地加以认识和利用,"全球化带来了教育的国际化,但教育的国际化不是西方化,也并非趋同化,而是在继承和发扬本国民族文化特点的前提下,采取开放的心态,不断对其他国家的优秀文化进行吸

---

① Peter Scott ed. , *The Globalization of Higher Education*, Buckingham: The Society for Research into Higher Education and Open University Press, 1988, pp. 123 – 124.

② Roger King, *The University in the Global Age*, New York: Palgrave Macmillan, 2004, p. 48.

收和融合"。① 由此观之，全球化和国际化是一个动态变化的过程，而非静止不变的状态。

纵观学术界对于国际化内涵的研究，被引用最广泛的是加拿大学者简·奈特于1999年做出的界定："全球化是技术、经济、知识、人员、价值等的跨境流动，由于各国的历史、传统、文化不同，全球化对各国的影响也不同"，而"国际化是一个国家对全球化带来的影响的一种应对方式"。② 奈特把国际化看作是全球化催生的产物，国际化是对全球化的积极回应。支持类似观点的学者还有菲利普·阿特巴赫，"全球化意味着对他国在经济、文化和学术各领域依赖、控制与渗透的加剧，是无法回避和阻止的现实。国际化意味着国家、学术机构或系统应对全球化趋势的具体政策和措施。"③ 基于他们的定义，全球化和国际化是因果的关系，全球化带来了国际化，国际化又推动了世界范围内高等教育的变革。

具体到高等教育领域，自20世纪80年代以来，关于高等教育国际化内涵的研究成果可谓百家争鸣。综合现有文献资料，对高等教育国际化的界定大体有两种角度：过程角度、活动与能力角度。第一种角度是把高等教育国际化看作是将国际化维度融入高等教育系统的各个功能当中的过程。阿萨·诺尔斯提出："自古希腊开始，高等教育国际化就是一种持续的发展过程，其三大组成部分是课程的国际化、教师和学生进行与教育相关的国际流动、开展跨国界的教育技术援助或教育合作计划。"④ 日本学者江渊一公指出，高等教育国际化是"高等教育系统的教学、研究和服务功能变得更加国际

---

① 顾明远：《教育的国际化与本土化》，《世界教育信息》2011年第4期。

② Jane Knight, *Quality and Internationalisation in Higher Education*, Paris: OECD, 1999, p.16.

③ Philip G. Altbach, "Globalization and Internationalization", *Journal of Higher Education*, Vol.31, No.2, 2010, p.13.

④ Asa Knowles, *The International Encyclopedia of Higher Education*, San Francisco: Bass Publishers, 1977, p.2293.

化和便于跨文化交流的过程"。① 简·奈特注意到，高等教育国际化是一个需要在院校机构层面加以整合与维持，并需要从过程的角度加以研究的问题，"高等教育国际化是将国际的和跨文化的维度融合到院校机构的教学、科研与服务功能中的一个过程"。② 奈特所强调的"国际的、跨文化的"就是国际化维度，"融合"是使国际化维度在院校服务功能中从边缘走向中心的发展，"过程"表明了国际化是动态的、可持续的。

目前，在学术界被广泛引用的高等教育国际化定义是国际大学协会根据汉斯·德维特的观点提出的："高等教育国际化的初衷是提高教育质量和科学研究，有意识地把国际的、跨文化的、全球维度的观念融合到大学的教学、科研、社会功能等功能当中，并对社会作出有意义的贡献。"③ 这一定义强调了国际化是一种有意为之的过程，而不是一种被动的经历。国际化本身也不是一个目标，而是提升高等教育和研究质量的手段。

第二种角度是从高等教育国际化实践活动的内容对高等教育国际化进行界定。由于对国土安全和全球利益的重视，美国学者提出的高等教育国际化内涵更侧重于校园的国际化与全球教育的推行。例如，斯蒂芬·阿勒姆和范·德沃特认为："高等教育国际化是与国际研究、国际教育交换与技术合作有关的各种活动、计划和服务。"④ 美国高等

---

① Ebuchi Kazuhiro, "Foreign Students and Internationalization of the University: A View from Japanese Perspective in Proceedings of OECD," in OECD, Hiroshima Daigaku and Daigaku Kyo-iku, eds., *Japan Seminar on Higher Education and the Flow to Foreign Students*, Hiroshima, Japan: Hiroshima University, 1989, pp. 45–46.

② Jane Knight, *Internationalization: Elements and Checkpoints*, Ottawa: Canadian Bureau for International, Education Research, 1994, p. 38.

③ International Association of Universities, "Definition of Internationalization", December 8, 2018, https://www.iau-aiu.net/Internationalization?lang=en.

④ Stephen Arum and Van De Water, "The Need for a Definition of International Education in U.S Universities," in C. Klasek eds., *Bridges to the Future: Strategies for Internationalizing Higher Education*, Carbondale, USA: Association of International Education Administration, 1992, p. 200.

教育思想家克拉克·科尔认为,"新知识流、学者流、学生流和课程内容"是教育国际化的四种实践活动,并分析了影响教育国际化的四个因素,即语言因素、方法论因素、课程内容因素和意识形态因素。①

中国在高等教育国际化内涵研究中强调在本土教育发展的基础上,以开放的态度看待国际教育发展。顾明远在其主编的《教育大辞典》第3卷中,对高等教育国际化内涵进行了较为全面、系统的阐释:"高等教育国际化是在立足于国内高等教育的基础上,同时关注高等教育面向世界的发展趋势。加强外语教学与研究,开设有关国际问题的课程、专业和学科,注重培养从事国际事务和国际问题研究的专门人才;从事国际学生与教师的交流;开展跨国教育和学术的合作。"② 该阐释不仅注意到高等教育面向世界发展的重要趋势,是社会、经济、科技、技术发展的必然要求,还注意到高等教育国际化开放性的特征,可以说是国内对于高等教育国际化较为权威的界定。

本书的核心内容是美国国际学生流动政策的变迁,但是最终落脚点是推进来华留学生教育政策的改革,因此在高等教育国际化界定上沿用顾明远先生的定义,认为国际化是高等教育与生俱来的本质,国际教育实践活动的产生随着高等教育的产生而产生,随着高等教育的发展而发展。所谓高等教育国际化,是指一国高等教育面向国际发展的必然趋势,是跨国界的教学、科研与服务的持续发展过程。它是改进高等教育体系与服务,提升高等教育国际地位和国际竞争力的重要手段。此外,教育的国际化需要满足社会需求,而不是只关注经济利益和回报。尽管全球化影响着所有的教育机构,带来不同的冲突和压力,但由于不同国家具有不同的民族性,对教

---

① Clark Kerr, *Higher Education Can not Escape History*, New York: State University of New York Press, 1994, p.12.

② 顾明远:《教育大辞典》(第3卷),上海教育出版社1991年版,第12页。

育的国际化也有不同的需求。故而，没有"一刀切"的国际化模式或路径，相反，每个国家都必须探寻自己的教育国际化路径。

二　国际学生流动

（一）国际学生

在国际社会，与"国际学生"相对应的术语是"留学生"，但不同国际组织和国家对国际学生（或留学生）的定义不尽相同。联合国教科文组织将国际学生或国际流动学生定义为，离开自己原先国家或地区到另外一个国家或地区求学的学生，并通过三种特征对国际留学生身份进行界定：（1）学生不是求学国家的永久性居民；（2）学生不是求学国家的公民；（3）学生在目前的学历层次上获得其他国家入学的资格。只有同时满足这三项条件才可被定义为国际留学生。[①] 经济合作与发展组织将国际学生界定为：离开原籍国到另一个国家学习的学生。[②]

美国对入境国际学生的界定是：持非移民的临时签证在美国学习的个人，包括学历生和非学历生，他们被允许在高等教育机构进行学术研究。移民、永久居民、公民、外籍居民（"绿卡"持有者）和难民被排除在这一定义之外。美国对出境国际学生的界定是：在美国高等教育机构就读的美国学生（公民和永久居民）在国外短期学习，然后返回美国国内院校完成学业。[③] 英国将国际学生界定为没有定居在英国，但可能是欧盟学生，其永久居所在任一欧盟成员国；也可能是非欧盟学生，其学习项目开始之前的永久居所在欧盟之外。

[①] UNESCO Institute for Statistics, *Global Education Digest 2009*: *Comparing Education Statistics Across the World*, Montreal, Canada: UNESCO Institute for Statistics, 2009, p. 36.

[②] OECD, *Internationalization and Trade in Higher Education*: *Opportunities and Challenge*, Paris: OECD Publishing, 2019, p. 238.

[③] IIE, "Terminology", Project Atlas, September 20, 2020, https://www.iie.org/research-initiatives/project-atlas/terminology/.

国际学生不包括没有英国国籍的永久居民。① 中国教育部、外交部和公安部联合制定的《学校招收和培养国际学生管理办法》中,把国际学生界定为"根据《中华人民共和国国籍法》不具有中国国籍,且在中国学校接受教育的外国学生"。② 澳洲教育与培训部将国际学生(或海外留学生)定义为：在澳大利亚境内或境外持有《海外留学生教育服务法》规定的学生签证的人。该定义也适用于未满18岁但需要以法人资格行使权利或承担义务的学生的父母或法定监护人。③ 在加拿大,入境国际学生是经加拿大移民局批准在加拿大学习的临时居民。国际学生获得的学习许可证决定了他们在加拿大学习的水平和时间。如果国际学生在入境获准停留的期限(通常为6个月)内修完课程,则不需要6个月或以下课程的学习许可证。④

本书中的"国际学生"或"留学生"是指离开原籍国到其他国家求学的学生,且他们不是求学国家的永久居民或公民,并进一步把"国际学生"界定在高等教育的范畴,不包括高中及以下学历的国际学生以及在自己国家领土内接受境外教育的学生。

(二) 国际学生流动

"流动"在英文中对应的是"mobility",其词源来自15世纪法国的"mobilité",解释为"变化无常,不一致"(fickleness, incon-

---

① British Council, "Glossary", December 1, 2018, https：//www.britishcouncil.org/education/skills-employability/what-we-do/vocational-education-exchange-online-magazine/april-2017/glossary.

② 中华人民共和国教育部、中华人民共和国外交部、中华人民共和国公安部：《学校招收和培养国际学生管理办法》,2017年6月2日,http：//www.moe.gov.cn/srcsite/A02/s5911/moe_621/201705/t20170516_304735.html。

③ Australian Government Department of Education and Training, "Definitions and Acronyms," December 2018, https：//internationaleducation.gov.au/Regulatory-Information/Education-Services-for-Overseas-Students-ESOS-Legislative-Framework/National-Code/Pages/Definitionsandacronyms.aspx.

④ Canadian Bureau for International Education, "Internationalization Statement of Principles for Canadian Educational Institutions", November 2014, https：//cbie.ca/wp-content/uploads/2016/06/Internationalization-Principles-for-Canadian-Institutions-EN.pdf.

sistency），在拉丁语中"mobilitatem"的意思是"活动，速度"（activity，speed）。① 《牛津高阶英语词典》中，把"流动"定义为："能够容易地从一个地方、社会阶层或工作转移到另一个地方、社会阶层或工作的能力"（the ability to move easily from one place, social class or job to another）。② 本书中的流动是指地方或场所的转移和变化。

学生跨境流动的现象早已有之，有历史学家指出，中世纪大学中就有约十分之一的学生来自其他国家。随着高等教育的扩张、经济和社会世界秩序的变化以及向"知识社会"的转型，与国际学生流动相关的议题备受关注。贝巴·里夫扎和乌里希·泰希勒按照学生流动的目的把学生流动分为三类。一是享有盛誉的大学能吸引来自其他国家的留学生，这些学生流动的目的是获得比国内更高质量的教育机会。二是许多学生到与自己国家和教育机构差异不大的国家进行短期学习，其流动目的在于学术和文化上的相互了解与借鉴。三是许多国际学生将出国留学视为实现移民的一条捷径。③

关于流动的另一个讨论焦点是流动的方向。爱德华·希特斯和乌里希·泰希勒将流动方向分为垂直流动和水平流动，并对这两个概念做了区分："垂直流动可以理解为从一个学术水平较低的国家或院校向另一个学术水平较高的国家或院校的流动"，而"水平移动可以理解为在学术水平相当的国家和院校间的流动"。④ 传统意义上的学生流动是指垂直流动中的南北流动，例如印度学生到美国留学；

---

① Online Etymology Dictionary, "Mobility", November 2018, https://www.etymonline.com/word/mobility.

② 《牛津高阶英语词典（第七版）》，商务印书馆、牛津大学出版社 2007 年版，第 983 页。

③ Baiba Rivza, Uirich Yeichler, "The Changing Role of Student Mobility", *Higher Education Policy*, Vol. 20, No. 4, 2007, p. 460.

④ Edward Richters, Uirich Teichler, "Student Mobility Data: Current Methodological Issues and Future Prospects", in Maria Kelo, Ulrich Teichler and Bernd Wächter, eds., *Eurodata: Student Mobility in European Higher Education*, Bonn, Germany: Lemmens Verlag, 2007, p. 85.

水平流动则是北北流动,比如"二战"后美国促进与欧洲之间的学生流动。然而,这种流动的区分在现在看来未免过于简单,忽视了学生流动中的北南流动和南南流动。

阿特巴赫等人从国别的角度对国际学生流动的模式进行了如下分类①:

①第三世界国家的学生→工业化市场经济国家
②第三世界国家的学生→社会主义国家
③第三世界国家的学生→其他第三世界国家
④工业化市场经济国家的学生→其他工业化市场经济的国家
⑤工业化市场经济国家的学生→第三世界国家
⑥工业化市场经济国家的学生→社会主义国家
⑦社会主义国家的学生→工业化市场经济国家
⑧社会主义国家的学生→其他社会主义国家

本书中的"国际学生流动"是指跨越国家或领土边界,在自己国家之外的地方接受高等教育的活动。在本书中,美国的国际学生流动是指学生在当前的学历层次上获得到美国高等教育机构入学的资格,并持有非移民的临时签证到美国高等教育机构学习。

(三) 政策子系统

政策子系统是政策过程研究中的重要概念之一,学术界流行的很多政策分析理论框架都是在政策子系统概念的基础上提出的。哈佛大学政治学教授休·赫克罗对政策子系统的起源进行了研究,认为一个政策子系统形成的根本原因是政策参与者对现有政策系统中忽略了某个问题而感到不满,当这种不满变得十分强烈时,一个新的政策子系统就会产生。② 佛罗里达政治学协会主席兰斯·德哈文·史密

---

① Philip Altbach, David Kelly and Younus Lulat, *Research on Foreign Students and International Study: An Overview and Bibliography*, New York: Praeger Publishers, 1985, p.7.

② Hugh Heclo, "Issue Networks and the Executive Establishment," in King Anthony eds., *The New American Political System*, Washington, D. C.: American Enterprise Institute, 1990, p.166.

斯教授对政策子系统的内部构成进行了研究，发现利益集团、国会委员会和政府机构（在教育领域通常称之为"铁三角"）在讨论法令、法规等政策过程中具有牢固的控制力和相互影响的关系，并在这个过程中构建了一个相互支持的系统。[①] 公共政策的制定大多发生在彼此独立的政策子系统内，由处理特定政策问题的各种主体构成。传统的"铁三角"理念认为，政策子系统内的政策参与者是相对稳定的，他们之间的冲突也是有限的。然而，随着研究的推进，发现实际情况并非如此，政策子系统内部结构开始从有限的"铁三角"拓展到研究人员、分析家、记者以及来自其他政府层级，在政策的产生、实施和反馈过程中发挥重要作用的众多参与者。

综上所述，本书把政策子系统定义为，参与处理某个特定问题的一组政策参与者。《富布赖特法》《国防教育法》《国际教育法》《美国爱国者法案》都是国际学生流动政策系统的子集，国际学生流动政策系统的上位系统是国际教育政策系统，国际教育政策系统又从属于教育政策系统。国际学生流动政策子系统是由众多形形色色的政策参与者组成的，主要包括：相关的国会委员会、各政府层级的相关机构与团体、高等教育机构、教育工作者、关注留学生教育的基金会、国际合作署等非营利性机构、为国际学生提供服务和咨询的机构和公司，以及经常报道留学生教育的媒体和记者等。

（四）政策变迁

自20世纪80年代以来，对政策的研究开始受到普遍关注并逐渐发展成为教育学的重要研究领域，政策研究的方向也由重视理论构建转变为重视理论的实际应用。尽管如此，国内外学术界对"政策"一词并没有统一的定义。综合国内外研究，可以将政策的定义大致分为三类。第一类观点是把政策理解为让人们执行和遵守的静

[①] Lance DeHaven-Smith and Van Horn, "Subgovernment Conflict in Public Policy", *Policy Studies Journal*, Vol. 12, No. 4, 1984, p. 630.

态文本，其主要形式包括法规、方案、文件、准则和计划等。例如，《辞海》中把政策定义为"在一段历史时期，一个国家或政党为了达成某个政治任务和目标而制定的行动准则"。① 中国的郑新立、王福生、张焕庭和外国的斯图亚特·那格尔等人也都持有相似的观点。

第二类观点是把政策理解为从明确的目的出发、处理问题到取得预期结果的动态过程。以丹·英博为代表的学者认为，"政策是一种明确的或者含蓄的单个或者一组决定，政策参与者可以通过制定政策方针指导、发动或阻止未来的政策决定。"② 根据这个定义，政策在其范围、复杂性、决策环境、选择范围和决策标准方面都存在很大差异。因此，该观点认为决策主体在制定任何政策前都必须充分认清制定政策的目的。

与前两类观点有所不同，第三类观点认为政策既不是一个静态的文本，又不是简单的线性过程，而是一个多种因素相互作用的复杂"政策环"。这个"政策环"又包含政策文本的产生、政策的实践和政策的影响三层相互作用的要素。③

可以看出，国内外学者对于政策的定义并不统一，具体到教育政策的定义也是众说纷纭。如果从传统的政治制度理论角度把政策解读成静态的文本，那么教育政策即是"负有教育的法律或行政责任的组织及团体，为了实现一定时期的教育目标和任务而协调教育的内外关系所规定的行动依据和准则"。④ 中国学者叶澜也提出类似的观点，认为教育政策是"政府或政党制定的有关教育的方针、政策，主要是某一历史时期国家或政党的总任务、总方针、总政策在

---

① 辞海编辑委员会编：《辞海》，上海辞书出版社 1979 年版，第 3355 页。
② ［以］英博等：《教育政策基础》，史明洁等译，教育科学出版社 2003 年版，第 96 页。
③ Sandra Taylor, *Educational Policy and the Politics of Change*, London and New York: Routledge, 1997, p. 25.
④ 成有信：《教育政治学》，江苏教育出版社 2000 年版，第 201 页。

教育领域内的具体体现"。① 如果按照第二类定义，把政策看作是动态的线性过程，那么教育政策就是"一种有目的、有组织的动态发展过程，是一国政府、政党等政治实体在某一历史时期，为了实现一定的教育目标和任务而协调教育的内外关系所规定的行动依据和准则"。② 如果按照第三类定义，把政策看作是复杂的、不断发展的非线性过程，则教育政策就是教育政策制定、实施、评价与反馈，再对反馈结果进行新的评价、政策文本的修正并实施新的教育政策的不断持续的过程。③

刘复兴对上述三类教育政策的定义进行了整合，从现象形态、本体形态、过程特点和特殊性质四个视角理解教育政策，他的观点是：从现象形态角度，教育政策就是静态的政策文本；从本体形态角度，教育政策所具有的共同目的就是实现教育利益的分配；从发展过程角度，教育政策是一个不断演变的动态过程；从特殊性角度，教育政策与公共政策的最大区别在于活动过程和教育利益分配内容的不同。④

基于上述定义，教育政策具有公共政策的基本属性，同时也具有自身的特殊性，这种特殊性与其核心价值的实现必须依赖作为教育对象的"人"及其人的能动性有关。教育政策也与国家利益高度相关，它是由政治主体在某一时期为了达到一定的教育目标而制定出台的，其表现形式为与教育相关的法案、文件、法规、措施、计划等文本。本书中的美国国际学生流动政策可以理解为，美国联邦政府在不同时期为实现国家核心利益，通过国家机构制定并在议会获得通过、实施后，又经反馈与不断修正的国际学生流动政策，其主要表现为法案形式。本书聚焦"二战"后至今联邦层面的国际学生流动政策变迁，主

---

① 叶澜：《教育概论》，人民教育出版社1991年版，第148页。
② 孙锦涛：《教育政策学》，武汉工业大学出版社1997年版，第10页。
③ [美]戴维·伊斯顿：《政治生活的系统分析》，王浦劬等译，华夏出版社1999年版，第37页。
④ 刘复兴：《教育政策的四重视角》，《清华大学教育研究》2002年第4期。

要包括《富布赖特法》、《国防教育法》第六章、《国际教育法》和《美国爱国者法案》第四章以及其间修订的上述相关政策等。

　　政策变迁的概念最早是由美国政策学家詹姆斯·安德森在1979年提出的。安德森指出，政策变迁是一项或多项政策被取代的过程，包括采纳新的政策、修正或废止现有的政策。政策变迁可能以三种形式出现：一是现行政策的渐进式改变；二是在特定领域实行新的政策；三是政府换届引发的重大政策改变。① 英国政策学家布莱恩·霍格伍德和彼得斯·盖伊从政策过程的角度对政策变迁进行界定，认为变迁是政策过程的动态性本质，是政策领域中的普遍现象。虽然在政策议程中的大部分政策都是以接续的方式出现，很少产生新的政策，但是受到外在条件或内在因素的影响，这些政策都是处于不断的演变过程中。② 霍格伍德和盖伊还根据政策的循环结果，提出了政策变迁的四种理想模型，即政策创新、政策维持、政策接续和政策总结。中国学者张世贤从政策行动者视角定义政策变迁，提出政策变迁是政策行动者对现行政策评估后，对政策进行调整以适应情况变化的一种政策行为。③

　　本书认为，政策变迁既是政策过程的总体特征，又是政策制定的必要环节。作为一种描述性概念，政策变迁突出了政策受到内外因素影响而不断变化的本质，这一过程包含了政策变迁的动因、过程和结果；作为一种分析性概念，政策变迁是根据政策反馈结果或外部环境变化，对既有政策的修正、替换或终止。美国国际学生流动政策的变迁具有常规变化模式和范式转移模式两种类型。常规变化模式也称为渐进式模式，是指在政策核心保持不变的基础上，对政策的次要方面进行调整，新、旧政策之间仍然保持较好的连续性。

---

① James Anderson, *Public Policy-Making* (3rd Edition), Florida: Holt, Rinehart & Winston, 1979, p. 23.
② Brain Hogwood, Peters Guy, "The Dynamics of Policy Change: Policy Succession", *Policy Sciences*, Vol. 14, No. 3, 1982, p. 242.
③ 张世贤：《公共政策析论》，台北五南图书出版公司1982年版，第36页。

范式转移模式也称为间断均衡模式,是指政策在连续过程中突然出现飞跃或中断,现有政策被新政策取代或废止。

第四节 研究综述

本书涉及的核心问题是"二战"后美国联邦政府国际学生流动政策的历史动因、美国国际学生流动政策的变迁历程、美国国际学生流动政策的实施成效与反馈、美国国际学生流动政策的变迁逻辑以及政策变迁中的经验与问题。与这些问题的前沿性和创新性形成鲜明对比的是,国内外专门探讨国际学生流动政策变迁的成果凤毛麟角,大多数研究仅把国际学生流动作为高等教育国际化或跨境教育研究领域的一部分,国内关于留学生教育政策研究的专著更是少见。本书从四个方面对国际学生流动进行文献述评:一是关于美国国际学生流动历史的研究;二是关于美国国际学生流动政策变迁理论的研究;三是关于美国国际学生流动政策内容的研究;四是关于美国国际学生流动政策实施成效与问题的研究。

一 美国国际学生流动历史的研究

有关美国国际学生流动历史分期的研究大多见于高等教育国际化进程中,且国内外众多学者并未达成共识。根据现有的研究成果,大致可分为两类。第一类观点认为,尽管高等教育国际化这一概念直到"二战"后才被正式提出,但美国高等教育从形成伊始,就已出现以学生和学者交流为主的国际化活动,因此这一阶段应被视为美国学生流动的发展初期。美国高等教育学家霍恩·艾伦梳理了美国高等教育国际化的历史进程,认为美国高等教育国际化的第一次尝试始于出国留学。当时,欧洲的高等教育机构开始肯定"漫游学者"的价值,继而引发了美国学者的跨国流动。"二战"后,高等教育的国际化加入了对外交政策的需求,开始带有鲜明的政治色彩。

20世纪80年代后,这种需求又被提高美国全球竞争力的需求所取代。①崔淑卿和钱小龙认为,由于美国高等教育的特殊性,"二战"前的美国就已出现了自发性的国际学生流动和交流,因此这段时期可视为萌芽期。"二战"后至20世纪70年代初为发展初期,美国留学生政策的制定开始步入正轨。20世纪70年代初至20世纪80年代末为成长期。进入20世纪90年代,美国将高等教育国际化上升为国家战略,标志着美国留学生教育进入成熟期。②赵富春等把美国大学国际学生流动的发展历程分为"二战"前的个人流动期、双边交流期和"二战"后的国际拓展期、竞争合作期。③

第二类观点则认为,美国高等教育国际化虽然有将近一个世纪的经验,但具有现代意义的国际教育是从"二战"后开始的。美国明尼苏达大学教授约瑟夫·麦斯坦豪塞教授指出,20世纪40年代到越南战争这一时期是美国高等教育国际化的兴奋期,1966年《国际教育法》的破产到20世纪70年代末为乌云期,20世纪80年代初美国国际教育预算的大幅缩减标志着高等教育国际化进入防卫期。④奈都·维卡什认为,美国高等教育国际化最初的尝试实际上是人和观念的跨国流动,但直到"二战"前,学生或学者的国际流动都属于非官方形式,尚未引起联邦政府在政策上的重视。自"二战"后至20世纪80年代,美国在世界上的地位发生改变,制定了以教育援助为核心的留学生教育政策以与苏联抗衡。20世纪80年代以后,美国

---

① Horn Aaron, Hendel Darwin and Fry Gerald, "Ranking the International Dimension of Top Research, Universities in the United States", *Journal of Studies in International Education*, Vol. 11, No. 3 – 4, 2007, p. 330.

② 崔淑卿、钱小龙:《美国高等教育国际化的兴起、发展及演进》,《现代大学教育》2012年第6期。

③ 赵富春等:《美国大学国际化教育发展钩沉与启示》,《江苏高教》2018年第3期。

④ Josef Mestenhauser, Brenda Ellingboe, *Reforming the Higher Education Curriculum: Internationalizing the Campus*, Phoenix: American Council on Education, Oryx Press, 1999, pp. 10 – 12.

国际教育政策转向为以经济贸易为核心的政策推进，而21世纪以后的国际教育以防御和保持世界霸权地位为核心战略。[1] 阿特巴赫则指出，美国之所以能够成为世界上留学生教育最发达的国家、招收国际学生数量连续多年位居榜首并坐拥世界上最具实力的教育研究团队和最前沿的科研成果，主要得益于美国联邦政府自"二战"后实施的一系列留学生教育政策。[2] 徐辉在其著作《国际教育初探》中提出，美国的学生和学者在"二战"前已经开始了跨境教育交流，但规模较小且多是地区性和单向性的，在总体上不具有普遍意义，而美国具有现代意义的国际教育发端于"二战"后。[3] 刘宝存教授认为，"二战"前的美国国际教育活动大多属于非官方形式，国际教育尚未构成美国高等教育的职能。直到"二战"后，美国一跃成为世界头号强国，联邦政府才开始重视国际教育，制定了相关政策使美国在国际教育活动中崭露头角。[4]

本书在逻辑体系上与第二类观点较为相似，认为美国自殖民地时期到第二次世界大战前并未彻底摆脱孤立主义的外交政策传统，国际学生流动尚未成为联邦政府关注的主要领域，且没有出台相关的国际学生流动政策，因此，"二战"前美国国际学生流动的情况不属于本书的范畴。本书根据《富布赖特法》《国防教育法》《国际教育法》《美国爱国者法案》四项法案出台的时间节点，把美国国际学生流动政策的变迁过程划分为四个阶段。第一阶段是从"二战"后《富布赖特法》通过到《国防教育法》出台前（1946—1957年）。该时期美苏冷战拉开序幕，《富布赖特法》开创了美国资助国

---

[1] Naidoo Vikash, "International Education: A Tertiary-Level Industry Update", *Journal of Research in International Education*, Vol. 5, No. 3, 2006, pp. 325–327.

[2] Philip Altbach, Jorge Balán, eds., *World Class Worldwide: Transforming Research Universities in Asia and Latin America*, Baltimore, MD: Johns Hopkins University Press, 2007, p. 28.

[3] 徐辉：《国际教育初探》，四川教育出版社2001年版，第4页。

[4] 刘宝存：《战后美国高等教育的全球性政策剖析》，《外国教育动态》1988年第2期。

际学生的先河，联邦政府开始通过学生流动这个渠道展开与其他国家的文化教育交流，所以这段时期可以被视为是国际学生流动政策的爆发期。第二阶段是从《国防教育法》通过到《国际教育法》颁布（1958—1966年）。随着苏联人造卫星上天，美苏冷战升级，美国联邦政府开始把国际学生流动作为政治外交的重要手段，先后通过的《国防教育法》《富布赖特—海斯法》《国际教育法》证明国际学生流动政策处于发展的黄金期。第三阶段是从《国际教育法》破产到"9·11"事件前（1967—2000年）。这段时期由于受到越南战争、民权运动和经济萧条等内外因素的共同影响，美国联邦政府没有出台任何促进国际学生流动的政策，《富布赖特法》和《高等教育法》第六章的资助也出现缩水，国际学生流动政策进入发展的均衡期。第四阶段是从"9·11"事件后（2001年至今），在经历了《美国爱国者法案》的间断式变迁后，美国的国际学生流动政策再次回归到均衡式发展轨迹。

二 美国国际学生流动政策变迁理论的研究

公共政策学领域对政策变迁的研究可以追溯至20世纪50年代，但直到20世纪80年代前，由于深受渐进主义范式的影响，公共政策的循环到了评估阶段就戛然而止，关于政策变迁的理论研究基本处于缺失状态。20世纪80年代后，随着社会经济环境的剧烈变化，渐进主义范式已经无法解释政策的爆发式变迁，无论是从理论上还是实践上都迫切要求政策学家构建出更加完整的政策动态过程，正因如此，政策变迁的理论研究成为西方政策研究的重要领域之一。目前，与国际学生流动政策变迁的相关理论主要有动因理论、多源流理论、间断—均衡理论和倡议联盟框架，这些理论模型和分析框架为政策变迁的因果过程提供了更为综合、系统的解释。这一部分内容重点讨论动因理论和多源流理论，间断—均衡理论和倡议联盟框架在理论视角和分析框架部分提出。

(一) 动因理论

虽然国际学生流动是一国高等教育国际化的重要标志，但国内外学术界探讨国际学生流动政策历史背景及动因的专著非常稀少，这类研究主要存在于一些相关主题的学术期刊和论文当中。例如，范·德温得认为，自20世纪90年代后，尽管政治、学术、社会、文化方面的动因还在推动着各国政府大力发展留学生教育，但经济动因已经成为推动国际学生流动的首要因素。德温得还指出，经济动因在美国、英国和欧洲一些高等教育经费短缺的国家尤为突出，这些国家的高校不断扩大国际学生规模，占据了高等教育全球市场的绝大部分份额，成为高等教育国际化的中坚力量。[①]

汉斯·德维特从历史的角度对美国和欧洲的高等教育国际化进程进行比较分析后发现，国际学生流动政策发展的动因主要涵盖政治、经济、社会/文化和学术四个方面。他提出，这些动因并不是相互排斥的，其主导的动因在不同的国家或地区也存在差异，并处于不断变化中。德维特的研究表明，经济因素是目前美国和欧洲高校推动学生国际流动最重要的驱动因素，但是随着知识全球化的不断加剧，学术层面的动因，包括战略联盟、人才培养、高校的国际品牌和地位将会变得愈发重要。[②]

阿特巴赫和奈特在研究中指出，虽然高校促进学生流动的初衷是加强科学研究和知识生产，以及提高对于他国文化的关注，但对于美国、英国、澳大利亚等留学发达国家而言，接收国际学生的重要动机就是追求经济效益。随着知识产业在经济中的地位不断上升，国际学生流动对接收国和相关教育机构能产生多大的影响是无法估算的，但这种影响势必会持续扩大。此外，美国并非单向地接收国

[①] Van der Wende, "Internationalization Policies: About New Trends and Contrasting Paradigms", *Higher Education Policy*, Vol. 14, No. 3, 2001, p. 252.

[②] Hans de Wit, *Internationalization of Higher Education in the United States of America and Europe: A Historical, Comparative, and Conceptual Analysis*, Westport, CT: Greenwood Press, 2002, pp. 83–85.

际学生，迅速发展的跨国高等教育还为美国的精英学生提供了体验海外学习和文化的机会，许多工业化国家通过高等教育国际合作项目或其他方式，把本国的精英学生送到国外学习，以此培养他们的国际理解和全球化意识。①

卡洛琳·克莱博进一步阐释了奈特等人的高等教育国际化动因理论，认为政治方面的动因主要和国家安全、稳定与和平有关，也受到国际化产生的意识形态影响。学术方面的动因与达到教学和研究的国际标准有关。通过鼓励更加国际化的教学、研究与服务，高等教育的内容可以更加充实，教育质量也可以得到提升。社会/文化方面的动因与尊重各国的文化和社会习俗有关，特别是强调对于外语的理解。经济方面的动因与高校扩充教育经费，实现创收有关。克莱博还指出，前三个动因是建立在合作精神的基础上，而经济方面的动因是建立在竞争精神的基础上。尽管国家促进学生全球流动越来越受到经济因素的驱动，但学术、社会/文化、政治方面的动因更为强烈。②

美国宾夕法尼亚大学教育学院教授劳拉·珀纳等对美国高校跨国学生流动的模式和特点进行了分析，认为美国高校推动学生国际流动的动因主要有三个：一是满足在各个历史阶段国家战略的需要，如"二战"前期的促进世界和平与理解，"二战"后则侧重于保障国土安全和国家外交。20世纪80年代后，则主要出于对维护国际地位、增加国际竞争力的考虑。二是满足美国高校自身经费的需求。三是满足国际人才培养与引进的需求，通过留学生教育活动增强本国学生的国际理解和跨文化沟通能力。③

---

① Philip Altbach, Jane Knight, "The Internationalization of Higher Education: Motivations and Realities", *Journal of Studies in International Education*, Vol. 11, No. 3-4, 2007, p. 294.

② Carolin Kreber, "Different Perspectives on Internationalization in Higher Education", *New Directions for Teaching and Learning*, Vol. 2009, No. 118, 2009, pp. 12-14.

③ [美]劳拉·珀纳、卡培·奥罗兹：《促进学生流动：美国高等教育国际化的发展趋势》，刘博森译，《比较教育研究》2015年第8期。

阿什利·麦可兰德对 2008 年金融危机后，美国高等教育经费、高校的国际学生数量和来自国际学生的学费收入的数据进行分析后发现，金融危机进一步增强了美国与发展中国家之间的中心—边缘动态，美国通过学生国际流动消耗发展中国家的资源以助力其经济复苏。因此，经济因素成为金融危机后美国接收国际学生政策变化的最显著动因。阿什利指出，除经济动因外，在全球化时代，美国高校接收国际学生有助于提高自身科研水平和教育的多样性。另外，美国许多高校也在强调为国内学生提供出国留学机会，使学生获得海外学习和生活经验，但同时也必须从经济、教育和社会的角度衡量派遣学生的收益是否超过了接收国的潜在收益。①

在中国，针对学生流动政策发展动因的研究多是围绕某一历史时期展开的。金帷和马万华梳理了 20 世纪以来美国高等教育国际化历程，并对各个阶段的动因进行了分析，认为 20 世纪 80 年代以后，国家安全和外交政策仍然是美国高等教育国际化的驱动因素，但重要性有所下降。保持美国的世界领导地位和经济因素，以及竞争一流教育资源的学术因素，成为推动美国国际学生流动政策变迁的最主要动因。② 丁玲则分析了 21 世纪美国联邦政府的教育国际化行动，认为 21 世纪以来，美国加强了海外学生"请进来"战略，以进一步抢占全球留学生教育市场。与此同时，美国更加注重发展本国学生海外学习和交流的项目，出台相关政策鼓励本国学生到非传统留学目的地国学习，以提高他们的外语能力和区域研究能力。通过这些行动透视美国国际学生流动政策发展的动因在于维持美国的科技领先地位，获得更大的经济收益，培养美国年轻人的国际胜任力，以

---

① Ashley Macrander, "An International Solution to a National Crisis: Trends in Student Mobility to the United States Post 2008", *International Journal of Educational Research*, Vol. 82, 2017, pp. 1–2.

② 金帷、马万华：《20 世纪美国高等教育国际化历程——以动因—策略为脉络的历史分析》，《教育学术月刊》2012 年第 1 期。

及维护美国在全球的霸主地位。①

马佳妮从国家实力、人力资源、经济贡献和文化交流四个方面探析了欧美发达国家发展留学生教育政策的动因,认为留学生教育是传播西方价值观和意识形态的重要途径,许多欧美发达国家向留学生提供奖学金就是出于提高国家软实力的目的。人力资源方面,留学生教育有利于引进和培养全球人才、积累人力资本、纾解国内人才短缺的困境。经济方面,国际学生可以为发达国家带来巨大的经济效益,留学生教育发展成为重要的经济支柱产业。文化方面,留学生在增加校园多样性的同时,也有助于提高本国学生的跨文化意识和全球化视野,符合当今世界国际化人才的培养理念。②

倡议联盟框架吸纳了动因理论中注重社会、经济环境在政策发展中的影响的观点,但倡议联盟框架强调把政策子系统从外部体系中区分开来,还把外部体系中的社会经济文化因素具体划分为相对稳定的变量和更为动态的变量,更加清晰地阐明了政策子系统与外部变量间的关系。在政策子系统内,强调以政策为导向的学习对政策变迁的影响;在政策子系统外,强调社会经济环境变化对政策子系统内政策参与者信念的影响,以及最终对政策变迁的影响。因此,倡议联盟框架对影响政策变迁因素的划分比动因理论清晰,更适合应用于美国国际学生流动政策变迁的研究。

(二) 多源流理论

多源流理论是美国政治科学家约翰·金登为解释公共政策制定过程而提出的。金登认为,有三条主要的溪流影响着联邦政府的政策制定过程:问题溪流、政策溪流和政治溪流。这三条相互独立的过程溪流都穿过政府及组织的决策系统,并在关键的地方汇集在一

---

① 丁玲:《从联邦政府的行动透视21世纪美国高等教育国际化》,《高等教育研究》2011年第4期。

② 马佳妮:《欧美发达国家留学生教育发展探析》,《比较教育研究》2016年第7期。

起，而这个汇集之处往往会产生最大的政策变化，即"政策之窗"的开启。多源流理论不但可以用来分析国家层面上的政策制定和发展过程，而且可以预测政策的发展趋势。①

问题溪流主要包括政策制定者对某个政策问题的关注或者忽视，以及在什么情况下，政策制定者会对某个政策问题给予特别的关注。金登认为，一般情况下，问题并不是通过某种政治压力而引起决策者的关注，而是通过某些监控指标而引起政府内部及其周围人们的注意。这些指标包括联邦支出和预算、就业率、高等教育毛入学率、交通事故中的死亡人数、消费者价格以及许多对其他活动和事件的常规性监控等。②

政策溪流实际上就是政策参与者根据政策问题提出并汇总的各种解决方案。政策参与者可以通过参加演讲、会谈、听证会，发表文章、论文以及议案等形式就某一问题提出自己的想法。在政策溪流不断汇聚的过程中，很多思想在一盆"政策原汤"中四处漂浮，不同的思想之间互相碰撞，并且以各种方式彼此结合。一些思想经过修改和磨炼后得到阐明，再次漂浮起来，而另一些思想很快就被舍弃并最终消失。经过上述选择的过程，政策溪流最终产生出一个简短的思想目录，这个目录中的一些思想在不断选择和改造中存活下来，而且基本符合专业人员对政策建议的评估标准，成为有待于政策制定者认真考虑的主要备选方案。

政治溪流完全独立于问题溪流和政策溪流，不同于引起决策者关注的问题事件和政策共同体中所发生的事件，政治溪流中的事件是诸如国会中出现新的多数党或新一届政府产生这样的事件。政治溪流中的"政治"不是政治学里几乎囊括与权威性价值分配或利益及成本分配有关的任何活动，而是更加狭义的界定，包括公众情绪、

---

① 周光礼：《公共政策与高等教育——高等教育政治学引论》，华中科技大学出版社2010年版，第95页。

② [美]约翰·W·金登：《议程、备选方案与公共政策》，丁煌、方兴译，中国人民大学出版社2004年版，第85—89页。

政府的变更、选举结果、政党的意识形态、利益集团间的竞争等要素。① 无论问题溪流和政策溪流怎样变化，政治溪流都会按照自己的动态特性和规律流动。

政策之窗是指政策建议的倡导者提出其最得意的解决办法的时机，有时政策之窗的开启在预料之中，有时政策之窗的开启完全在意料之外。虽然政策之窗开启的次数不多，每次敞开的时间也不长，但政策的重大变革往往是由于政策之窗的开启引发的。金登指出，一扇政策之窗的开启要么是因为紧迫的问题出现而敞开，要么是因为政治溪流中的事件而敞开，据此又把政策之窗分成两类：问题之窗与政治之窗。② 一种情况是如果决策者意识到某个问题迫在眉睫或给政府造成了很大的压力，他们就会从政策溪流中寻找出合理的备选方案并提上议程，促使政策之窗打开。另一种情况是，政治溪流中一个事件的改变，使决策者想要从政策溪流中拟定出一项或多项政策建议对某一特定的议题进行创新，进而与政治溪流中改变的事件结合起来。

总而言之，在多源流理论中，问题溪流、政策溪流和政治溪流的融合对于一项政策建议进入决策议程并获得通过极具重要性。如果三条溪流中缺少任何一条，即如果没有引起人们足够重视的问题、找不到一个具有可行性的解决方法或缺少来自政治溪流的支持，那么一项政策在决策议程中的机会就会转瞬即逝，甚至就此从公众的视野中消失。

多源流理论把垃圾箱模型应用到国家层面政策的制定中，将政策共同体与更广泛的政治事件结合起来，试图打破以往公共政策研究中仅仅基于政策共同体的局限性，但多源流理论的观点只涉及了政策决策前的过程，即议程的确定和备选方案的细化。此外，问题溪流、政策溪流和政治溪流之间是否能够做到彼此完全独立？政策

---

① Easton David, *Political System 2nd Edition*, New York：Knopf, 1971, p. 129.
② ［美］保罗·A·萨巴蒂尔编：《政策过程理论》，彭宗超、钟开斌等译，生活·读书·新知二联书店 2004 年版，第 163—164 页。

之窗在三个溪流的耦合中起到了怎样的作用？政策溪流中的解决办法是不是渐进式发展的？这些问题的出现表明，多源流理论还有待进一步修正与完善。与多源流理论相比，倡议联盟框架更加适用于分析完整的政策过程，而不仅仅局限于议程设定和政策形成。此外，倡议联盟框架还吸纳了多源流理论中关于"机会之窗"的观点，把政策的重大变迁与政策子系统外的外部事件变量和相对稳定变量联系起来，因此更适合被应用到完整的政策过程研究中。

三 美国国际学生流动政策内容的研究

目前，有关美国国际学生流动政策内容的研究成果多见于国内外的一些专著和学位论文中。

李爱萍在其撰写的《美国国际教育：历史、理论与政策》一书中提出，在纵向历史发展中，美国留学生政策颁布的时代背景不同，要解决的问题也不尽相同，这充分体现出政策发展的时代特色与美国留学生教育发展的连续性与转折性。例如，"二战"后美国留学生教育政策是为了适应国际政治与国际关系的变化而诞生的。《富布赖特法》奠定了美国留学生教育的发展基础，这一部分包括派遣美国学生与学者到海外留学或进行访问，接收国际学生与学者到美国留学或进行访问。《国际教育法》则试图建立一种新的国际教育制度。20世纪90年代，海外学习计划又被纳入国内本科与研究生阶段的国际教育学位计划中，与本国的国际教育结合起来。在这一阶段，"国家安全"的观念进一步泛化，产生了"全球安全"与"全球治理"的观念。"9·11"事件后，美国的留学生教育政策又进入新的阶段，培养公民的全球胜任力成为留学生教育政策的基础与核心。[①] 白玉平和曲铁华研究了冷战时期美国的国际教育政策对国际学生流动的影响。通过对从杜鲁门到尼克松五届政府时期美国推行的相关留学生

---

① 李爱萍：《美国国际教育：历史、理论与政策》，云南大学出版社2005年版，第244—248页。

教育政策的背景分析，他们认为，冷战促使美国真正把国家利益与留学生教育结合起来。例如，《富布赖特法》的初衷是出于对国家安全利益方面的考量，寄希望于通过国际教育树立国家良好形象，稳固政治制度，促进经济发展，而非单纯地发展留学生教育或者推动美国文化国际传播。《国际教育法》正式确立了国际教育的国家战略地位，留学生教育也回归到更加重视教育自身的价值。然而，这种教育理念没有获得国会的支持，尤其是美国在越南战争中惨败后，留学生教育政策再次转向，更加注重与国家利益之间的关系。他们提出，随着全球化的不断推进，美国的留学生教育在意识形态输出和文化传播方面发挥的作用会愈发强大。[1] 翁丽霞和洪明重点分析了《高等教育法》第六款中有关国际教育的项目，追踪了该法案实施以来到2010年项目的拨款情况。研究表明，《高等教育法》第六章在近半个世纪的发展历程中能一直得以顺利实施，与美国联邦政府对留学生教育立法保障的稳定性有较为直接的关系。此外，联邦政府与美国大学和大型基金会的通力合作，也是其在外部环境不断变化下仍能保持留学生教育项目经久不衰的原因。[2]

西奥多·维斯塔尔在其专著《国际教育：历史与未来》中，对"二战"后美国联邦政府国际学生流动的相关政策的产生背景、实施过程、政策内容和政策实施效果做了较为详尽的介绍。维斯塔尔指出，自1966年《国际教育法》颁布以来至20世纪90年代初期，由于国家领导及一些社会人士对留学生教育存在错误的认识，美国的国际学生流动政策鲜有实质性改变，甚至出现了一定程度的衰退，国际学生资助款项减少。直到1990年《教育交流促进法》的颁布，加强美国与苏联和新东欧民主国家间的国际学生流动，标志着美国承担起新的世界领导角色，这种角色不再是基于军事强权，而是基

---

[1] 白土平、曲铁华：《冷战时期（1950—1974）美国国际教育政策探析》，《外国教育研究》2017年第5期。

[2] 翁丽霞、洪明：《美国联邦政府国际教育政策探略——聚焦〈高等教育法〉第六款与"富布赖特计划"》，《教育发展研究》2011年第7期。

于人才培养。①

萨·克雷索和艾玛·萨布扎列娃对澳大利亚、加拿大、英国和美国的国际学生流动政策进行了纵向比较分析，梳理了2000年以来美国关于国际学生的政策与法案，包括《爱国者法案》《STEM就业法案》《移民创新法案》《创业法案》，认为21世纪以来，美国在国际学生接收方面已经陷入"政治僵局"，主要表现为不愿意采取任何行动促进国际学生的流入。他们认为，"9·11"恐怖袭击是美国公共政策、留学生教育政策，以及移民政策的分水岭。出于国土安全的担忧压倒了关于竞争力的争论，并强烈影响了国际学生移民政策。尽管在"9·11"事件后许多问题都得到了补救，但国际学生流动政策与全球STEM教育、研究和协作之间的结构性不匹配问题依然存在。② 雨果·加西亚梳理了"二战"后美国留学生教育的发展过程和相关政策，重点考察了"9·11"事件后阻碍国际学生入境的一系列政策，认为《爱国者法案》和签证方面的政策限制是导致美国自1971年以来国际学生数量首次下降的直接原因，并提出了相应的政策建议。③ 辛迪·安和理查德·鲁宾分析了特朗普政府对移民政策以及国际学生奖学金政策的调整，从政治维度解读了这些政策给国际学生和美国高等教育机构带来的影响，认为在美国就读的国际学生正日益成为基于种族、宗教的暴力和歧视目标，美国高校的核心价值观面临严峻考验。④

---

① Theodore Vestal, *International Education: Its History and Promise for Today*, London: Westport, Connecticut, 1994, p. 150.

② Sá Creso, Emma Sabzalieva, "The Politics of the Great Brain Race: Public Policy and International Student Recruitment in Australia, Canada, England and the USA", *The International Journal of Higher Education Research*, Vol. 75, No. 2, 2018, pp. 248–250.

③ Hugo García, "The 'Redirecting' of International Students: American Higher Education Policy Hindrances and Implications", *Journal of International Students*, Vol. 4, No. 2, 2014, p. 126.

④ Cindy Ann, Richard Reuben, "Rethinking the Politics of the International Student Experience in the Age of Trump", *Journal of International Students*, Vol. 7, No. 3, 2017, p. 8.

王英杰教授在其著作《美国高等教育的发展与改革》中概述了美国高等教育的发展历史，并对《国防教育法》《高等教育法》等法案做了详细的评介，提出政府干预和市场调节是美国高等教育发展的两个重要杠杆。① 马万华在其主编的《全球化时代的研究型大学》第二章中，梳理了美国国际学生流动的相关政策，包括《富布赖特法》《国际教育法》等。他指出，在"二战"后的一系列立法中，美国联邦政府都将大学的国际化纳入其国家发展战略，致力于促进国际学生的交流，培养国际化人才，以服务于国家利益。② 此外，在大卫·威利和罗伯特·格鲁主编的《美国"高等教育法第六款"和"富布赖特—海斯计划"：为了全球未来50年的国际与语言教育》、沃尔特·约翰逊的《富布赖特计划的历史》和约翰·霍金斯的《新全球时代的国际教育：高等教育法第六款和富布赖特—海斯计划国家政策会议论文集》中，描述了《高等教育法》第六章和富布赖特计划的产生背景、发展历程和政策内容。

近年来，中国出现了一批分析美国国际学生流动政策发展的论文成果。如张国葵的论文梳理了"二战"后（1945年至1980年）美国国际教育的发展历程，包括以《富布赖特法》为标志的初步形成期，以《国防教育法》为标志的转折时期和以《国际教育法》为标志的成熟时期，认为在特定的历史时期，美国政府的留学生教育政策都是在维护国家安全和实现国家利益最大化的基础上制定的。③ 崔建立的博士学位论文《冷战时期富布莱特项目与美国文化外交》结合历史学、政治学等相关学科理论，指出冷战后富布赖特计划的初衷是利用文化外交的手段，强化与同盟国之间的关系，促进世界

---

① 王英杰：《美国高等教育的发展与改革》，人民教育出版社2002年版，第35—44页。

② 马万华等：《全球化时代的研究型大学：美英日德四国的政策与实践》，教育科学出版社2013年版，第34—56页。

③ 张国葵：《二战后美国国际教育的发展研究（1945—1980）》，硕士学位论文，浙江师范大学，2012年，第16页。

对美国的了解，同时为美国吸引国际人才。美国试图通过富布赖特项目传播其价值观和民主意识形态，逐渐偏离了文化教育交流的本质，对美国的文化交流公信力造成了一定影响。① 吴宛稚的论文研究了20世纪90年代以来美国的留学生接收政策。论文介绍了"9·11"事件前后美国在留学签证、国际学生入学政策、打工政策、学费及奖学金政策方面的内容，探析了恐怖袭击前后留学生政策的变化及原因，最后结合赴美留学生规模的变化，对这些政策的影响和美国留学生教育的发展趋势进行预测，认为美国的国际学生接收政策受到经济、政治、文化因素影响，在未来美国的签证政策可能会有所松动，但由于经济持续低迷，美国大学的学费将会继续上涨，而国际学生奖学金的数量会减少。② 戴先凤对美国2001年至2010年的留学生接收政策进行了回顾，认为21世纪以来，美国的国际学生流动政策发生了三次重大变化，第一次是在"9·11"事件发生的当年，第二次是在2003年，第三次是在次贷危机后。尽管美国在国际学生接收方面发生了或大或小的变动，但都没有对其国际学生接收造成长期的负面影响，这足以证明联邦政府在留学生教育政策中的宏观调节作用。③

四　美国国际学生流动政策实施成效与问题的研究

从目前检索到的文献来看，有关美国国际学生流动政策实施效果的研究较为多见，主要体现在国内外的期刊论文和专著中，但有关国际学生流动政策的变迁逻辑和变迁机制的研究成果非常有限，仅存在于一些专著的部分章节中。

---

① 崔建立：《冷战时期富布莱特项目与美国文化外交》，博士学位论文，东北师范大学，2011年。
② 吴宛稚：《20世纪90年代以来美国留学生接收政策研究》，硕士学位论文，厦门大学，2008年。
③ 戴先凤：《近十年（2001—2010年）美国留学生接收政策的历史回顾》，硕士学位论文，湖南师范大学，2012年。

鲁普·扬研究了富布赖特计划的历史背景、演变和资助情况，并重点论述了1947年至1997年该项目在荷兰的转型。研究发现，富布赖特计划给国际学术交流，特别是美国与欧洲地区的学术交流，带来了实质性影响，使美国在大西洋联盟中的主导地位合法化。美国官方研究的战后盈余或附加价值取决于富布赖特计划的组织和规划方式，它更倾向于是一种经济或政治的谈判，而非文化输出。"二战"后初期的富布赖特计划充分强调了教育和科学的交流，从1985年起，文化和非政治化的美国区域研究一直占据着富布赖特计划的主导地位。①

森内特·德米尔和阿克苏·梅拉等人报告了一项由中东技术大学和土耳其富布赖特教育委员会开展的研究项目成果。该项目从土耳其学者的角度研究了富布赖特计划对专业学习、个人和社会的影响及其有效性。277名居住在土耳其不同地区的富布赖特学者都表示，富布赖特计划对他们在美国的学习、社会和个人生活产生了积极影响。例如，富布赖特计划拓展了他们在国际化背景下的世界观。结果表明，富布赖特受助者对国家的发展作出了贡献，因为他们中的许多人在国内都拥有高级职称，这使他们能够在不同的领域发展和推行政策。②

鲁珺对《国际教育法》的形成背景和主要条款内容做了较为详尽的梳理，指出该法案明确了联邦政府在留学生教育中的权限、加强了对国际研究的长期稳定资助、扩宽了美国留学生教育的内容。虽然《国际教育法》最后未能得以实施，但它的提出顺应了国际教育的发展需求，丰富了留学生教育的资金来源，提高了留学生教育的管理水

---

① Rupp Jan, "The Fulbright Program, or the Surplus Value of Officially Organized Academic Exchange", *Journal of Studies in International Education*, Vol. 3, No. 1, 1999, pp. 60 – 63.

② Cennet Demir, Aksu Meral, Fersun Paykoç, "Does Fulbright Make A Difference? The Turkish Perspective", *Journal of Studies in International Education*, Vol. 4, No. 1, 2000, pp. 110 – 111.

平，为美国高等教育走向国际化提供了法律依据。① 史蒂文·斯温森、布鲁斯·卡明斯、布拉德·罗伯茨等人也对《国际教育法》和《国防教育法》的实施效果以及政策发展中的普遍规律进行了研究。

阿克塞尔·德雷尔和帕努·普特瓦阿拉探讨了20世纪70年代后，美国移民政策对国际学生的影响。他们对1971年至2001年78个留学生源国的数据进行分析后提出，国际学生的持续流入与美国的技术移民政策关系密切，以技术移民为目的的留学是赴美留学的一大特点。研究表明，美国的国际学生数量每增加10%，美国的移民数量最大将增长0.94%。根据2000年美国移民局的数据，在4200名持有H1B签证的移民中，有23%曾持有国际学生签证，而这一比例在1976年仅为5.5%。② 研究还发现，移民动机在韩国、中国和印度的国际学生中最为明显，很多其他区域的国际学生也把赴美留学视为获得美国工作或移民签证的捷径。

斯图尔特·安德森对美国在"9·11"事件后收紧赴美留学签证、延长签证处理时间、减少H1B签证配额等一系列政策进行了解读。"9·11"事件后，美国国务院要求所有的签证申请者参加面谈，对某些国家或某些专业领域学习的学生进行额外的密集安全审查，大大增加了世界各地领事馆的工作量。新的法规和更严格的执法使得国际学生获得签证、往返于自己国家和美国变得更加困难，降低了国际学生赴美留学的热情。安德森指出，美国在吸引国际学生方面已经失去了优势，这对美国在经济、技术、教育领域的世界领先地位和长期竞争力造成了非常不利的影响。为此，他建议有必要调整这些政策以增加国际学生的入学人数，保持人才源源不断地流入美国，同时还要兼顾国土安全问题，探索留学生教育政策的新

---

① 鲁珺：《探析美国〈国际教育法〉》，硕士学位论文，苏州大学，2008年，第34—37页。

② Axel Dreher, Panu Poutvaara, "Foreign Students and Migration to the United States", *World Development*, Vol. 39, No. 8, 2010, pp. 1298 – 1300.

路径。① 洪·里德奥特在其论文《国际教育：对美国国家安全的影响》中提出，"9·11"事件反映出美国的军事力量不足以保证其领土安全，必须加强并依靠留学生教育作为提高国家软实力的策略，从而保障国土安全。②

尽管对于后"9·11"时代美国留学生教育政策改革的呼声很是普遍，但也存在一些反对意见。例如，乔利·安东尼分析了美国在全球化时代对待国际学生的政策，并探究了美国资助国际学生的动因。他认为，首先，美国政府不应该限制国际学生在美国学习STEM等学科，但应该削减对他们的经济补贴。这项措施将会使更多的美国公民在攻读美国顶尖级大学的工程专业时得到更多的财政支持。其次，美国应该增加外籍高技术工作者的签证配额，而不是减少他们在美国的工作机会。政府可以允许获得工程或科学学位的国际学生在美国工作5年，而不是在他们获得学位后立刻遣返他们。这样的政策既可以鼓励国际学生在美国学习，又不会给美国的经济带来损失。最后，美国必须采取更有效的激励措施，培养和储备本国的STEM专业人才，而不是单纯地依靠海外人才，以满足美国社会经济现代化发展的需要。③

相较而言，有关美国国际学生流动政策发展机制与问题的研究成果非常有限。古德温·克劳福德和纳赫特·迈克尔从美国高校决策者的角度研究了国际学生流动政策形成与实施的问题。在对佛罗里达州、俄亥俄州、加利福尼亚州、哥伦比亚大学和密歇根州立大学的国际学生流动政策进行调研后，他们提出，由于教育体系分散，美国各州对待国际学生的政策尚未达成共识，并把美国联邦政府、各州及高校在国际学生政策上的不稳定性描述为

---

① Stuart Anderson, "International Students and U. S. Policy Choices", *International Educator*, Vol. 14, No. 6, 2005, pp. 24–27.

② Hong Rideout, *International Education: Implications for United States National Security*, Masters Dissertation, University of Southern California, 2004, p. 92.

③ Ciolli Anthony, "International Students in A Post-Globalization World: A Critical Analysis", *Georgetown Journal of Law & Public Policy*, Vol. 5, No. 2, 2007, pp. 423–425.

"决策欠缺"。美国联邦政府没有统一的留学生教育政策指导各州政府及高校接收国际学生，这会对美国的国际学生流动产生不利影响。他们还探讨了留学生教育政策发展中的一些相关问题，包括把国际学生视为弥补某些专业招生不足的"填充物"（filler），随意拒签或延期国际学生签证，以及国家奖学金减少，等等。① 罗伯特·罗兹认为，美国长期以来奉行的孤立主义价值观是影响其留学生教育政策发展的关键因素。特朗普总统时期颁布的一系列关于接收国际学生的行政命令，包括针对7个伊斯兰国家的旅行禁令、对于无证学生的驱逐、减少国际交流的财政预算、削减支持国际学生与学者交流的富布赖特计划的投入，转而加大对军费开支的投入，都充分体现出特朗普政府抵制全球化、蔑视多元文化社会、否定"全球公民"的世界观，其奉行的孤立主义立场势必会给美国的国际学生流动造成负面影响。②

朱莉·贝尔结合2018年门户开放的数据，对2018年秋季学期美国高校的国际学生入学情况开展了实证调查。调查显示，有将近一半的美国高校的国际学生新入学人数在2018年秋季出现了下降。绝大多数院校（94%）把国际学生锐减的原因归咎于新的签证政策导致部分亚洲和非洲国际学生签证延迟或拒签。朱莉认为，美国高等教育机构长期以来受到国际学生的欢迎，但受到旅游禁令、移民政策和工作签证政策调整、奖学金减少以及学费上涨等多重因素影响，这种情况正在发生转变，国际学生可能不再认为美国是一个欢迎和宽容的学习之地。③ 尼尔·赫加蒂解读了国际学

---

① Goodwin Craufurd, Nacht Michael, "Absence of Decision: Foreign Students in American Colleges and Universities", *Comparative Education Review*, Vol. 28, No. 2, 1984, pp. 350-354.

② ［美］罗伯特·罗兹、梅伟惠：《特朗普时代的美国高等教育政策：六大要点》，《全球教育展望》2017年第8期。

③ Julie Bell, *Fall 2018 International Student Enrollment Hot Topics Survey*, New York: IIE Center for Academic Mobility Research and Impact, 2018, pp. 5-6.

生对美国在经济和学术领域作出的贡献,强调在留学生教育市场竞争日益激烈的形势下,相比英国和澳大利亚高等教育机构提供的留学生服务,美国教育机构对留学生的管理和服务亟待加强,需要引起政府在政策和战略上的关注。赫加蒂指出,美国要适当简化国际学生的录取流程和入学手续,确保国际学生在学校受到欢迎。另外,美国高校还应为国际学生提供更好的教学资源和生活条件,帮助国际学生融入校园生活,尽可能满足他们在留学过程中的需求和期望。①

李联明梳理了后"9·11"时代美国留学生教育政策的发展过程,分析了这些政策实施后的效果和影响,并从国家利益、外部环境、高校与政府间的互动方面总结了后"9·11"时代美国留学生教育政策发展中的问题。他认为,美国新保守主义势力的抬头和奉行的单边主义政策已经渗透到国际学生流动政策的制定中。《美国爱国者法案》中的相关条款对国际学生流动造成了严重冲击,美国高校的国际学生接收跌入了低潮,国际学生在美国大学的学习和生活变得愈发艰难。研究还指出,在联邦政府国际学生流动政策的不利局面下,美国高校逆水行舟,积极推广学生和学者的交流项目,这也折射出政策发展过程中,美国联邦政府与大学、控制与开放、保守主义与自由主义复杂交织的状况。②

五 国际学生流动政策研究现状评介

通过对现有文献的总结归纳可以看出,虽然国内外学界对于美国国际学生流动政策的变迁逻辑和变迁机制的研究成果较为有限,但是国内外学者关于美国联邦政府国际学生流动政策的历史动因、

---

① Niall Hegarty, "Where We Are Now—The Presence and Importance of International Students to Universities in the United States", *Journal of International Students*, Vol. 4, No. 3, 2014, pp. 233–235.

② 李联明:《后"9·11"时代美国高等教育国际化新发展研究》,博士学位论文,南京大学,2012年,第67页。

实施过程、演变内容、实施效果与反馈的研究取得了一批具有启发性的成果，为本书提供了宝贵的参考。

在对现有国际学生流动政策文献的归纳整理后发现，国内外有关美国国际学生流动政策变迁的研究尚存三点不足之处。

第一，国内外关于美国国际学生流动政策发展历程的研究成果较少，且多以静态的历史分析为主，即停留在某一历史时期或阶段，缺乏纵向的脉络梳理，这样难以从整体上把握美国国际学生流动政策的发展规律和发展趋向。针对这一问题，本书对"二战"后至今美国联邦政府国际学生流动政策的发展历程进行纵向梳理，同时对这些法案的演变内容进行横向梳理，较长的时间跨度更有利于把握国际学生流动政策的变迁规律。

第二，关于美国国际学生流动政策的研究成果较为碎片化，大多数是对某一项政策的内容和实施效果进行评价，缺少对美国国际学生流动政策变迁历程及其发展规律的详尽分析。尤其是国内在这方面的研究仍停留在国际学生流动政策的文本阐释与政策实施过程的描述阶段，缺乏系统的政策变迁分析框架和理论依据，对美国国际学生流动政策变迁逻辑、政策变迁中的经验与问题的研究成果更是凤毛麟角。本书在政策变迁分析框架和理论依据上有所突破，选取倡议联盟框架和间断—均衡理论对美国国际学生流动政策的变迁机制进行探究。

第三，关于国际学生流动政策的研究多以文献研究或者案例研究展开，但很少有学者综合两种方式对美国联邦政府国际学生流动政策的产生、实施、影响、评价、规律与问题，以及政策实施过程中美国高校与联邦政府间的互动与博弈进行全面、系统的探究。针对政策研究方法单一的问题，本书综合运用文献研究法和案例研究法，在对政策法案文本进行客观分析的同时，生动鲜活地呈现州政府和美国高校与联邦政府在政策层面的合作与博弈，做到理论与实践相结合。

第五节　理论视角与分析框架

本书系统地阐释美国国际学生流动政策的变迁与稳定性，分析政策变迁的机制。因此，本书首先从历史的角度对"二战"后美国联邦政府颁布的与接收国际学生最直接相关的《富布赖特法》、《国防教育法》第六章（1980年被并入《高等教育法》第六章）、《国际教育法》和《美国爱国者法案》第四章四项政策法案的历史背景、政策内容与实施过程、政策影响与反馈进行研究，然后运用倡议联盟框架对国际学生流动政策变迁中的相对稳定变量、外部事件变量以及政策子系统内的联盟信念体系、以政策为导向的学习过程进行探讨。最后，结合间断—均衡理论和倡议联盟框架提出的重要假设，剖析美国国际学生流动政策的变迁逻辑和变迁机制。

一　间断—均衡理论分析的适切性

在间断—均衡理论提出前，渐进主义范式在分析公共政策的变迁中一直保持着主导地位。渐进主义认为，以美国为代表的政治制度是极其保守的，所以在政策上也是保守的，很少发生实质性变化，停滞状态成为组织与个人决策的典型特征。[1] 然而，随着政策子系统内参与者数量的增多，政策过程开始呈现出更为动态、开放和政治化的复杂特征，无论是渐进主义的有限理性理论还是偏好最大化的无限理性理论，都不能很好地解释政策过程中的停滞状态与发生剧烈变化的现象。为了解决渐进主义理论在解释政策变迁中的新问题，间断—均衡理论被引入公共政策领域。

（一）间断—均衡理论的核心内容

间断—均衡理论起源于古生物学领域中的间断—均衡说，该学说

---

[1] Charles Lindblom, "The Science of Muddling Through", *Public Administration Review*, Vol. 19, No. 2, 1959, p. 79.

否认了达尔文的生物进化论，提出生物进化过程实际上是一种在长期稳定的状态中，穿插着爆发性的、重大的种族灭绝或替代的过程。美国政策学家弗兰克·鲍姆加特纳与布赖恩·琼斯在1993年首次利用间断—均衡说研究了美国公共政策制定中的间断与均衡现象，在分析了大量政策后，提出了研究长期公共政策制定和变化的间断—均衡理论。

作为解释政策变迁的理论工具，间断—均衡理论既肯定了渐进主义范式在诠释政策变迁过程中的重要作用，又肯定了政策在缓慢变迁过程中会突然发生爆发式的变迁，尽管这种变迁十分罕见。实际上，间断—均衡理论中的"间断"就是指政策发生大规模变迁，而"均衡"则是重新进入渐进主义状态中。在均衡时期，政策子系统只是处理某一个的问题，这时的政策子系统被单一利益集团主导，只会根据环境的变化做出微小的利益妥协和政治行动形成渐进式的变迁。在间断时期，一个问题领域处于宏观的政治议程中，任何客观环境的细微变化都有可能引发政策的重大变迁。正如公众对于问题的看法会随着时间变化，美国的许多政策领域，包括国际学生流动政策在内，都曾发生过剧烈的变迁。

间断—均衡理论认为，政策的重大变迁与政策垄断的建立与破坏、政策图景的变化、政策议定场所的变化有着较为直接的关系（见图4）。

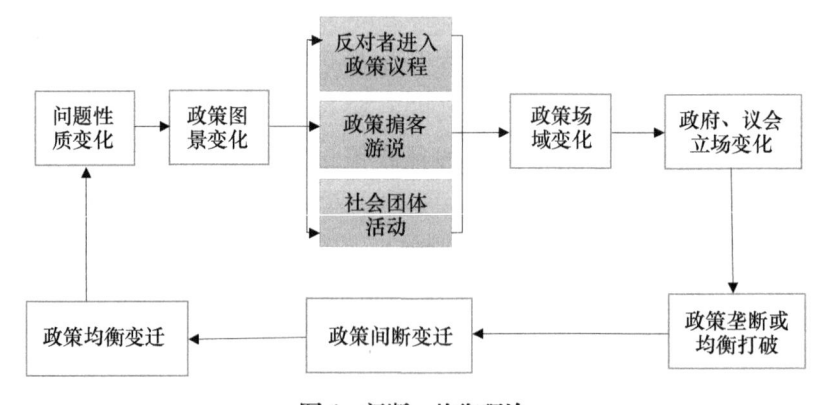

图4 间断—均衡理论

资料来源：Carol Weiss, "Research for Policy's Sake: The Enlightenment Function of Social Research", *Policy Analysis*, Vol. 3, No. 4, 1977, p. 533。

（二）政策垄断与政策变迁

间断—均衡理论聚焦于政策垄断，认为政策垄断的建立与破坏是引发政策变迁的重要原因。政策垄断是指在公共政策制定和发展的过程中，统治集团与联盟等主要政策参与者，通过构建一个相对封闭的政策子系统，阻止其他政策参与者的介入，确保政策的变迁得以在渐进的缓流中进行。[1] 很多政治科学家所用的"铁三角"、"政策漩涡"和"子系统政治"实际上表述的就是政策垄断。政策垄断主要具备两个特征，一是要有一个界定清晰的制度结构负责某一政策的制定，并限制外界对政策过程的介入。二是要有一套与制度结构高度吻合的支持理念，也就是倡议联盟框架中的深层核心信念。譬如国家利益至上可以说是公理，因此在政治系统中，几乎没有人能够动摇这个信念。尽管政策制定者热衷于构建政策垄断，但在像美国这样的政策系统开放的制定中，政策垄断很难经久不衰。由于各种原因，对某个议题不感兴趣的政治领导者、政府部门或私人机构会加入政策系统中，他们对政策的不同认知会导致政策垄断的崩溃，使政策发生较为重大的变迁。此外，外部刺激（突发事件、危机、战争、统治者偏好的变化等）也会造成政策垄断的崩溃，继而引发政策变迁。据此，间断—均衡理论被定义为在长时间相对渐进的政策变迁后，紧随外部刺激破坏政策垄断继而引发剧烈政策变迁的过程。[2]

（三）政策图景与政策变迁

政策图景是间断—均衡理论中的另一个核心概念。政策图景是指一项政策是如何被理解和讨论的，它是经验信息和感情要求的混

---

[1] Michael Givel, "The Evolution of the Theoretical Foundations of Punctuated Equilibrium Theory in Public Policy", *Review of Policy Research*, Vol. 27, No. 2, 2010, p. 190.

[2] Frank Baumgartner, Bryan Jones, *Agendas and Instability in American Politics*, Chicago: University of Chicago, 1993, p. 74.

合物，通常与政策信念和价值观有关。① 一项政策或项目规划可能会有多种含义，也会以不同的方式影响到不同的利益集团，因此，政策参与者们对同一项政策会产生不同的政策图景。政策图景可分为正面政策图景和负面政策图景。政策图景的建立和维持与政策垄断的建立和维持密切相关。当一个政策图景被广泛地接受并获得支持，就会形成正面政策图景，并与政策垄断结合起来。政策垄断一旦建立起来，政策决策者就可以通过接受正面政策图景、排斥可能与之对立的负面政策图景以维持政策垄断，达到均衡状态，保证政策的稳定。反之，如果一项政策的基调由于大众传媒的报道或是重大事件的影响而发生变化，造成公众对政策的图景从正面转变为负面，反对者联盟的成员就有机会形成新的政策图景，引入新的参与者进入政策议定场所抨击现有的政策安排，政策子系统内的政策垄断有可能就此崩溃，从而造成政策的重大变迁。

  政策的大规模间断不是来自偏好的改变，就是来源于注意力的改变，而政策图景的转变可以改变公众的注意力，促使政策由子系统上升至宏观的政治议程中，在短时期内形成政策的重大变迁。"二战"后初期至20世纪60年代末，美国国际学生流动政策基本上是与实现教育文化交流、增进国际理解、维护世界和平等正面图景联系在一起，政策也始终处于均衡式的变迁过程中。越南战争爆发后，反战运动、民权运动以及国内经济滞胀成为备受关注的焦点，"内忧外患"中的美国不再关注国际教育，从而导致了《国际教育法》变迁的失败，引发了政策间断。从《国际教育法》变迁失败至20世纪90年代末，国际学生流动政策再次回归到均衡式变迁过程中。突如其来的"9·11"事件后，美国政府和民众的注意力几乎全部转移到反恐中，美国国际学生流动政策一度与危害国土安全、占用国内资源等负面图景联系在一起，推动了《美

---

① Frank Baumgartner, Bryan Jones, *Agendas and Instability in American Politics*, Chicago: University of Chicago, 1993, p. 76.

国爱国者法案》的顺利出台。

（四）政策议定场所与政策变迁

政策议定场所是指针对某个问题做出权威性决策的制度性场所。①制定政策的权力并不是自动分配给国会、行政机构、地方政府、法庭等特定的政策议定场所，也没有具体的规则解释哪个议定场所应该承担何种决策。在美国，政策议定场所的多样性导致了针对同一议题的、相互对立的政策图景能够同时活跃在政治舞台上。正如政策图景会随着社会环境发生改变，政策议定场所也会发生改变，一项政策图景在一个政策议定场所获得广泛认可，但在另一个机构管辖领域里却可能被认为是不合时宜的，当政策议定场所发生变化时，政策图景也有可能发生变化，进而引发政策的变迁。实际上，由于社会经济文化的差异，美国不同的州和城市对于一项政策图景的接受程度也不尽相同。因此，在考察美国国际学生流动政策的图景时，必须同时对政策议定场所进行考察。

自"二战"后初期至20世纪70年代末，美国的高等教育国际化主要由联邦政府主导，国际学生流动政策的制定属于联邦政府的职能，由州政府和高校进行配合。20世纪80年代后，里根政府采取的新联邦主义通过改变政策议定场所，尝试将国际学生流动政策的主导权从联邦政府逐渐下放给州政府和美国高校。进入21世纪，受到"9·11"事件的影响，美国国际学生流动政策的议定场所再次上移到联邦政府，州政府与联邦政府相对力量的变化导致了政策的逆转。后"9·11"时代，美国开始调整联邦政府、州政府和高校三方驱动的政策议定场所。联邦政府主要通过立法对国际学生流动进行宏观调控，州政府主要通过制定高校发展规划以及财政资助指导州立大学的国际学生接收，美国高校可以结合自身情况，多措并举吸引世界各地的优秀人才到校学习。

---

① Frank Baumgartner, Bryan Jones, *Agendas and Instability in American Politics*, Chicago: University of Chicago, 1993, p.30.

(五) 间断—均衡理论在本书中的适切性

间断—均衡理论在本书中的适切性主要体现在三个方面。其一，通过对美国国际学生流动政策的历史回溯揭示，渐进式变迁和间断式变迁是国际学生流动政策发展过程中的重要组成部分，而间断—均衡理论可以同时解释政策过程中的稳定性与间断性。其二，美国国际学生流动政策的发展过程反映了政策垄断的建立和破坏与政策变迁的联系。在《富布赖特法》和《国防教育法》的案例中，利益集团、国会和政府机构组成政策垄断的"铁三角"，使政策处于渐进式变迁中。《国际教育法》和《美国爱国者法案》体现了外部刺激造成政策垄断的破坏，继而引发政策间断。其三，美国国际学生流动政策的演变过程可以很好地反映出不同政策图景和不同政策议定场所对政策变迁产生的影响。比如，"9·11"事件后，美国国际学生流动的政策图景与政策议定场所的共同变化导致了《美国爱国者法案》这一爆发式的政策变迁。综上所述，间断—均衡理论可以为研究美国国际学生流动政策的变迁提供理论支撑。

二 倡议联盟框架及其适切性分析

倡议联盟框架是由美国著名公共政策学家、加州大学戴维斯分校政治学和环境科学教授保罗·萨巴蒂尔在1988年提出的。该框架从系统论的观点出发，认为某一特定的政策子系统内部至少存在两个或两个以上相互竞争、跨越不同阶层并拥有共同核心信念系统的各种机构所组成的倡议联盟，政策的变迁是这些倡议联盟内部竞争、系统外部事件影响与以政策为导向的学习共同作用的结果。[①]

（一）倡议联盟框架的前提假设

萨巴蒂尔提出的倡议联盟框架建立在五个前提假设的基础上。

---

① Paul Sabatier, "Knowledge, Policy-Oriented Learning, and Policy Change: An Advocacy Coalition Framework", *Science Communication*, Vol. 8, No. 4, 1987, p. 650.

第一个前提假设是，想要深入了解某项政策的变迁历程，洞悉以政策为导向的学习和博弈过程对政策变迁的影响，至少需要十年甚至更长的时间。早在1977年，卡罗尔·维斯就提出对短期政策的关注会低估政策分析的影响，公共政策完成从制定到执行再到重新制定的循环至少需要十年甚至更长的时间。因此，只有在足够长的时间跨度前提下，才能对一项政策的成败以及政策决策者所采取的策略价值进行精准的描述。[①] 第二个前提假设是，在理解公共政策变迁中发挥作用的政策分析单元时，应该把重点放在公共政策的子系统，即包含来自各个公共及私营组织的、积极关注某一政策问题的参与者，而不是针对特定的政府组织或机构。第三个前提假设是，政策子系统的概念应该从传统的"铁三角"（行政机关、立法委员会、利益集团）扩展到包括来自所有政府层级、活跃在政策形成和执行过程中的参与者。[②] 第四个前提假设是，公共政策或公共计划在如何实现目标这一问题上都有相关的理论指导，故而可以用涵盖价值取向、对重要的因果关系的理解、对世界局势的洞察、对政策功效的判断的信念体系对它们加以概括。第五个前提假设是，理解政策变迁需要研究技术性信息在政策过程中所起到的作用。所谓技术性信息指的是所涉及问题的严重性、造成问题的原因、备选的解决方案以及解决方案的可能收益和成本状况。[③]

（二）倡议联盟框架的核心内容

2007年，萨巴蒂尔与科罗拉多大学丹佛分校公共事务学院副教授怀布尔·克里斯托弗和新墨西哥大学政治学院副教授汉克·詹金斯—史密斯对倡议联盟框架中外部因素作用于政策子系统的机制进

[①] Carol Weiss, "Research for Policy's Sake: The Enlightenment Function of Social Research", *Policy Analysis*, Vol. 3, No. 4, 1977, p. 533.

[②] Paul Sabatier, *Theories of the Policy Process*, Boulder, Colo.: Westview Press, c2007, p. 152.

[③] Paul Sabatier, *Theories of the Policy Process*, Boulder, Colo.: Westview Press, c2007, p. 153.

行了更为详尽的阐释。有别于其他的政策过程分析模型,倡议联盟框架将政策子系统与其所在的政治环境区分开来(见图5)。①

在政策子系统外,有一组相对稳定的变量(问题领域的基本特性和自然资源分布、根本的社会文化价值观和社会结构、基本的法律框架)和一组更加动态的外部事件变量(社会经济条件变化、公共舆论变化、系统内占统治地位的联盟变化、其他政策子系统的决策变化),两组变量影响和制约着政策子系统内的信念体系。在最新的修订版中,外部因素作用于政策子系统的机制又被分为长期与短期两个维度,相对稳定变量主要通过长期联盟机会结构的影响对政策子系统中参与者的政策行动加以制约。长期联盟机会结构中"主要政策变迁所需的共识程度"会对联盟成员的数量以及联盟为达成一致所采取的战略造成影响,"政策系统的开放性"则受到国家体制的影响。② 比如,美国的联邦制度与权力制衡鼓励政策开放与多方参与,国际学生流动政策的制定下放到州政府、高校等许多部门。外部事件变量主要通过形成"短期约束条件和资源限制"对子系统政策参与者加以制约。总体而言,政策子系统在由相对稳定变量和外部事件变量所构成的政治环境中运作,并且受到长期联盟机会结构、政策子系统行动者约束条件和资源以及其他政策子系统事件的限制。

在政策子系统内,政策制定的参与者主要包括政府层级的行政机构、立法委员会、利益集团,被划分为若干倡议联盟,每个联盟都有自己的政策信念和战略设想,以实现自己的政策目标。当各联盟之间发生冲突时,经常会有"政策掮客"(policy broker)通过斡

---

① Weible Christopher, Paul Sabatier, Hank Jenkins-Smith, "A Quarter Century of the Advocacy Coalition Framework: An Introduction to the Special Issue", *Policy Studies Journal*, Vol. 39, No. 3, 2011, p. 355.

② Weible Christopher, Paul Sabatier, Hank Jenkins-Smith, "A Quarter Century of the Advocacy Coalition Framework: An Introduction to the Special Issue", *Policy Studies Journal*, Vol. 39, No. 3, 2011, p. 360.

旋和平衡寻求出合理的妥协方案，从而形成最后的政府决策。① 依据倡议联盟框架的观点，以政策为导向的学习是政策变迁的力量之一，但政策核心方面的动摇大多是由政策子系统外的因素造成的，这些因素往往成为政策变迁的主要原因。②

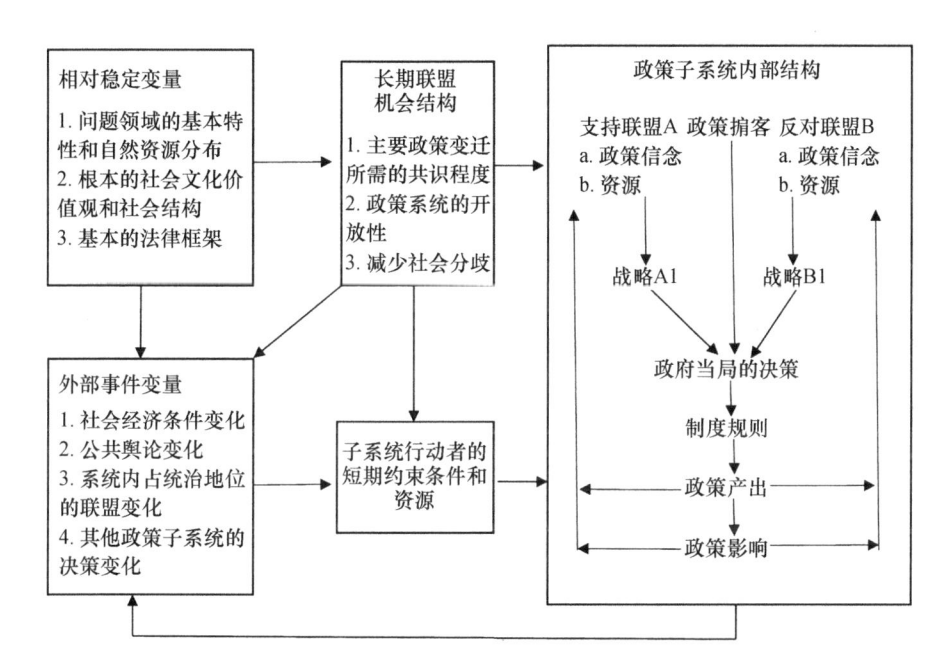

图5 2007年修订的倡议联盟框架

资料来源：Weible Christopher, Paul Sabatier, Hank Jenkins-Smith, "A Quarter Century of the Advocacy Coalition Framework: An Introduction to the Special Issue", *Policy Studies Journal*, Vol. 39, No. 3, 2011, p. 360。

1. 相对稳定的变量

相对稳定的变量涉及问题领域的基本特性和自然资源的分布、

---

① Paul Sabatier, Hank Jenkins-Smith, *Policy Change and Learning: An Advocacy Coalition Approach*, Boulder: Westview Press, 1993, p. 29.

② Paul Sabatier, Hank Jenkinsv Smith, *Policy Change and Learning: An Advocacy Coalition Approach*, Boulder: Westview Press, 1993, p. 33.

根本的社会文化价值观和社会结构、基本的法律框架等。① 问题领域的基本特性是指影响政策选择的问题特征，例如排他性，对政策选择造成的影响。同样，问题领域的基本特征也影响着以政策为导向的学习程度。随着时间的推移，公众对一个问题的看法也会由于政策倡议联盟的活动而转变。"二战"前，人们普遍认为国际学生流动是无组织的、自发的活动，几乎很少有人意识到国际学生流动对国家和高等教育的影响。这种想法在"二战"后发生了很大改变，其主要原因是富布赖特领导的教育交流联盟所发起的政策行动。一个国家自然资源的分布在很大程度上影响了社会的总体财富以及各个经济部门的生存能力。美国地域辽阔、自然资源丰富的特征确保了国际学生流动的可行性。然而，美国各州在人口、面积、自然资源、气候环境等方面又差异悬殊，这也决定了国际学生在各州的分布是极不均衡的。文化价值观与社会结构也是影响政策选择的重要稳定变量。美国天定命运和例外论的意识形态在国际学生流动政策的发展过程中发挥了重要作用，虽然价值观并非完全不可逆转，但是往往需要数十年的时间才能促成一些转变。最后，基本的法律框架也限制了政策子系统参与者的选择范围。在大多数的政治系统中，基本的法律规范十分稳定，比如美国、英国的宪法基本上没有进行过很大的修正。在这样的体制中，一项政策法令一旦宣布生效，想要推翻它将是极其困难的。总体而言，相对稳定变量非常不易改变，所以它们很少成为政策联盟关注的焦点，但是它们可以对政策决策者的行为产生长期影响。②

2. 外部事件变量

与相对稳定变量不同，政策子系统外的外部事件变量很有可能

---

① Weible Christopher, Paul Sabatier, Hank Jenkins-Smith, "A Quarter Century of the Advocacy Coalition Framework: An Introduction to the Special Issue", *Policy Studies Journal*, Vol. 39, No. 3, 2011, p. 350.

② Terry Moe, "Political Institutions: The Neglected Side of the Story", *Journal of Law, Economics, and Organization*, Vol. 6, (special issue), 1990, p. 215.

在一段时期内发生改变,成为推动政策重大变迁的先决条件。外部变量因素主要包括:社会经济条件变化、公共舆论变化、系统内占统治地位的联盟变化、其他政策子系统的决策变化。① 首先,社会经济条件的变化对政策子系统产生极大影响,这种影响主要通过破坏现行政策的因果假定或改变政策倡议联盟的政治支持度实现。国内财富总值、就业率、高等教育毛入学率、事故或战争中的死亡人数等指标是对社会经济条件变化的直接识别,且本身具有重大意义。它们也给政策子系统内的参与者带来持续性挑战,因为他们必须预测和识别变化,并及时做出基于联盟基本信念和利益的回应。有时,政策子系统内的参与者们为了实现其政治目的奋斗多年,却发现他们的计划突然被"9·11"恐怖袭击、新冠疫情这样的外部事件完全打乱,而他们对这样的突发事件几乎没有任何控制力。在1993年的版本中,萨巴蒂尔专门把公共舆论的变化从社会经济条件变化的类别中区分开来,充分体现了公共舆论在政策变迁中发挥的作用。其次,政府的变更、国会议席的重大调整或行政机构高层人事的变动也会对政策的制定过程产生影响。然而,几乎很少有哪个联盟能够通过选举同时掌控行政机构高层人士以及参、众两院。这时,政策子系统内的参与者就要对政治力量之间的共识程度进行判断,尤其是当这些政治力量之间存在冲突的时候,更要判断他们之间的平衡情况。也有学者认为,在这些要素中,公众舆论的变化与占统治地位联盟的变化相结合时,通常会对政策变迁产生最强有力的影响。② 最后,来自其他政策子系统的决策作为动态因素始终影响着特定政策子系统。

3. 政策子系统内部结构

政策子系统聚焦于倡议联盟之间的相互作用,每一个倡议联盟

---

① Weible Christopher, Paul Sabatier, Hank Jenkins-Smith, "A Quarter Century of the Advocacy Coalition Framework: An Introduction to the Special Issue", *Policy Studies Journal*, Vol. 39, No. 3, 2011, p. 353.

② Easton David, *Political System* (2nd Edition), New York: Knopf, 1971, p. 129.

由具有不同政策信念的参与者组成，政策变迁即系统内部竞争与外部事件影响的共同结果。在政策子系统中，还有一些保持中立色彩的"政策掮客"，他们的主要任务是通过在倡议联盟间斡旋调解政策中的分歧，寻求合理的解决方案。

（1）政策参与者与倡议联盟的形成

倡议联盟框架认为，一个新的政策子系统的形成最主要的原因是一些政策参与者，包括来自不同政府层级的立法者、机构官员、利益集团领导人、政策研究者甚至是新闻工作者，对现有的政策子系统忽视的某个问题感到不满。当这种不满发展到一定程度时，这些参与者就会自己建立一个新的政策子系统以寻求合适的方法解决某个政策议题。① 因此，政策子系统可以被定义为参与处理某个政策问题的一组政策参与者。

在政策子系统中，来自不同岗位的政策参与者组成倡议联盟，一个倡议联盟拥有一套共同的核心信念体系，即相同的基本价值偏好、因果认知以及对问题严重性的感知，以保证他们能在较长一段时间内在政策行动上保持一致。由于大多数政策子系统的形成都要经历长达数十年的时间，因此每个政策子系统内部的联盟数量相对较少。通常情况下，一个政策子系统内部会有两到四个重要的倡议联盟相互制约和博弈。②

（2）倡议联盟内的信念体系

信念体系为联盟间提供了政治纽带，并决定了一个倡议联盟在政策上的努力方向。倡议联盟框架对联盟内的信念体系进行了结构性分类（见表2），具体包括：由根本的、规范性的本体论、公理所构成的深层核心信念；以实现深层核心信念为目标的政策核心信念；在政策设计中为了实施政策核心信念所必要的工具性决策与信息搜

---

① Paul Sabatier, Hank Jenkins-Smith, *Policy Change and Learning: An Advocacy Coalition Approach*, Boulder: Westview Press, 1993, p.157.

② John Kingdon, *Agendas, Alternatives, and Public Policies*, Boston: Little Brown, 1984, p.157.

索的次要信念。①

表 2　　　　　　　　　联盟信念体系的结构

	深层核心信念	政策核心信念	次要信念
基本特征	根本的、规范性的本体论、公理	为实现深层核心信念在政策子系统中的根本政策立场	实施政策核心信念所必要的工具性决策与信息搜索
范围	跨越所有政策子系统	具体到一个政策子系统	具体到一个政策子系统
可变性	非常难	难，但不是不能改变	相对容易改变

资料来源：Paul Sabatier, *Theories of the Policy Process*, Boulder, Colo.: Westview Press, c2007, pp. 194-196。

深层核心信念类似于宗教信仰，是基于个人价值观的一部分。例如，人类的本性、各种价值（如自由、知识、安全）的优先性和社会文化认同。深层核心信念可以跨越所有政策子系统，一般情况下，改变深层核心信念是极其困难的。在国际学生流动政策子系统中，联盟的深层核心信念是国家利益至上。政策核心信念贯穿于一个具体的政策子系统中，是关于获得子系统中核心价值的根本政策立场。② 在国际学生流动政策子系统中，倡议联盟在政策核心信念方面的根本分歧反映在接收国际学生、引进精英人才与维护国家在政治、经济、文化、安全方面的利益关系上。在绝大多数情况下，政策核心信念和深层核心信念是连贯一致的，但它不像前者那样僵化不变。当经历严重的突发变故时，政策核心信念也会发生改变继而引发政策上的重大变迁。例如，在越南战争期间，支持者联盟成员也赞成美国主动减少承担的国际义务，将更多注意力转向国内政治、

---

① Paul Sabatier, *Theories of the Policy Process*, Boulder, Colo.: Westview Press, c2007, pp. 194-196.

② Paul Sabatier, *Theories of the Policy Process*, Boulder, Colo.: Westview Press, c2007, p. 195.

经济的发展，从而使美国的对外政策与之国力相匹配。事实证明，越南战争导致联盟内部政策核心信念的变化，是《国际教育法》最终未能获得拨款的根本原因。相较于深层核心信念和政策核心信念，政策子系统内的次要信念最容易发生改变。次要信念主要针对具体政策制定和实施过程中的小修正，如项目的运作机构、实施范围、资金预算与管理方式等，这些也是大部分行政机关和立法机关政策制定的主题。①

(3) 以政策为导向的学习

在研究政策变迁的过程中，倡议联盟框架尤其强调以政策为导向的学习。以政策为导向的学习是指各联盟成员通过不断加深对影响政策目标实现的内部变量、外部动态因素以及其他因素的认识，调整自己的想法或行为目的，以便更好地实现政策目标。② 当遭遇外部事件变化或占统治地位联盟成员改变时，政策参与者总是试图用与他们政策核心信念一致的方式给予回应。虽然外部事件或对立联盟的活动会导致他们对政策核心信念的重新审视，但大多数以政策为导向的学习过程只发生在一个信念体系的次要方面。以政策为导向的学习包括两种方式，一种是联盟内部的学习，另一种是跨越不同联盟的学习。前者的学习过程通常发生在一个信念体系内部，在保全政策核心信念的原则下，政策参与者不断提高联盟内部对次要信念的认识。在这种方式的学习中，由于政策核心信念的一致性，联盟内部的参与者之间虽然也会博弈，但是更容易对既定的政策目标达成共识。然而，当两个不同信念体系的联盟之间发生冲突时，每个联盟都认为对方政策的核心是由于对世界的错误认知造成的，因此会极力排斥彼此的观点。倡议联盟框架提出，当政策核心信念处于争议之中时，倡议联盟之间的冲突和辩论将确保以政策为导向

---

① Paul Sabatier, *Theories of the Policy Process*, Boulder, Colo.: Westview Press, c2007, p. 195.

② Hugh Heclo, *Social Policy in Britain and Sweden*, New Haven: Yale University Press, 1974, p. 306.

的学习不会成为政策变迁中的关键力量。相较于联盟内的学习，具有不同信念体系的联盟间的学习会像"聋子之间的对话"一直持续。① 从某种意义上说，两个具有不同信念体系的联盟间的学习过程更像是谁战胜谁的博弈过程。

4. 倡议联盟框架分析的适切性

历经多次测评与修正，倡议联盟框架已成为更完善和复杂的研究政策变迁的理论，并被广泛应用于包含能源、环境、基础设施、教育等政策领域和政治系统中，特别是被应用到经济合作与发展组织的成员中。倡议联盟框架的亮点在于突破了政策阶段分析的局限性，提出了相对明确区分政策重大变迁和次要变迁的标准，即重大的政策变迁是源于政策核心信念的变化，次要的政策变迁是源于次要信念的变化。此外，倡议联盟理论框架较为清晰地解释了外部事件变量、相对稳定变量与政策子系统内部的关系，并提出了许多用于证伪的假设。②

倡议联盟框架作为分析工具，在研究美国国际学生流动政策变迁中的适切性体现在三个方面。第一，相较于其他的政策变迁分析工具，倡议联盟框架更加注重以政策为导向的学习过程，这就要求政策变迁的时间跨度在十年或数十年的时间。本书从1946年的《富布赖特法》到2001年的《美国爱国者法案》，前后55年的时间跨度与倡议联盟框架的时间要求相契合。第二，倡议联盟框架强调政策子系统内部不同政策参与者的博弈与妥协，因此，政策子系统的成员既包括政府层级的行政机构、立法委员会和利益集团，又涵盖在政策形成、传播和评估中发挥重要作用的政策研究者、媒体和政策分析者等。在研究美国联邦政府国际学生流动政策变迁时，除政策"铁三角"发挥的作用外，教育学家、经济学家、主流媒体和公众的

---

① John Bridger Robinson, "Apples and Horned Toads: On the Framework-determined Nature of the Energy Debate", *Policy Sciences*, Vol. 15, No. 1, 1982, p. 26.

② 朱春奎：《公共政策学》，清华大学出版社2016年版，第159页。

信念体系也起到了不可或缺的作用。第三，倡议联盟框架提出政策子系统内的联盟信念体系是政策变迁中最为核心的因素，而信念体系有时又受到外部变量和内部变量的共同影响。美国国际学生流动政策的变迁正是受到联盟内部意识形态和价值观变化的影响，从"二战"前的孤立主义对外政策，到"二战"后初期以对外教育援助之名进行文化输出；从20世纪50年代末以国防安全为核心发展留学生教育，到21世纪以来兼顾国土安全注重经济利益的实效模式，政策核心信念的变化为解释政策变迁过程提供了有力支撑。

综上所述，倡议联盟框架可以作为美国国际学生流动政策变迁的分析框架。基于倡议联盟框架，本书选取美国联邦政府颁布的《富布赖特法》《国防教育法》《国际教育法》《美国爱国者法案》四个具有代表性的国际学生流动政策作为案例，对政策变迁中的相对稳定变量、外部事件变量以及政策子系统内的联盟构成、联盟信念体系和以政策为导向的博弈与学习过程进行分析，探究国际学生流动政策变迁的路径与机制。

第六节　研究设计

一　研究方法

本书主要以定性研究方法为基础展开，综合运用文献研究法和案例研究法，对美国国际学生流动政策变迁进行研究。

文献研究法。所谓论从史出，掌握充分的原始文献，并对这些文献进行梳理和比较，是了解一国教育政策史的重要研究方法。文献研究法贯穿本书始终，对美国联邦政府国际学生流动政策的研究主要依据美国各个时期的政策法律文本，力求在文献资料的基础上进行客观的分析。首先，笔者从《美国联邦法律总汇》电子数据库中获取了相关法案的文本，具体包括：1946年的《富布赖特法》、1958年的《国防教育法》、1966年的《国际教育法》和2001年的

《美国爱国者法案》。另外，在分析政策变迁的过程中，还涉及这四项法令实施后出台的相关法令，如 1948 年的《史密斯—蒙特法》、1961 年的《富布赖特—海斯法》、1965 年的《高等教育法》。其次，本书搜集和分析了万方教育数据库、中国知网、ProQuest Education Database、SAGE Journals、Web of Science 和 SpringerLink 中的同行评议期刊和博士学位论文，以增强研究的准确性和全面性。此外，本书充分利用了联合国教科文组织、经济合作与发展组织、美国国际教育协会和美国教育理事会官方网站发布的各种有关国际学生流动的出版物、留学生教育工作报告、国际学生流动统计数据和调查等资料，将其作为重要的研究对象。

案例研究法。案例研究法是通过选取一个或多个案例对某一学科领域进行详尽分析的方法，具有代表性、具体性和深刻性的特征。由于美国是实行地方分权制的国家，联邦政府主要通过立法对国际学生流动进行宏观调控，具体的政策实施由各州政府负责，高等教育机构基本上是自治机构，在接收国际学生方面拥有较充分的自主权。因此，为了更好地回答关于州政府和大学与联邦政府在国际学生流动政策方面是如何互动或博弈的问题，本书以俄亥俄州为案例，分析了州政府如何通过制定留学生教育战略规划和财政预算对公立大学的留学生教育进行管理。以纽约大学为案例，分析了美国高校如何通过制定具有自身特色的留学生奖学金政策和留学生服务政策吸引国际学生。此外，在分析非营利性组织在国际学生流动政策发展中的作用时，本书选取了福特基金会、美国教育理事会、全国外国学生事务联合会等若干案例，力争生动鲜活地呈现它们与联邦政府之间的政策互动或博弈，以便佐证观点的合理性。

二 研究思路与技术路线

本书以间断—均衡理论为理论基础，结合倡议联盟框架，构建出本书的分析框架，研究美国联邦政府国际学生流动政策的变迁逻辑和变迁机制。本书第一章回溯"二战"后美国联邦政府最具代表性的国际学生流动政策，梳理《富布赖特法》、《国防教育法》第六章、《国际教育法》和《美国爱国者法案》第四章的制定、演变、实施和反馈过程。第二章、第三章、第四章对美国国际学生流动政策变迁过程中的相对稳定变量、外部事件变量以及政策子系统内的联盟构成、信念体系和以政策为导向的博弈与学习过程进行分析，归纳美国联邦政府国际学生流动政策的变迁逻辑。综上所述，间断—均衡理论构成了本书的主要理论基础，倡议联盟框架提供了具体的分析路径与分析工具，由此从不同角度和层面为本书提供理论支撑。

本书的章节安排如下：

第一章"'二战'后美国联邦政府国际学生流动政策的发展历程"，聚焦政策子系统内《富布赖特法》、《国防教育法》第六章、《国际教育法》和《美国爱国者法案》的制定与变迁过程。本章下设四个子研究：

一是美国国际学生流动政策发展动因研究。这部分内容基于动因理论，从社会、政治、经济和文化环境等方面，探讨联邦政府国际学生流动政策的驱动因素。

二是美国国际学生流动政策内容研究。这部分内容分析四项法令文本和相关政策的修正，通过对政策文本的阐释，洞悉四项政策在各历史阶段的制定目标，找出这些政策与相对稳定变量、外部事件变量的内在联系。

三是美国国际学生流动政策实施与管理研究。这部分内容包括四项政策的决策机构、实施主体、管理机构以及拨款情况，探究政策子系统内部具有不同政策信念和资源的倡导联盟，是如何通过政策掮客和以政策为导向的学习对政策的实施和管理产生影响的。

四是美国国际学生流动政策影响与反馈研究。这部分内容一方面分析国际学生流动政策实施后对美国高校和国际学生产生的影响。另一方面，探讨美国社会各界，包括政府官员、利益集团、大众传媒以及民众对四项国际学生流动政策实施后的评价，凝练政策发展中的经验，总结政策的不足之处。评价过程主要围绕几个问题展开：这些政策是否能够被人们所接受？是不是切实可行的？实施这些政策所需的费用是可以承受的吗？在产生所期望的变革方面，这些政策是否令人满意？

第二章"影响美国国际学生流动政策变迁的相对稳定变量"。根据倡议联盟框架，政策子系统是在相对稳定变量和外部事件变量所构成的政治环境中运作的。本章分析了美国根本的文化价值观、多元化的社会结构和基本的法律框架等相对稳定变量对国际学生流动政策系统内联盟深层核心信念的影响。研究发现，国际学生流动政策的制定与发展受到根本的文化价值观、社会结构和基本的法律框架的限制。这些相对稳定变量可以对政策子系统内联盟的政策核心信念产生长期影响，引导国际学生流动政策的均衡式变迁，并通过对长期联盟机会结构的影响制约政策子系统中的政策行动。在美国国际学生流动政策背后，不容忽视的是美国对实用主义文化传统的继承与发展，以及对自由市场的推崇和迷信。三权分立的联邦体制为州和高校参与国际学生接收提供了政治保障。

第三章"影响美国国际学生流动政策变迁的外部事件变量"。外部环境主要包括社会经济条件、公共舆论、占统治地位联盟和其他政策子系统的广泛变化。根据倡议联盟框架，外部事件变量是真正动摇政策子系统内部联盟深层核心信念体系的关键。本章分析"二战"后美国不断变化的社会经济条件、公共舆论、占统治地位联盟以及外交战略的变化对联盟政策核心信念的影响。研究发现，外部环境可以导致资源的重新分配、联盟权力的重新建立和政策核心信念的变化，促使政策发生间断式变迁。其中，社会背景的变迁为政策的重大变迁提供了直接动力，经济条件为政策的变迁提供了物质保障。公共舆论能改变政策决策者对问题严重性的觉察判断，进而影响政策决策者继续推行或阻碍政策行动。此外，一个占据主导地位的倡议联盟不会改变自己的核心信念，甚至会为了保全政策核心信念在政策的次要方面做出妥协和让步。

第四章"美国国际学生流动政策的变迁"。本章分析了政策子系统内的倡议联盟构成、联盟信念体系的凝聚与输出、联盟间的博弈对政策变迁的影响。在政策子系统内，政策制定的参与者，包括联邦政府层级的行政机构、立法委员会、利益集团等，被划分为若干倡议联盟，信念体系为联盟间提供了政治上的纽带，并决定了一个倡议联盟在政策上的努力方向。根据不同的信念体系，国际学生流动政策子系统内部可以划分为教育交流联盟、外交政策联盟、经济主导联盟和保卫国防联盟。研究发现，在美国国际学生流动政策的变迁过程中，四个联盟都曾在子系统内占据过主导地位，通过以政策为导向的学习过程，将各自的政策核心信念转化为政策行动，由此塑造了国际学生流动政策的变迁。以政策为导向的博弈与学习是将联盟政策核心信念转化为政策行动的主要途径，也是从子系统内部推动政策变迁的重要机制。

第五章"美国国际学生流动政策发展中的经验与问题"。在前四章研究成果的基础上，总结政策发展中的经验与问题。研究认为，联邦政府、州政府、高等教育机构和非政府组织在国际学生流动政策发展中扮演着不同角色。联邦政府是留学教育政策发展中的领导者。联邦政府通过国会授权不同实施部门实现国际学生流动政策的统一管理；通过为留学生教育提供长期、稳定的资助强化其领导权力；通过调整签证和移民政策标准对高校的国际学生流动进行干预。州政府和高等教育机构是国际学生流动政策的主要参与者与实施者。二者充分利用联邦政府出台的政策和投资改革与完善自身留学生教育制度，将国际学生流动政策落到实处。非营利性组织是国际学生流动政策的协同管理者。这些非营利性组织在政策子系统中扮演了"政策掮客"的角色，帮助政府在各联盟间斡旋。同时，国际学生流动政策的发展也受到子系统内、外因素的制约，主要表现为难以摆脱深厚的孤立主义传统、缺少统一的国际学生流动政策、缺乏稳定的联邦资金支持。

本书的技术路线如图6所示。

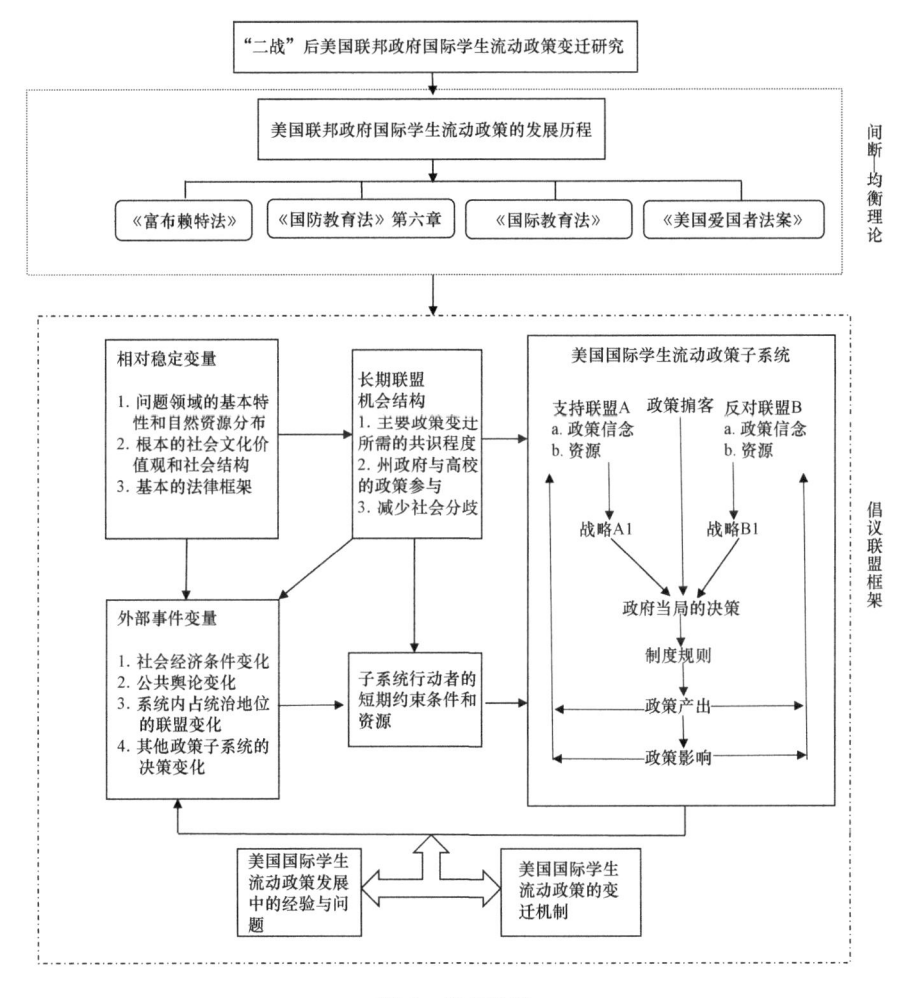

图 6　技术路线

资料来源：笔者自制。

三　创新与不足

本书主要研究"二战"后美国国际学生流动政策的变迁历程、变迁逻辑与机制等问题，主要有以下两点创新之处。

第一，本书在理论研究方面的创新在于创造性地结合了倡议联盟框架、动因理论和间断—均衡理论，对美国联邦政府国际学生流动政策的变迁进行全面研究。在分析美国国际学生流动政策发展背景、产生过程、政策内容、政策影响与反馈时，将动因理论融入原有的教育政策分析框架中，从而构建出一个更加完善的教育政策分析框架。在探究美国国际学生流动政策的变迁机制时，将间断—均衡理论和倡议联盟框架有机结合，对影响国际学生流动政策变迁的因素进行逐一分析，并将这些因素与政策子系统内部联盟信念的汇聚与输出有机地结合起来，有利于从更多角度、更深层次上理解政策变迁的规律。

第二，本书在内容方面的创新在于选取《富布赖特法》、《国防教育法》第六章、《国际教育法》和《美国爱国者法案》四项具有代表性的国际学生流动政策法令，对"二战"后美国国际学生流动政策变迁进行纵向梳理。同时，本书还对这些法案的相关演变内容进行了横向梳理，这样更有利于找出贯穿美国国际学生流动政策发展过程中的逻辑，总结政策发展中的经验与问题，判断国际学生流动政策的发展趋向。

当然，本书的研究仍存在一些不足之处。首先，与中国以宏观原则为主体的法令文本有很大的不同，美国有关国际学生流动的法令全部为英文文献，且文本冗长、内容庞杂，涉及国际学生奖助学金、留学生签证、工作和移民政策等多个维度，又历经多次修正。在甄别与理解国际学生流动政策内容的过程中，可能会有一些细节上的偏差或疏漏。其次，由于受到现实条件的约束，本书在研究中无法获得美国高校详细的国际学生流动政策，或对相关的非营利性机构进行访谈，导致在分析美国高校和非营利性机构与联邦政府在国际学生流动政策上的合作与博弈时，实际内容篇幅较短，信息不够全面。未来，可以采用访谈调查法或实地调研法，更加生动鲜活地呈现美国高校和非营利性机构与联邦政府在国际学生流动政策上的互动，并进一步加强对中国的来华留学生教育政策改革的研究与思考。

第 一 章

"二战"后美国联邦政府国际学生流动政策的发展历程

"二战"是美国联邦政府国际学生流动政策的分水岭，相比在战争中元气大伤的英国、德国、法国等资本主义国家，"二战"后的美国一跃成为世界上军事、科技和经济最强国，科技和经济的繁荣发展满足了高等教育发展的需要，为接收国际学生创造了理想的政策环境。从1946年的《富布赖特法》算起，美国的国际学生流动政策已有70多年的历史，美国的留学生教育市场规模也在不断扩大，成为世界上最大的留学目的地国家。在联邦政府层面，美国的国际学生流动政策蕴含在几个针对不同留学生教育活动环节（如教育交流项目、国际学生奖学金、国际教育课程、国际学生签证、移民）的相关法案中。这些法案的形成背景、动因和修正机理不尽相同，但都是建立在服务于美国的国家核心利益，维护美国霸权地位的共同理念基础上的。梳理有关国际学生流动的联邦政策是本书的重要一环，也是分析政策变迁的基本前提。本章从历史动因的维度，对"二战"后联邦政府出台的《富布赖特法》《国防教育法》《国际教育法》《美国爱国者法案》的形成和变迁脉络进行梳理，分析四项政策的决策机构、实施主体、管理机构以及拨款情况，探究政策子系统内部具有不同政策信念和资源的倡导联盟如何将政策信念转化为政策行动。最后，分析四项政策的影响与评价，总结美国国际学生流动政策制定和变迁中的经验与问题。

第一节 《富布赖特法》开创资助国际学生的先河

在寻求世界和平的过程中，态度的改变与解决问题同样重要，甚至更为重要。因此，无论问题和场合如何，对人类的思想采取行动，就是化干戈为玉帛的过程和潜在的救赎来源，毕竟战争给人们的思想打下了不可磨灭的烙印。①

——参议员詹姆斯·W. 富布赖特

《富布赖特法》开创了美国联邦政府资助国际学生的先河，揭开了国际学生流动政策的序幕。从 1946 年的《富布赖特法》到 1948 年的《史密斯—蒙特法》再到 1961 年的《富布赖特—海斯法》，《富布赖特法》历经了发展初期最为关键的 15 年，其政策核心定位也完成了由利用战后剩余资产与部分国家进行有限的教育交流到与世界各国进行全面外交的转变。

一 《富布赖特法》的历史背景

《富布赖特法》的主要驱动因素是政治、外交和文化输出的需求。"二战"后初期，世界格局由兵刃相见的"热战"转向以美、苏文化意识形态对抗为主的冷战，美国"救世主"的文化基因逐渐显现，欲求对第三世界国家和西欧国家进行意识形态的渗透和拉拢，使之成为自己的追随者。为保持自己政治、经济、科技发展在世界上的领先地位、与苏联抗衡，美国努力渗透和推广教育国际化，以

---

① Walter Johnson and Francis Colligan, *The Fulbright Program: A History*, Chicago: The University of Chicago Press, 1965, p.21.

开放的态度接收国际学生,致力于培养更多适应美国国家发展需要的人才。

接收国际学生被视为外交政策的一种形式,接收国外有能力的人到美国学习,使他们回国后处于有影响力的地位,把从美国学到的文化、政治、价值观运用到自己的国家中,既可以促进美国与他国间的关系,又可以为美国国家战略服务。也可以说,《富布赖特法》在文化教育层面配合了"马歇尔计划"和"第四点计划"的对外援助政策方针,通过与其他国家进行有选择的教育文化交流活动,输出美国的文化价值观,利用教育手段培养未来领袖的亲美情结,达到"不战而屈人之兵"的政治目的。

另外,美国在文化渗透上强烈的使命感成为影响该阶段国际学生流动政策的重要因素。为对抗苏联的渗透和影响力,美国加大对亚非拉地区的援助,借教育援助之名行文化渗透之实,以此控制亚非拉地区的政治、军事、经济、文化等方面,强化其世界霸主地位。从意识形态上看,美国人天赋使命的思想文化赋予他们希望引领世界的责任感,"这种根深蒂固的思想让他们相信美国有义务按照上帝的旨意让世界其他国家和人民了解其文化和意识形态,并效仿他们的社会理想模型,追求世界共同利益与民主进步,重塑世界文明"。[1] 因此,《富布赖特法》的制定受到其浓厚的理想主义影响,利用自身高等教育的世界领先优势,把接收国际学生作为重要的文化和价值观输出的手段,以此达到文化霸权目的。

二 从《富布赖特法》到《富布赖特—海斯法》的演变

"二战"后,由美国以租赁形式向同盟国提供的约 400 万件、折合 6000 万到 1.05 亿美元的装备物资,仍大量存留在这些国家的仓库。[2] 依

---

[1] 孙大延、孙伟忠:《美国高等教育国际化政策的文化输出取向——以"富布赖特计划"为例》,《黑龙江高教研究》2009 年第 5 期。

[2] Leonard Sussman, *The Culture of Freedom: The Small World of Fulbright Scholars*, Maryland: Rowman & Littlefield Publishers, 1992, p. 184.

据租赁合同，这些国家应向美国支付租金。1945 年，参议员詹姆斯·富布赖特提出对 1944 年国会通过的《剩余物资法》进行修正，将美国战后向欧洲国家出售剩余战备物资所得的款项，用于资助美国与这些国家间学生和学者的教育交流活动。该议案于 1946 年 8 月 1 日获得国会通过，并由时任美国总统的哈里·杜鲁门正式签署为美国公共法第 584 号，即《富布赖特法》。

（一）《富布赖特法》为国际学生提供交通费

《富布赖特法》对《剩余物资法》第 32 节（b）条进行修正，新增（b）（2）条授权美国国务卿与外国政府签订货币使用或货币信贷的执行协议，对方国通过成立基金的方式，将处置剩余资产所产生的货币提供给美国，或为有意愿前往位于美国大陆、夏威夷、阿拉斯加（包括阿留申群岛）、波多黎各和维尔京群岛地区的美国学校和高校就读的本国公民提供交通出行上的帮助，但要保证他们的入学不会影响美国公民获得这些学校和机构入学的机会。[①] 该法案还规定，除非国会另行授权，按官方汇率计算，任何一个国家提供的货币总额或货币信贷总额不得超过 2000 万美元，任何一个国家每年货币支出或货币信贷不得超过 100 万美元。[②]

为遴选有资格参加此次计划的学生和教育机构，并监督教育交流项目，《富布赖特法》授权、美国总统任命、由十名成员组成了外国奖学金委员会，即富布赖特外国奖学金委员会。委员会成员是来自美国教育署、美国退伍军人管理局、全国教育机构和私人教育机构的代表，代表文化、教育、学生和退伍军人团体，提供无偿服务。国务卿应在每年 3 月 1 日之前向国会提交上一年的业务报告，该报告应包括在上一年内按照此条款签订的所有协议文本，并说明赴国

[①] The Fulbright Act, Public Law 584, §1641, 60 Stat. 754, Washington, D.C.: US Government Printing Office, 1946.

[②] The Fulbright Act, Public Law 584, §1641, 60 Stat. 754, Washington, D.C.: US Government Printing Office, 1946.

外学习或接受高等教育的美国公民的姓名、地址、学校和机构名称、机构地址，以及上一年每个目标国家依据此条款支出的货币或货币信贷金额。

在该法案通过后的第二年，中国政府与美国政府签署了富布赖特协议，成为第一个与美国进行教育文化交流的国家，并在1948年派出了第一批24名中国学生到美国学习。在之后的几年里，新西兰、英国、比利时、法国等国家陆续与美国签订了富布赖特协议。[①] 1949—1950学年，共有660名国际学生得到富布赖特计划的资助，到1951—1952学年，这一数字为1435人，数量增长了一倍多，截至1955年，富布赖特计划累计资助了8068名国际学生到美国学习（见图1-1）。

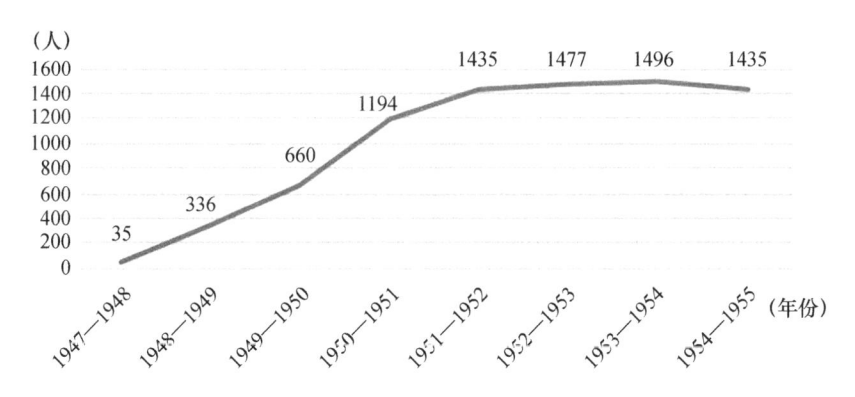

图1-1　1947—1955年富布赖特计划资助的国际学生人数

资料来源：根据富布赖特外国奖学金委员会公布的数据整理，数据详见 FFSB, *Grants Under the Fulbright Program By Year*, Washington, D. C. : Bureau of Educational and Cultural Affairs, 1947-1962。

总体而言，1946年的《富布赖特法》主要有两个特征，一是没有要求国会直接拨款，只是提出授权将处置剩余资产所产生的货币用于与拥有美国战后剩余物资的国家进行教育交流活动，不涉及任何以牺牲国内教育为代价支持国际教育的条款，才使得该

---

① 王毓敏：《富布赖特计划初探》，《兰州教育学院学报》2005年第2期。

法案在一片欢呼和呐喊声中获得通过,这体现了政策制定者超高的政治策略;二是对参与国每年提供的货币总额或货币信贷进行了额度限制,且为美国学生提供覆盖交通费、学费、生活费和与学术活动相关的费用,但只为国际学生提供交通费,不包括其他费用,在资助对象和资助范围上的局限性体现了该法案初期美国利益优先的原则。

(二)《史密斯—蒙特法》增加教育交流项目的美元资助

由于教育交流的对象最初只限于拥有美国战后剩余物资的国家,造成富布赖特计划的实施对象较为局限。此外,随着项目参与者人数的不断增多,即使只向国际学生提供为数不多的交通费,美国在海外的剩余物资也会捉襟见肘。针对这些问题,国会于1948年通过了由参议员亚历山大·史密斯与卡尔·蒙特联合提交的《美国信息与教育交流法》,又称《史密斯—蒙特法》,并于1950年经杜鲁门总统签署成为美国公共法第402号。

作为《富布赖特法》的补充,《史密斯—蒙特法》在确保美国与其他国家互惠互利的前提下,扩大了国际学生、学者、教师、教授和专业技术人员的交流范围,将项目延展到租赁国以外的国家,批准以最低限度出售剩余战备物资所得资金开展教育交流活动,外币可以用于支付国际学生到美国的交通费用,并新增美元外汇条款,解决了原项目资金不足的问题。该法案第二章第201节明确了当外国人员抵达美国后,国务卿可以为他们提供新生培训和其他适当的服务。如有任何国家在互惠交流项目中发生合作失败或拒绝合作事件,国务卿则应对该国终止或限制此类项目,以保护美国利益。① 同时,该法案提出国际学生属于非移民访客,所有未被项目接纳或项目到期未离开美国、或从事有损美国利益的政治活动、或参与不符合美国安全的活动的人,应当依据司法部长的逮捕令将其拘留并立

---

① United States Information and Educational Exchange Act, Public Law 402, §1619, 62 Stat. 10, Washington, D. C.: US Government Printing Office, 1948.

即驱逐出境。该法案第六章第601节授权设立美国教育交流咨询委员会。该委员会负责与其他国家合作提供教育交流服务，包括人员、知识和技能的交流，提供技术和其他服务以及教育、艺术和科学领域发展的交流。①

（三）《富布赖特—海斯法》扩大教育交流规模和资金渠道

1952年，国会通过富布赖特提交的修正案，授权可以使用除销售战后剩余物资所得外的货币或贷款作为教育交流项目资金的来源。然而，潜在资金来源的增加并没有给富布赖特计划带来更多的资金，而是被国防部和国务院用来支付其海外行政开支。到1953年，以欧洲、近东、南亚及东南亚、远东地区为主的28个国家加入了富布赖特计划。随着富布赖特计划规模的不断扩大，其经费来源也由单一的美国国会拨款改为与派出国政府共同支付的双边拨款。例如，1953年，该计划获得美国国会拨款250万美元，而另外100万美元来自芬兰、德国和奥地利的专项资金。此外，来自美国政府以外的资金又增加了大约700万美元，相当于该项目每年的外汇支出。②

1.《富布赖特法》面临资金短缺的问题

20世纪50年代后期，苏联成功发射第一颗人造卫星后，一向在科技领域自信满满的美国感到前所未有的威胁与挑战。1958年，美国出台了《国防教育法》，寄希望于通过外语和区域研究重新夺回世界领导权，高等教育因为与国防安全的紧密联结而获得巨额的联邦资助。1960年，艾森豪威尔总统的第二个任期即将结束，政府面临着新的变革。此时，富布赖特计划已经实施了将近15年，尽管已经取得了很大成就，但支持该项目长期运作的外汇资金来源正在枯竭。

---

① United States Information and Educational Exchange Act, Public Law 402, §1619, 62 Stat. 10, Washington, D.C.: US Government Printing Office, 1948.

② Walter Johnson and Francis Colligan, *The Fulbright Program: A History*, Chicago: The University of Chicago Press, 1965, p.21.

根据1946年通过的法案，富布赖特计划的唯一资金渠道是那些出售海外剩余物资而获得的外币或信贷，而这些资金的使用也不再是强制性的。加之受到以国务卿约翰·杜勒斯和参议员约瑟夫·麦卡锡为首的反对者联盟成员影响，富布赖特计划的预算不断被削减，其前景已不容乐观。例如，与土耳其的项目合作于1953年已经到期，印度和埃及的项目预算还能支撑两年。斯里兰卡、伊拉克、巴基斯坦、瑞典、泰国和南非联盟的项目预算不超过三年，如果要使之充分发挥效力，就需要制定新的法律条文。

2.《富布赖特—海斯法》的颁布与实施过程

在此严峻形势下，参议员富布赖特与众议员韦恩·海斯在1961年年初向外交关系委员会提交S.1154号议案，该议案于1961年3月29日举行了第一次听证会。在听证会上，宾夕法尼亚大学校长盖洛德·哈恩韦尔、外国奖学金委员会主席罗伯特·斯托里、密歇根大学国际中心主任詹姆斯·戴维斯、国际教育协会会长肯尼斯·霍兰和美国大学妇女协会会长安娜·霍克斯女士等与会者都对S.1154号议案表示赞成，认为教育和文化交流项目的重要性远远高于大多数外交政策立法，并建议对新方案的实质性内容进行细微调整。听证会上，与会者强调，新的富布赖特计划需要更多灵活的管理规定，以全面提高国际学生和学者的申请成功率，并且为受助人制定更宽松的监管规定。1961年9月6日，众议院以最终形式批准了由副总统林登·约翰逊和众议院议长约翰·麦考马克签署的S.1154号议案，并于9月21日提交给肯尼迪总统，由其最终签署为《教育与文化交流法》，又称《富布赖特—海斯法》。

第一，新法案扩大了原有的教育交流活动规模，根据该法案第102节（a）条，总统有权向他认为能够加强国际合作关系的项目提供资金、合约或其他，与从极权主义过渡到民主的国家进行交流，包括但不限于波兰、匈牙利、捷克、保加利亚和罗马尼亚，并为在美国学校就读和访问的交流学生、学者、教师和教授提供资金。① 第二，新法案扩大了资金使用范围。第105节（b）条授权新法案中所涉及的任何活动都可以全部或部分由现有的外币提供资金。为项目准备的拨款，不论何种外币，均可用于经常开支和政府奖助。第105节（f）条规定外国政府、国际组织和私营个体、公司、协会、机构和其他团体应最大限度地参与执行该法案，并为总统提供资金、财产和服务。② 这项关于货币储备的规定使教育交流计划成为联邦政府管理的计划中最有利的授权之一。第三，新法案授权以美元和外币为富布赖特计划提供资金来源，打破了将富布赖特计划与外币挂钩的枷锁，使其不再是一个有限期的项目，而是教育文化交流计划中的永久性项目。《富布赖特—海斯法》还授权在必要时与其他国家一起设立两国甚至多国委员会，以便管理和开展促进符合该法案宗旨的活动。第四，为进一步鼓励优秀的国际学生参与该计划，新法案免除了受助人从美国组织、机构或外国政府和基金会获得资助的税收，放宽了他们在美国的工作许可，为短期访美的外国学生和教师提供货币兑换服务，还史无前例地给他们的家属发放与本人相同类型的签证。在国际学生服务上，为帮助他们充分利用在美国学院和大学就读的机会，调动他们的能动性和才能，使他们回国后成为更优秀的领导者，美国新闻署长可以通过合约或其他方式为在美国学院和大学的外国留学生长期提供咨询服务。

此外，《富布赖特—海斯法》第106节（b）（1）条授权设立美国国际教育和文化事务咨询委员会取代旧的美国教育交流咨询委员会。③ 该委员会由九名经过总统任命、参议院通过的成员组成，负责

---

① Mutual Educational and Cultural Exchange Act, Public Law 87-256, 75 Stat. 527-538, Washington, D. C. : US Government Printing Office, 1961.
② Mutual Educational and Cultural Exchange Act, Public Law 87-256, 75 Stat. 527-538, Washington, D. C. : US Government Printing Office, 1961.
③ Mutual Educational and Cultural Exchange Act, Public Law 87-256, 75 Stat. 527-538, Washington, D. C. : US Government Printing Office, 1961.

制定政策，并就如何根据该法案行使职权向总统提出建议。《富布赖特—海斯法》还规定在美国新闻署下设教育与文化事务局，负责管理、协调及监察开展的富布赖特教育交流项目、休伯特·汉弗莱奖学金项目，以及美国政府和非政府机构参与的为发展中国家的公共管理者和其他人员设立的奖学金项目；通过签订合同、拨款或签署合作协议的方式与民间非营利性组织合作；向正在实施的、增进民间交流的非政府组织项目提供资金援助。

《富布赖特法》最大的特点是强调人员双向的交流和受助人之间的互惠关系，这一点在《富布赖特—海斯法》中再次得到了重申。作为美国历史上最大的教育交流项目，富布赖特计划利用其独特的管理模式——通过外国奖学金委员会和海外合作委员会向受助人提供奖学金、前所未有的交流规模和非政府组织机构间的广泛合作，向世界证明通过教育文化交流改善各国间关系、增进各国人民间相互理解的可行性和价值。

与《富布赖特法》相比，《富布赖特—海斯法》具有了一些新的特征。第一，教育与文化事务局的设立强化了行政部门对教育文化交流活动的职责，使其不仅负责管理富布赖特、史密斯—蒙特及其他教育文化交流项目，还在联邦政府的留学生教育政策制定中发挥了指导作用。第二，将外国奖学金委员会成员从原来的10人增加到12人，并在一定程度上扩大其监督管辖范围，确保了富布赖特项目的独立性和稳定性。第三，新法案拓宽了教育交流项目的资金渠道和范围，为富布赖特计划的长期发展提供了物质保障。据统计，截至1962年，富布赖特计划累计资助了18564名国际学生到美国高校学习。①

3.《富布赖特—海斯法》的成效

《富布赖特—海斯法》所产生的净效应提高了留学生教育在公共

---

① Paterson Thomas, Garry Clifford and Hagan Kenneth, *American Foreign Relations: A History Since* 1895, Lexington, Mass.: D. C. Heath and Company, 1995, p. 345.

和私营部门以及私人基金会中的知名度。在该法案带动下，美国的政府机构和高等教育机构都采取了相应的政策行动，促进国际学生流动，当时美国的国际教育项目和留学生海外交流项目比历史上任何时候都要多。正如1969年《全国教育研究学会年鉴》中指出的那样，在20世纪50年代和60年代，美国的学院和大学致力于国际学生的教育交流活动。到1962年，几乎所有的美国高等教育机构都与发展中国家的大学签订了教育交流协议，或开展了国际教育项目。

此外，《富布赖特—海斯法》建立了海外教育交流机制，通过这种机制，美国和共产主义国家之间可以开展教育交流与合作。但是，该法案并没有把教育交流关系延伸到所有共产主义国家，而只是扩大到那些"从极权主义过渡到民主的国家，包括但不限于波兰、匈牙利、捷克斯洛伐克、保加利亚和罗马尼亚"。[①]《富布赖特—海斯法》将美国接收国际学生和学者的范围拓展到东欧国家，同时向亚洲和非洲等许多新兴国家敞开了大门。《富布赖特—海斯法》将保加利亚和罗马尼亚纳入"从极权主义向民主过渡的国家"，诠释了政策制定者希望对这些国家"慷慨解囊"的政治意图，这也符合美国在冷战时期重视吸引新兴国家、使它们远离共产主义国家的外交政策目标。值得注意的是，美国与这些新兴国家间开展的教育文化交流项目并不像与其他盟友或中立国家的项目那样不受限制，而是需要通过美国新闻机构进行协调。

三 《富布赖特法》的实施情况

自1946年《富布赖特法》实施以来，已有来自180多个国家和地区的超过15万名国际学生参与了富布赖特计划。直至今日，富布赖特计划仍然是美国政府国际教育交流的旗舰计划，该计划的日常行政事务由国务院下属的教育文化事务局负责，并由外国奖学金委

---

① Mutual Educational and Cultural Exchange Act, Public Law 87-256, 75 Stat. 527-538, Washington, D.C.: US Government Printing Office, 1961.

员会进行管理。

(一) 外国奖学金委员会和教育与文化事务局

富布赖特外国奖学金委员会是由国会设立的独立机构,以确保遴选教育交流计划受助人的公平性。该委员会由美国总统任命的12名两党议员组成,任期三年。他们负责在双边富布赖特委员会和基金会的协助下筛选受助人、制定政策、管理并向世界宣传美国的国际教育、文化和信息项目。[①] 美国国务院教育与文化事务局经《富布赖特—海斯法》授权执行富布赖特计划。在富布赖特外国奖学金委员会制定的政策指导下,主要负责管理、协调和监督该项目。教育与文化事务局还负责富布赖特计划的预算与财政管理,也可以代表该项目与外国政府进行协商。双边富布赖特委员会是负责美国与合作伙伴国家间的项目共同规划、决策和管理的独立组织。目前,全球共有49个双边富布赖特委员会,其董事会成员由同等数量的美国居民和包括政府代表在内的伙伴国居民组成,他们负责推荐候选人、筹集资金和审核受助者资质,在许多国家实施美国高等教育信息服务项目和其他教育交流项目。在没有双边富布赖特委员会的国家,美国大使馆负责管理富布赖特计划,由美国公共事务官员或文化事务官员承担主要责任,并与东道国政府的相关官员进行协调。

此外,富布赖特计划的成功发展也离不开富布赖特协会、富布赖特海外校友会的支持。富布赖特协会属于非营利性组织,作为富布赖特计划的官方校友会,该协会拥有7000多名会员和215个机构会员。[②] 富布赖特协会的主要工作是通过主办各种各样的活动,宣传富布赖特计划,促进美国国际教育的发展,扩大受助者的经验交流。全球有超过70个国家设立了富布赖特海外校友会,以保持富布赖特

---

① Bureau of Educational and Cultural Affairs, "Funding and Administration", May 29, 2019, https://eca.state.gov/fulbright/about-fulbright/funding-and-administration.

② Fulbright Foreign Scholarship Board, 2017 *Annual Report*, Washington, D.C.: Bureau of Educational and Cultural Affairs, 2017, pp. 29 – 31.

计划参与者之间的联系。它们承载着社会、文化和社区的服务活动，并经常进行筹款用来增加富布赖特奖学金数量，在提高富布赖特计划的海外知名度方面发挥了非常重要的作用。

（二）富布赖特计划的构成与拨款情况

富布赖特计划下设15个子项目，其中有关外国留学生的项目是"富布赖特外国学生项目"和"富布赖特外语教学助理项目"。"富布赖特外国学生项目"为期半年到一年，为外国学生、年轻专家和艺术家提供赴美学习、研究或教授母语的机会。① "富布赖特外语教学助理项目"为期一学年，覆盖30多种语言，通过安排英语作为外语的年轻教师在美国高校担任外语教学助理，加强他们的外语教学能力和技能，同时增进美国学生对外国文化和语言的了解。② 2017—2018学年，富布赖特计划为7849名在美国高校学习、教学或开展研究的国际学生提供了全额或部分资助。③ 这些国际学生都是经过外国奖学金委员会严格面试和筛选的知识精英或者在某方面极具潜力的成员。他们中的许多人对政治领导感兴趣，并且很有希望日后回到自己的国家担任领导工作。

富布赖特计划最初是由美国政府授权通过战后剩余物资资助的，在剩余物资用完后，由美国国会通过每年拨款资助。20世纪50年代，富布赖特计划每年获得1000万到1200万美元的财政支持，到20世纪60年代，拨款额曾一度增加到2700万美元。但在20世纪60年代末至70年代初，尼克松政府大幅度削减富布赖特计划资金，1970财政年，该项目获得国会拨款2400万美元。在此之后，富布赖

---

① Bureau of Educational and Cultural Affairs, "Fulbright Foreign Student Program", December 13, 2018, https://exchanges.state.gov/non-us/program/fulbright-foreign-student-program.

② Bureau of Educational and Cultural Affairs, "Fulbright Foreign Language Teaching Assistant", December 13, 2018, https://exchanges.state.gov/non-us/program/fulbright-foreign-language-teaching-assistant-flta.

③ Fulbright Foreign Scholarship Board, 2018 *Annual Report*, Washington, D.C.: Bureau of Educational and Cultural Affairs, 2018, p.6.

特计划的资金大幅度增加，1980 财政年为 3700 万美元，1990 财政年为 9100 万美元，2000 财政年为 1.2 亿美元，2010 财政年为 2.38 亿美元。① 近十年来，富布赖特计划的资金基本保持稳定，主要来源是国会提供的年度拨款，并由派出国政府、公司和基金会共同承担一部分资助。2017 财政年（见图 1-2），富布赖特计划共获得 4.23 亿美元资金，主要包括美国国务院拨款 2.4 亿美元，外国政府直接财政和实物资助 8733 万美元，美国私人机构直接财政和实物资助 4430 万美元，美国国际开发署拨款 2678 万美元，外国私人机构直接财政和实物资助 1759 万美元，美国教育部拨款 706 万美元。②

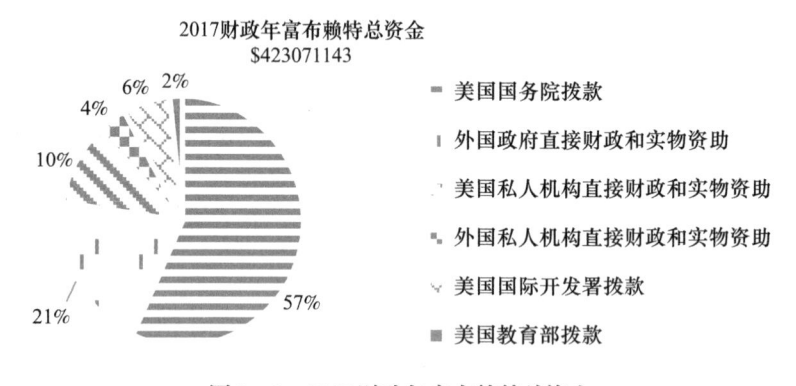

图 1-2　2017 财政年富布赖特总资金

资料来源：根据外国奖学金委员会公布的数据整理，数据详见 Fulbright Foreign Scholarship Board, 2018 *Annual Report*, Washington, D. C.: Bureau of Educational and Cultural Affairs, 2018, p. 25。

四　《富布赖特法》的影响与反馈

洛杉矶加州大学教育学院院长哈罗德·威尔逊曾评价道，《富布

---

① Bureau of Educational and Cultural Affairs, "The Fulbright Program Annual Report", October 12, 2017, https://eca.state.gov/fulbright/about-fulbright/j-william-fulbright-foreign-scholarship-board-ffsb/ffsb-reports.

② Fulbright Foreign Scholarship Board, 2018 *Annual Report*, Washington, D. C.: Bureau of Educational and Cultural Affairs, 2018, p. 25.

赖特—海斯法》标志着美国留学生教育"新生时期"的结束，成熟时期的开始。事实证明，促进国家间学生和学者的流动是美国外交行动中最具有真知灼见的部分，也是反对未来全面战争的堡垒。美国国务卿迪安·腊斯克更是盛赞《富布赖特—海斯法》是"人类寄希望于通过建设性和创造性的教育交流活动实现世界和平道路上的里程碑"。[①] 然而，与所获得的声誉相比，更值得关注的是富布赖特计划实施后取得的实际成效。

（一）为美国的外交关系提供了文化交流的新层面

作为第一个联邦政府资助的国际学生项目，《富布赖特—海斯法》将留学教育确定为美国外交关系的一个独特领域，成为宣传美国价值观和信仰的有形载体，体现了美国在文化外交上的长效追求。富布赖特计划甄选出的学生和学者致力于将学术传统与文化外交利益相结合，在促进美国利益和推行美国社会制度等许多方面获得了成功。由于教育交流的对象主要是由学生、学者组成的知识分子，他们中的很多人在回国后会担任政府要职。利用教育手段向他们展示和分享美国在科技、文化上的雄厚实力，可以消除他们对美国的"成见"，使他们比较客观地发表有利于美国的言论，这样可以提高美国的世界地位和国际影响力，有助于与他国建立良好的政治外交关系。例如，西班牙前欧盟外交与安全高级代表哈维尔·斯达那、墨西哥前外交部长路易斯·欧内斯托、朝鲜前任外交部长韩升洲都曾是富布赖特计划的学生。可以说，国际学生流动政策已经成为美国对外关系中最有影响和价值的手段之一。

（二）给美国带来了巨大利益

自通过和实施以来，《富布赖特—海斯法》为美国在建立个人关系、知识和领导技能等方面的投资带来了巨大回报。从数据上看，

---

① Wilson Harold, "Education, Foreign Policy, and International Relations", in Blum R. Robert, eds., *Cultural Affairs and Foreign Relations*, N. J.: Prentice-Hall, 1963, p. 82.

《富布赖特法》实施后，美国高校的国际学生数量出现了较为显著的增长。1945—1946 学年，美国高校的国际学生数量为 10341 人，而到 1948—1949 学年，这一数字达到 25464 人。其中，本科阶段的国际学生人数为 13451 人，占比 52.8%；研究生阶段的国际学生人数为 8941 人，占比 35.1%。进入 20 世纪 50 年代，在《富布赖特法》和《史密斯—蒙特法》的带动下，美国的国际学生数量继续攀升。1950—1951 学年，赴美留学生人数为 29813 人，到 1956—1957 年度，这一数字为 40666 人，六年间增长了 36.4%。①

时至今日，富布赖特计划仍然通过政府和私人的教育交流项目吸引着来自世界各地的学生和学者。富布赖特合作伙伴国家每年投入近 9000 万美元，通过富布赖特计划将有成就的学生和学者派往美国的大学与学院，2020—2021 学年，国际学生为美国带来了 284 亿美元的经济收益。② 在知识方面，富布赖特学生和学者通过在美国 1300 多所高等教育机构进行学习、教学和科研，在发展自身专业技能的同时促进了美国大学国际化发展。富布赖特计划的受助者和超过 380 多万名校友运用他们独特的见解、知识和创造力解决当今网络安全、公共卫生、教育、环境可持续性以及食品和经济安全等棘手的全球性问题。截至目前，富布赖特校友中已经产生了 89 位普利策奖获得者、75 位麦克阿瑟奖获得者、60 位诺贝尔奖获得者、39 位现任或前任国家元首或政府首脑、16 位总统自由勋章获奖者。这些足以证明富布赖特计划在创造知识和培养未来领导者、创新者和变革者方面所取得的非凡成效。③

---

① Institute of International Education, "International Students Enrollment Trends", November 13, 2022, https://opendoorsdata.org/data/international-students/enrollment-trends/.

② Fulbright Foreign Scholarship Board, 2017 *Annual Report*, Washington, D.C.: FFSB, 2017, p. 3.

③ Fulbright Foreign Scholarship Board, 2018 *Annual Report*, Washington, D.C.: Bureau of Educational and Cultural Affairs, 2018, p. 26.

(三)成为维护国家安全利益的重要手段

对于美国而言,国家利益首先是维护国家安全利益。冷战初期,美国国家安全的核心是国防安全。为遏制苏联军事势力在西欧的扩张,美国在外交政策上与西方国家结成"北大西洋公约组织",在经济政策上通过"马歇尔条约",在教育文化政策上通过《富布赖特法》,政治、经济和文化"三管齐下"捍卫美国的国防安全。事实证明,富布赖特计划是保障美国国防安全的重要手段,而且其成本远低于军事成本。正如美国前国防部长詹姆斯·马蒂斯所言,"如果美国国务院不能给富布赖特计划提供足够的资金,国防部将需要购买更多的弹药。"① 经过美国政府和外国奖学金委员会严格筛选的富布赖特受助者大多从事美国文学、政治学、新闻传播学、教育学、历史学、语言文学等社会科学或人文科学领域的研究,这些学科都能够最大程度地反映出美国的文化和价值观,富布赖特计划服务于美国国家安全利益的本质不言自明。②

第二节 《国防教育法》加大对外语和区域研究的资助

在40年前还是一个农民国家的苏联,正在向美国这个世界上最大的工业强国发起挑战,而其挑战的正是美国在科学技术方面的霸权地位。为了生存,我们必须给予基础科学研究、教育质量、物理科学教学、外语培训更大的支持,充分调动起人才和脑力的

---

① Fulbright Foreign Scholarship Board, 2018 *Annual Report*, Washington, D.C.: Bureau of Educational and Cultural Affairs, 2018, p. 28.
② Paula McWhirter, Jeffries McWhirter, "Historical Antecedents: Counseling Psychology and the Fulbright Program", *The Counseling Psychologist*, Vol. 38, No. 1, 2010, p. 15.

流动。①

——参议员李斯特·希尔

如果说《富布赖特法》的颁布与实施开创了美国联邦政府资助国际学生的先河，通过富布赖特计划资助国际学生和学者的"善意之举"，实现美国文化扩张和意识形态渗透的目的，含蓄地表达了使留学生教育服务于国家利益的意图，那么《国防教育法》的出台，则是美国国际学生流动政策发展过程中的一次重大变迁。

一 《国防教育法》的历史背景

1957年10月，苏联第一颗人造卫星"斯普特尼克1号"的成功发射，打破了美国一向在科技领域的自我沉醉感，改变了美国国家利益的内涵。美国人在惊讶与震惊之余，将美国在航天技术上的落后归咎于教育的落后，认为美国把大部分的经费用在了军备上，对于东欧和亚洲的了解甚少，在科学和语言领域的人才储备也不能满足国家的安全需要。富布赖特更是直言不讳地批评道："今后半个世纪中世界上的流血与冲突都与美国的军事装备脱不了关系。"② 一时间，美国教育改革的问题成为举国上下关注的焦点，自然也引起了政策制定者的关注，仅在1957年到1958年间，美国国会就收到了超过1500多份有关教育改革的议案，通过了80项涉及教育的法案，《国防教育法》也在其中。③

《国防教育法》是美国第一个涉及国家安全和利益的教育法案，不同于《富布赖特法》所倡导的加强与其他国家进行人员交流，从

---

① 参见 Lister Hill, Hearings before the Committee on Labor and Public Welfare, 85th Cong., 2nd Session, Senate Committee on Labor and Public Welfare, Science and Education for National Defense, 1958。

② Ellen McDonald Gumperz, *Internationalizing American Higher Education: Innovation and Structural Change*, Berkeley, California: Center for Research and Development in Higher Education, 1970, p.35.

③ 陈学飞:《美国高等教育发展史》，四川大学出版社1989年版，第155页。

而树立自身良好的国际形象,《国防教育法》直接表达了留学生教育应该从国家利益出发,以应对国际挑战的核心思想,是美国联邦政府国际学生流动政策的一次重大变迁,对美国留学生教育的发展影响深远。《国防教育法》共十章,其中每一章都与国家安全息息相关,尤其是第六章语言发展部分,更是专门提出加强外语教学和区域研究,培养高质量的科学技术人才、培养国际问题专家、培养关键语言专家,致力于在空间科技研究领域培养高质量人才方面与苏联对抗。

《国防教育法》第一章明确提出,国家安全需要依靠高新技术和新知识的发现与发展,为满足国家利益和国防安全的需要,联邦政府和各级政府必须加大努力,在科学、数学、现代外语领域发掘和培养更多人才,确保任何有能力的学生都不会因为经济问题而被剥夺接受高等教育的机会。① 由此可见,该法案的目的是向个人、国家及其分支机构提供各种形式的实质性教育援助,以确保能够在科学、数学、外语领域培养出足够质量和数量的人才,满足美国国家安全的需要。

二 从《国防教育法》第六章到《高等教育法》第六章的演变

1958 年,美国参议院和众议院围绕 H. R. 13247 号议案举行了听证会,参、众议院在听证会上都试图通过专家证词证明,几十年来的进步主义教育导致美国高等教育机构缺乏外语能力,政治和军事领导人之间缺乏跨文化意识,对美国在"二战"期间以及在冷战期间的国家利益造成了不利影响。最终该议案以 212 票赞成,85 票反对,131 票弃权获得通过,由时任总统艾森豪威尔签署为《国防教育法》。《国防教育法》中最引人瞩目,也是与接收国际学生最为相关的是第六章语言发展政策。

---

① National Defense Education Act, Public Law 85 - 864, 72 Stat. 1580 - 1605, Washington, D. C. : US Government Printing Office, 1958.

（一）《国防教育法》建立外语和区域研究中心

《国防教育法》第六章第 601 节（a）条授权教育署专员自 1958 年 7 月 1 日起到 1962 年 6 月 30 日止，以签订合同的方式在美国高校设立现代外语中心，用于培养联邦政府急需的外语（阿拉伯语、汉语、日语、印度语、葡萄牙语和俄语）人才，并授权对应用这些语言的国家和区域的历史学、政治学、经济学、社会学、地质学和人类学等必要领域进行研究。任何此类合同可以支付不超过该中心设立和运营费用的 50%，包括在外国地区或国家旅行的工作人员的补助费用。① 第 602 节授权专员进行研究和调查，以确定大学是否需要增加或改进现代外语和其他领域的教学，充分了解这些领域、地区或国家的通用语言，研究更为有效地教授此类语言和其他领域的方法，并开发用于此类培训的专门材料，或培训此类语言或此类领域的教师。

为执行上述条款，第 611 节授权自 1959 年 6 月 30 日的财政年度以及后续三个财政年度拨款 725 万美元用于与美国高等教育机构签订合同、维持外语与区域研究中心的运作，为从事或准备从事任何有关现代外语教学或培训的学生或教师提供每周 75 美元的津贴，并为其家属提供每周 15 美元的额外津贴。②

（二）《国防教育法》第六章的变迁情况

自 1958 年首次通过后，《国防教育法》第六章又经历了七次重新授权（见表 1-1），每一次授权都在不同程度反映出美国不同时期的政治目标。归根结底，《国防教育法》的核心信念就是使国际教育服务于不同时期的美国国家利益。

---

① National Defense Education Act, Public Law 85 - 864, 72 Stat. 1580 - 1605, Washington, D. C.: US Government Printing Office, 1958.

② National Defense Education Act, Public Law 85 - 864, 72 Stat. 1580 - 1605, Washington, D. C.: US Government Printing Office, 1958.

表1-1　　　　　　　《国防教育法》第六章的内容修订

	1972年	1976年	1980年	1986年	1992年	1998年	2007年
《国防教育法》第六章的内容修订	1. 设立"本科国际与外语学习"项目。 2. 将"国家资源中心"项目扩展到中小学。	增设"本科课程和公民教育"项目。	1. 将《国防教育法》第六章并入《高等教育法》第六章。 2. 增设"商业与国际教育"和"语言资源中心"项目。	1. 增设"少数国家语言资源和培训中心"。 2. 为第六章内容拨款500万美元。	1. 增设"美国海外研究中心"。 2. 增设"国际公共政策研究所"。 3. 向国际商业教育与研究中心拨款1100万美元；向国际教育与培训项目拨款700万美元。	1. 重新定义"国家利益"。 2. 增设"获取国外信息的技术创新与合作"项目。	删除1998年修正案中的"后冷战"一词。

资料来源：编译自 National Defense Education Act. Public Law 85-864, 72 Stat. 1580-1605, Washington, D.C.: U.S. Government Printing Office, 1958。

1. 以公民教育为核心的变迁

20世纪70年代初，尼克松政府开始逐步减少对第六章的拨款，但在国会与政策支持者的干预下，《国防教育法》第六章又得以延续，开启了渐进式变迁的过程。1972年，《国防教育法》第六章增设了"本科国际与外语学习项目"，开始为高等教育课程的国际化提供资助。此外，留学生教育也开始由注重吸引和培养高级专业人才进一步扩展到普通教育领域。"国家资源中心"项目的范围除四年制高校与社区学院外，也拓展到了中小学。1976年，《国防教育法》第六章被再次授权，本科课程以及一项名为"公民教育"的新法规被编入第603节，旨在加强对"紧迫的国内后果"这一全球性问题的普遍认识和教育。新条款在1979年首次获得资助，但后来又从《国防教育法》第六章中删除，并入《中小学教育法》中,通过向州和地方教育机构提供普通教育补助金的方式资助此类活动。

2. 以全球竞争力为核心的变迁

20世纪80年代,东欧剧变和苏联解体引发了世界政治格局和经济形势的快速逆转。面对全球化的发展趋势和其他国家的竞争压力,美国关注的焦点不再是国际理解,"竞争力"成为美国联邦政府关注留学生教育的新焦点,美国的国际学生流动政策加入了对经济需求的重视。①

在1980年的重新授权中,《国防教育法》第六章有关国际教育的相关条文被并入《高等教育法》第六章中,并进行了修改,增设了"商业与国际教育"项目和"语言资源中心"项目。②《高等教育法》第六章B部分为"商业与国际教育"项目的匹配提供了补助金,这一授权反映了当时美国对留学生教育的理解是在服务于外交政策和国家安全利益的基础上,兼顾解决经济生产力和国际经济竞争的问题。1986年对《高等教育法》第六章的重新授权通过新的第603节"少数国家语言资源和培训中心",进一步扩大了政府对国际教育的权限,以有效提高国家外语教学和学习的能力。1988年,美国联邦政府在《综合贸易与竞争力法》的单独授权下,新增设"国际商业教育与研究中心",用于教授改进的国际商业技术、战略和方法、重要外语教学和其他领域,以便更好地了解美国的贸易伙伴,并在国际贸易方面开展研究和培训。

3. 以经济竞争力为核心的变迁

进入20世纪90年代,美国国内经济并没有像预期的那样开始复苏,衰退现象反而更加严重。与此同时,全球贸易竞争加剧,作

---

① Hans De Wit, *Internationalization of Higher Education in the United States of America and Europe: A Historical, Comparative, and Conceptual Analysis, Greenwood Study in Higher Education*, Connecticut: Greenwood Press, 2009, p. 29.

② Higher Education Amendments of 1980, Public Law 96-374, 94 STAT. 1367, Washington, D.C.: US Government Printing Office, 1980.

为国际贸易大国，美国为了应对日本和欧洲的经济竞争，迫切需要熟悉各国经济贸易规则的国际人才，以便在国际市场中谋取更大的经济利益。这段时期，在服务国家政治利益的前提下，修正案中又增加了对经济需求的关注。

为了更好地适应新形势，美国国会在1992年和1998年分别对《高等教育法》进行了两次重新授权。1992年，《高等教育法》第六章第610节授权增设两个新的项目："美国海外研究中心"，授权支持运营中心，这些中心由高等教育机构联盟在国外建立，强调国际学生和专家多样化的需要、促进语言和地区的研究和交流学习，扩大海外学习计划和文化交流，其项目资金超过2亿美元。① 第610节（c）条授权增设"国际公共政策研究所"，旨在提高对代表性不足群体本科生的国际服务职业的认识和兴趣。第612节对"国际商业教育与研究中心"项目进行了拨款授权，（a）（1）条规定部长有权向高等教育机构或这类机构的合并机构提供拨款，以支付联邦政府在国际商务中心的规划、建立和运营方面所承担的费用。（b）（2）条授权每笔补助金可用于支付联邦份额的计划，建立或运营费用（4）条规定将访问学生和学者带到中心或进行研究。另外，美国联邦政府还对吸引国际学生的项目进行了战略调整，如将《高等教育法》第六章中有关留学生教育的项目经费从1990年的4460万美元提高至1999年的6100万美元，富布赖特计划的经费也从1996年的475万美元上调至1999年的620万美元。②

4. 兼顾精英人才培养和国土安全的变迁

21世纪初，科技发展日新月异，为广纳世界顶尖科技创新人才，填补美国国内在电子工程技术方面人才的空缺，《高等教育法》第六章在1998年被再次授权。其中，第601节（b）条对国家利益

---

① Theodore M. Vestal, *International Education: Its History and Promise for Today*, New York: Praeger Publishers, 1994, p. 7.

② Fred M. Hayward, *Internationalization of U. S. Higher Education: Preliminary Status Report* 2000, Washington, D. C.: American Council on Education, 2000, pp. 23 – 24.

进行了重新界定，着重强调了留学生教育在全球化时代和在培养创新科技人才方面发挥的支撑作用。(1)(A)支持美国高等教育机构的中心、项目和研究资金，以培养更多受过训练的人员，开展外语领域研究和其他国际研究；(B)建立一个国际专家库，以满足国家的需要；(C)编制和验证外语习得与流利性的专门材料和技术，强调（但不限于）较不常教授的语言；(D)促进在海外进行研究和培训；(E)在本科和研究生教育中促进各类学科的国际化。(2)促进国际和外语知识的获得和传播，通过使用先进技术，在美国的教育、政府、商业、公民和非营利部门提供教学材料和研究。(3)协调联邦政府在外语、区域研究等国际领域的项目学习，包括专业国际事务教育与研究。第606节授权在美国大学增设"获取国外信息的技术创新与合作"项目。① 该项目旨在开发新的电子技术或程序，用于收集和保存世界各地在国际教育和科学研究方面满足美国国家需求的信息，以确保美国在经济和科学技术方面一直处于世界领先地位。

进入21世纪，在经历了"9·11"恐怖袭击事件和次贷危机后，国家安全和经济竞争力成为美国发展留学生教育政策的两个最为关键的要素。美国高校的国际学生接收开启了扩大国际学生交流、加强国际科学合作、保持美国领跑世界的霸主地位、维护国家政治经济利益的实效模式。在2007年对《高等教育法》第六章的重新授权中，删除了1998年修正案第601节（a）(3)条中的"后冷战"一词；在第602节（a）(4)条新增条款（D），加强联邦政府相关机构与州政府相关机构在外语教学、区域研究以及其他留学生教育领域的合作；在第632节（b）条中规定教育署专员不能授权、指导或控制高等教育机构的国际教育课程或教学计划。②

---

① Higher Education Amendments of 1998, H. Rept. 105 – 75, Washington, D. C.: US Government Printing Office, 1998.

② Higher Education Amendments of 2007, S. Rept. 110 – 231, Washington, D. C.: US Government Printing Office, 2007.

通过《国防教育法》第六章的授权，我们可以总结出以下几个值得注意的特征。第一，该法案标志着国际教育不再仅仅是各州政府的事情，美国联邦政府正式将留学教育政策与国防安全联系起来。其中《国防教育法》第六章对语言发展进行了专门阐述，并提出对汉语、阿拉伯语在内的关键语言进行系统教学，而在此之前，这些语言在美国大学几乎无人问津。至此，美国联邦政府的留学生政策发生了大角度转换，国防安全成为重中之重。正如艾森豪威尔总统所呼吁的那样，国际教育项目应该与国防安全联系起来，只有加强美国在科学、数学以及外语方面的教育，培养更多的区域研究专家和外语人才，才能更好地满足国防安全的需求。[1] 第二，语言发展条款授权在美国高等教育机构设立现代外语教学中心，使美国高校成为外语人才的汇集地。尽管该法案中有一小部分项目涉及初、高中的外语教学，但外语教学的项目拨款大多拨给了美国大学，绝大部分的奖学金也被授予给那些在大学教授外语或运用外语的研究生。从这个角度讲，该法案中体现的国际教育是针对"二战"后美国高校中少数人的英才教育，其根本目的是尽可能创造一切条件培养研究生，重振美国科学教育，使国际教育成为美国研究型大学的主要任务。第三，《国防教育法》扩大了美国联邦政府对留学生教育的控制权。如果说1946年的《富布赖特法》提出利用战后剩余军用物资资助国际学生，标志着联邦政府对留学教育的正式介入，那么《国防教育法》则通过增加对STEM学科和外语领域表现优异的学生的资助、提高奖学金和贷款、在高校建立语言研究和区域研究中心等方式，扩大了联邦政府对留学生教育的控制权，为接收国际学生奠定了法律基础。该法案中最能体现政府对高等教育控制的是第十章第1001条，所有受助者都要宣誓效忠于美国政府的规定。此条款随后遭到152所美国高校的联合抵

---

[1] Carlos J. Ovando, "The Politics and Pedagogy: The Case of Bilingual Education", *Harvard Educational Review*, Vol. 60, No. 3, 1990, p. 343.

制，认为其违背了学术自由和信仰自由的核心理念。1962 年，在肯尼迪总统的干预下，效忠条款被废除，但却为日后政府对高等教育的宏观政策调控奠定了法律基础。

总体而言，《国防教育法》第六章（《高等教育法》第六章）发展的基本逻辑是将美国的国家安全与经济竞争力结合起来，在保障国土安全的前提下促进经济繁荣。这种逻辑也在每年的美国国家安全战略中有所体现。扩大国际教育和交流、加强国际科学合作以及进行整体的移民制度改革等，成为美国在新时期增进国家安全与经济繁荣的重要举措。

三 《国防教育法》实施情况

为更加有效地实施法案中的条款，《国防教育法》第六章在美国联邦政府、州政府和地方政府之间建立了一个协调系统，向学生和教育机构提供了大量资金用于规划、管理和技术方面的资本投资，为今后扩大留学生教育和语言培训提供了跳板。1959—1960 学年，美国国会拨款 350 万美元用于实施《国防教育法》第六章中的项目，其中语言中心建设和奖学金各获得 50 万美元，其余 250 万美元用于区域研究。从资金的分配上可以看出，美国的高等教育机构在外语教学方面取得实质性进展前，迫切需要进行大量的前期准备工作。1959 年，教育专员根据美国学术团体协会编写的报告，将中文、日语、阿拉伯语、印尼语、葡萄牙语和俄语列为 6 种关键语言，其他 18 种外语列为第二优先重点，另有 59 种外语列为第三优先重点。由于《国防教育法》第六章的最初重点是外语教学，而不是区域研究，因此对于外语课程以外的资助沦为次要角色。在该计划实施的第一年，美国大学就建立了 19 个外语中心，并向 171 名学习 6 种关键语言的国际学生颁发了奖学金（见图 1-3）。该计划实施的第二年，外语中心的数量增加到 46 个，并向 472 名国际学生颁发了奖学金。在随后的十年中，美国联邦政府对《国防教育法》第六章的财政支持稳步增加，到 20 世纪 60 年代末，外语中心的数量已经增加到 107

第一章 "二战"后美国联邦政府国际学生流动政策的发展历程　97

个,获得奖学金人数达到 2400 人。从 1958 年《国防教育法》第六章授权的最初 4 个项目开始,到 2008 年《高等教育法》第六章授权的国际教育项目已经拓展为 12 个,其中 9 个项目与富布赖特—海斯计划所涉及的 4 个项目共同获得资助。

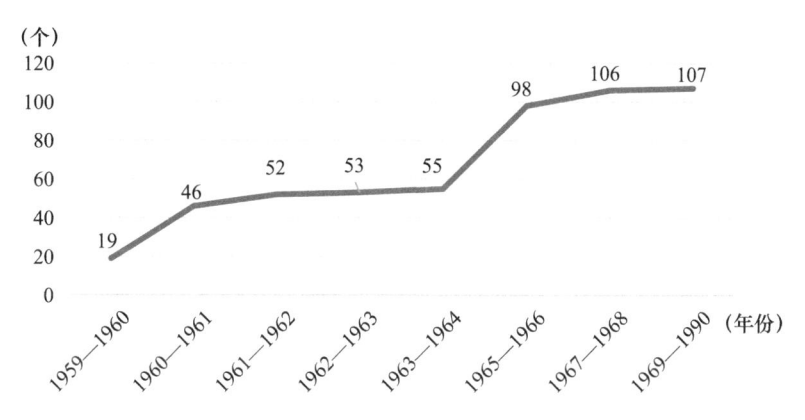

```
(个)
120 ┤
100 ┤                              98    106   107
 80 ┤
 60 ┤       46    52    53    55
 40 ┤
 20 ┤ 19
  0 ┴─────────────────────────────────────────── (年份)
    1959—1960 1960—1961 1961—1962 1962—1963 1963—1964 1965—1966 1967—1968 1969—1990
```

图 1-3　1959—1970 年美国外语和区域研究中心数量

资料来源:笔者整理自 Robert A. Divine, *The Sputnik Challenge*, New York: Oxford University Press, 1993, p.132。

20 世纪 70 年代初,尼克松政府开始逐步减少对《国防教育法》第六章的拨款,意在最终取消该计划。尼克松政府认为,《国防教育法》第六章已经成功满足了美国对外语和区域研究人才的迫切需要,而后续的人力资源可以通过在这些领域具有充分学习动机的人自行填补,不需要联邦政府的特殊计划。此外,美国联邦政府对外语中心的支持份额仅为 10%,各大教育机构应该能够承担全部费用。针对这些观点,以亨利·基辛格和丹尼尔·莫伊尼汉为首的学者联合多所大学代表们积极行动起来予以反驳,说服尼克松总统改变对《国防教育法》第六章的立场。其结果是,美国国会继续为第六章拨款,除 1970 财政年和 1972 财政年外,《国防教育法》第六章所得到的国会拨款均高于所要求的拨款额(见表 1-2)。

表1-2 美国国会对《国防教育法》第六章的拨款情况（百万美元）

年份	授权拨款额	政府要求拨款额	国会拨款额
1970	30	15	13
1971	38.5	4.93	7.17
1972	38.5	13.94	13.94
1973	50	1	12.525
1974	75	0	11.333
1975	75	8.64	11.3
1976	75	8.64	13.3
1977	75	8.64	14.65
1978	75	13.3	15
1979	75	15	17

资料来源：笔者整理自 U.S. Department of Health, Education and Welfare, Office of Education, NDEA International Studies Programs at the Undergraduate Levels, Distribution of Federal Support, 1972 – 1978, Washington, D.C.: Division of International Education, International Studies Branch, 1978a, pp. 43 – 45。

然而，美国国会对《国防教育法》第六章拨款的总额还是逐年减少了，其产生的影响也在随后的几年中彰显。到1973—1974年度，区域研究中心的数量由原先的106个降至50个（东亚8个、南亚6个、东南亚3个、中东7个、俄罗斯和东欧8个、非洲6个、拉美6个、其他地区6个）。1980年，《国防教育法》第六章有关国际教育的相关条款被并入《高等教育法》第六章中，1986年《高等教育法》修正案对1980年的第612节B部分进行了重新授权，修正后的第613节规定在1987财政年以及随后的财政年中，为《高等教育法》第六章拨款500万美元。① 在1992年的修正案中，第614节(a) 条授权在1993财政年和之后的四个财政年向国际商业教育中心拨款1100万美元，(b) 条授权在1993财政年和之后的四个财政年向国际教育与培训项目拨款700万美元。

---

① Higher Education Amendments of 1980, Public Law 96 – 374, 94 Stat. 1367, Washington, D.C.: US Government Printing Office, 1980.

四 《国防教育法》的影响与反馈

《国防教育法》是美国历史上第一个以国家安全和利益为核心的教育法案，作为国际学生流动政策发展过程中的一次飞跃，该法案不仅体现了联邦政府对于高等教育的高度重视，更是将留学生教育上升到国家安全战略的层面，通过为美国高校提供最直接的资助，寄希望于培养更多的关键语言和区域研究人才。尽管所提供的奖学金机会没有达到预期，但《国防教育法》的通过，特别是第六章有关语言发展的规定，无疑是美国在发展国际学生流动政策中的一个重要分水岭。总之，《国防教育法》所取得的成功在美国乃至全世界都是无可比拟的，毕竟在此之前，还没有任何一个国家以法令的形式为发展留学生教育提供过丰厚的资金支持。当时的麻省理工学院院长曾指出："《国防教育法》在美国教育史上具有划时代的意义，国际教育对国防安全利益的重要作用日益凸显。"[①] 从另一个角度讲，正是由于美国联邦政府对国防安全的高度重视，才使得《国防教育法》从一个临时的、紧急的法案，在经过多次修改和授权后延续至今，对美国的国际学生流动产生了持续性影响。

（一）推动校本国际化建设

《国防教育法》的颁布与实施标志着政府正式将高等教育与国防安全联系起来，大学更是成为国家利益的核心所在。尤其是语言发展的条款使美国大学获得了重大的发展机遇，其对高等教育的影响主要体现在两个方面。

一方面，《国防教育法》成功推动了美国高校课程的国际化改革，拟定分三批开设的包含中文、日文、印度语等 80 多个语种，在增进美国高校学生对世界其他国家理解的同时，创造了有利于国际学生融入的国际理解环境。在《国防教育法》颁布后的四年里，联

---

① 顾明远、梁忠义主编：《世界教育大系：美国教育》，吉林教育出版社 2000 年版，第 133 页。

邦政府共拨款4.8亿美元,其中3200万美元用于外语教学、国际学生奖学金和国际学术交流活动,占总拨款比例为6.7%。① 这使得美国大学有了接收国际学生作为研究助手或助教的经费条件。

另一方面,《国防教育法》扩大了区域研究的范围,使之不仅仅局限于美国和欧洲,而是面向全世界。在"二战"时期,全美只有约400名博士从事区域研究,其中又多以欧洲为主要研究对象,对于亚洲和拉丁美洲的研究可谓凤毛麟角。然而,该法案实施后的1959年至1960年间,联邦政府就在美国大学成立了19个区域研究中心,并在随后的十年中发展到106个。区域研究中心的建立彻底改变了美国在"二战"结束时几乎没有一所大学设有亚洲、非洲或中东课程的窘境,也为培养更多高水平的硕士、博士生创造了学术条件。到1976年,美国大学在区域研究领域共培养了23590名硕士生和8620名博士生,数量远远超过"二战"时期。②

(二) 加速美国大学科研发展

《国防教育法》大幅增加了对美国研究型大学的科研经费投入,有效提升了美国研究型大学的科研水平,成为吸引世界各国留学生的重要筹码。在该法案的带动下,联邦政府对美国大学科研经费的拨款从1958年的2.54亿美元,增长到1970年的14.47亿美元,大学研究总经费占国内生产总值比例达到历史之最(直到1986年才被超过)。1958年到1968年,美国大学的教学和科研取得了极大的进展,高等教育的入学率从21.2%提升至30.4%,大学研究的多项指标均达到了"二战"后历史峰值,到1966年,联邦政府资助的大学研究经费占大学研究总经费的74%。③ 在研究经费的使用上,美国

---

① Pamela Ebert Flattau, *The National Defense Education Act of 1958: Selected Outcomes*, Washington D. C.: Science & Technology Policy Institute, 2006, p. 23.

② Barbara Burn, *Expending the International Dimension of Higher Education*, San Francisco: Jossey-Bass Publishers, 1980, p. 109.

③ 沈红:《美国研究型大学形成与发展》,华中科技大学出版社1999年版,第90—91页。

联邦政府允许大学向攻读研究生学位的海外科技人才提供奖学金，以提高美国大学的研究生培养能力。

1958—1961年，美国研究型大学在工程、生命科学和物理科学领域共授予了3688个国际学生博士学位。[①] 1953—1973年，美国产生了37位诺贝尔奖获得者，其数量远超英、法、德、日、俄等国家，重新位列世界科学技术的中心。有学者评价道，《国防教育法》不仅推动了美国高等教育的发展，还促进了美国在外交、经济、科学技术等各方面的发展。[②] 实际上，《国防教育法》所产生的积极效果远远超过了其在加强美国国防上的初衷，它更是推动了美国国际教育的迅速发展，从而也推动了美国在外交政策、经济、技术等各方面的发展。

（三）高校国际学生数量增长显著

在《国防教育法》的影响下，美国高等教育规模快速扩张、大学科研迅速发展，为接收国际学生创造了优越条件。1959—1960年度，赴美留学生人数达到48486人，十年间增长率为62.6%。[③] 20世纪60年代，在《国防教育法》、《富布赖特—海斯法》和《国际教育法》的共同作用下，美国大学在接收国际学生方面呈现出快速发展的趋势，逐渐成为汇集全球学生和学者的留学生教育中心。1960—1961年度，美国的国际学生人数为53107人，并在之后的四年中快速增长，到1964—1965年度，美国的国际学生人数为82045人（见图1-4）。[④]

从生源国角度，1957—1958学年，远东地区是向美国输送国际学

[①] John Bound, Sarah Turner, Patrick Walsh, *Internationalization of U. S. Doctorate Education*, Chicago: University of Chicago Press, 2009, p. 39.

[②] 刘宝存：《守望大学的精神家园》，安徽教育出版社2009年版，第14页。

[③] Institute of International Education, "International Students Enrollment Trends", November 13, 2022, https://opendoorsdata.org/data/international-students/enrollment-trends/.

[④] Institute of International Education, "International Students Enrollment Trends", November 13, 2022, https://opendoorsdata.org/data/international-students/enrollment-trends/.

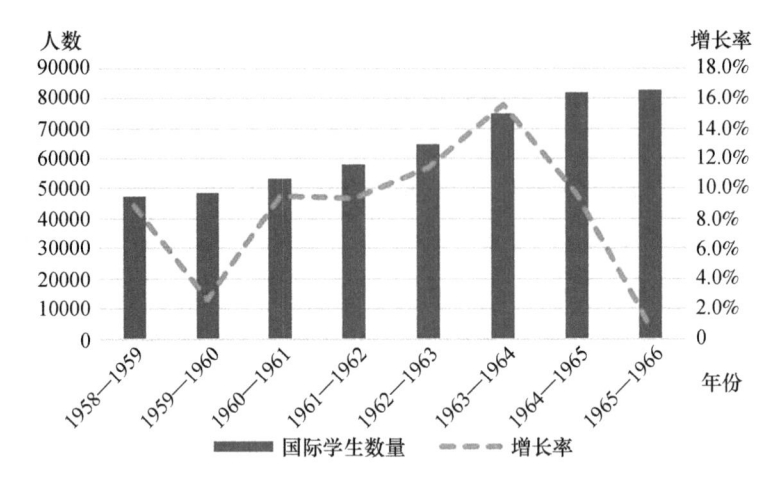

图 1-4　1958—1966 年美国国际学生人数及增长率

资料来源：根据美国国际教育协会网站公布的《门户开放报告》相关统计数据整理，数据详见 Institute of International Education, "International Students Enrollment Trends", November 13, 2022, https://opendoorsdata.org/data/international-students/enrollment-trends/。

生最多的地区，有 31.8% 的国际学生来自远东，其次是拉丁美洲（22.4%）、欧洲（14.7%）、北美（13.4%）、中东和近东（12.9%）以及非洲和大洋洲（5%）。加拿大（5379 人）、中国（3055 人）、韩国（2307 人）、印度（2144 人）和日本（1870 人）是向美国输送国际学生最多的前五个国家。[①]

第三节　《国际教育法》增加对国际教育项目的资助

在新的时代，我们必须认识到唯有学习才是美国的希望。学习是没有国界的，在当今世界，我们的知识作为最宝贵的财富只有被分享时才会有所增长，这个真理不言而喻。知识和思想决定我们是

---

① Institute of International Education, 1957-1958 *Annual Report*, New York: IIE, 1958, pp. 12-13.

否能够保持和平。正因如此,美国的外交政策不会比高等教育的国际化进程更快。①

——美国总统林登·约翰逊

一 《国际教育法》的历史背景

从历史的角度,《国际教育法》是内外环境共同催生的产物。从外部环境看,进入 20 世纪 60 年代后,亚、非、拉地区掀起的民族独立与解放狂潮导致了新兴国家的出现,形成了权力的真空地带,引发了苏、美两大阵营对这些国家的争夺。在此形势下,必须通过国际教育将美国在教育、科学方面的优势,以及文化价值观和意识形态传播到这些国家。但是,实现这一目标需要大量的资金支持,先前的法案中对国际教育的投入显然已经无法满足 20 世纪 60 年代的需求。

从内部环境看,进步主义和保守主义作为美国历史上两种主流意识形态,其争辩一直持续。进步主义强调在经济和社会公正中进行政府投资和积极干涉,保守主义则主张有限政府、自由市场和自我调节的资本主义。在美国国际学生流动政策的发展中,无论哪方占据优势,政策制定者都会调整和适应政策变化的新趋势。在肯尼迪政府和约翰逊政府期间,持续采取的进步主义政策为国际学生流动政策的发展谋得了福利。1964 年总统大选后,林登·约翰逊发表演说宣称"美国不仅有机会走向一个富裕和强大的社会,而且有机会走向一个伟大的社会"②,约翰逊总统试图使联邦政府在高等教育系统中发挥更加积极的作用以整顿美国的社会经济秩序。约翰逊认为,在与贫困的斗争中,教育是核心因素。个人不仅可以因为其有

---

① U. S. House of Representatives, *Task Force on International Education of the Committee on Education and Labor*, Washington, D. C.: House of Representatives, 89th Cong., 2nd Session, 1966, p. 4.

② Hugh Davis Graham, *The Uncertain Triumph: Federal Education Policy in the Kennedy and Johnson Years*, Chapel Hill: The University of North Carolina Press, 1984, p. 54.

较高的教育水平而获得收益，社会也能从高等教育中获得巨大的收益，因此联邦政府有义务对高等教育进行慷慨的资助，让更多的人都有平等的机会接受大学教育。随着1965年《高等教育法》的通过，美国联邦政府进一步加大了对高等教育的财政支持力度。1965年，联邦政府对高等教育的拨款为3.96亿美元；到1966年，这一数字就暴涨到6.48亿美元，其中2.4亿美元直接用于对本科生和研究生的资助；1967年，高等教育获得联邦政府拨款9.72亿美元，其中有4.71亿美元用于对本科生和研究生的资助。①

二 《国际教育法》的主要内容

从1946年的《富布赖特法》到1966年的《国际教育法》，美国国际学生流动政策的发展进入"腾飞"阶段。由于大量注入的公共和私人资金，加之受到政府和企业决策者的政策鼓励，美国高等教育机构在高等教育领域的教育交流项目、人员和专业知识水平的发展都达到了前所未有的程度。可以说，这段时期是美国国际学生流动政策发展过程中的黄金时代。

（一）拓宽国际教育的对象和内容

通过对《国际教育法》中条款的分析，可以发现其具有以下四个特点：

第一，与《国防教育法》重点资助研究生的区域研究不同，《国际教育法》将资助的内容延伸到国际研究领域，拓宽了留学生教育的内容。《国际教育法》第一章第101节（a）条授权卫生、教育与福利部部长对国际教育拨款，加强高等教育机构和相关机构的高级国际研究中心的设立和运行。同时，该法案授权将研究生的国际教学计划拓展到本科阶段。《国际教育法》第一章第101节（b）条

---

① Anthony W. Robinson, *Ideological Influence on Higher Education: Progressivism Versus Conservatism*, Master Dissertation, Kentucky: University of Louisville, 2008, pp. 26 – 28.

授权国际教育的资金可以被部分或全部用于增加国际课程研究、吸引外国留学生到国际教育中心进行培训,也可以用于为到访的国际学生接受培训提供旅行费用。

第二,《国际教育法》将留学生教育资助的对象拓展到本科生,并对资助的内容和要求做了更为细致的说明。该法案第 102 节(a)条规定,卫生、教育与福利部部长有权对高等教育机构或相关机构拨款资助,用于实施他们(1)制定、开发和扩大本科国际研究的计划;(2)开展国际学生教学、研究、国际化课程开发以及相关的留学生教育活动;(3)增加美国高校的外语教学课程数量;(4)制定和实施国际学生的"工作—学习—旅行"计划;(5)制定和实施海外留学生到美国大学参观的计划;(6)为外国教师和学者、学生提供外语类培训。①

第三,《国际教育法》授权卫生、教育与福利部部长可以通过向在改善国际研究和教学方面做出特殊贡献的公立或私立性质的机构提供资助的方式,鼓励联邦政府和大学以外的机构进行与留学生教育有关的教育活动。

第四,《国际教育法》试图促成联邦政府对留学生教育进行长期和稳定的资助。《国际教育法》第 105 节(a)条授权截止到 1968 年 6 月 30 日的财政年度拨款 4000 万美元以促成该法案的实施,授权截止到 1969 年 6 月 30 日的财政年度拨款 9000 万美元以促成该法案的实施。②

(二)对《国防教育法》和《教育与文化平等交流法》的修订

《国际教育法》第二章第 201 节(a)条(1)对 1958 年《国防

---

① International Education Act, Public Law 89-698, 80 Stat. 1066-1073, Washington, D. C. : US Government Printing Office, 1966.
② International Education Act, Public Law 89-698, 80 Stat. 1066-1073, Washington, D. C. : US Government Printing Office, 1966.

教育法》第601节（a）条第一句进行修改，删除"（1）用于培养联邦政府急需的外语（阿拉伯语、汉语、日语、印地乌尔都语、葡萄牙语、西班牙语和俄语）人才"和"（2）这些语言在美国并不容易获得"。（2）对《国防教育法》第601节（b）条第一句进行修订，删除"授权专员根据（a）（1）对需要资助的现代汉语做出决定"，插入"授权专员根据上述（a）条做出决定"以代之。（b）该法第601节（a）条第三句删除"不超过50%"，代之以"全部或部分"。（c）该法案第601条（a）第一句"安排通过"之后加上"赠款"，在第二句和第三句每次出现"合同"之前加上"赠款"。（d）对该法案第601条做出修订，在每次出现"专员"一词时删去"专员"，代之以"部长"。①

《国际教育法》对1961年的《教育与文化平等交流法》第102节（b）条进行了修订，新增条款（10）通过在美国大使馆为欠发达友好地区的学生、受训人员、教师、教授或临时来美国的外国公民换取各自国家的货币（除了多余的外汇），使他们能够支付本法案第104节（e）（1）条所述的费用而可能需要的美元数额，促进外国公民在美国学校、学院和大学进行学习、研究等教育活动。②

在第104节增加（g）（1）条，为履行第102节（b）（10）条所授权的职能，总统有权制定在该部分业务中可以获得的所有外币的汇率，并应颁布对所有大使馆有约束力的规定，使之适用于根据该部分授权进行货币兑换的各个国家的汇率。（g）（2）条在履行本法第102节（b）（10）条所授权的职能时，总统应做出适当安排，保护美国政府在根据本条规定兑换的所有外币的所有权、使用权和处置方面的利益。（g）（3）条根据本法第102节（b）（10）条的规定，通过货币交换取得的个人美元总额在任何期

---

① International Education Act, Public Law 89 - 698, 80 Stat. 1066 - 1073, Washington, D. C.: US Government Printing Office, 1966.

② International Education Act, Public Law 89 - 698, 80 Stat. 1066 - 1073, Washington, D. C.: US Government Printing Office, 1966.

间内不得超过3000美元一学年。(g)(4)条根据第102节(b)(10)条,在美国大使馆兑换外币的个人必须做出保证,即(A)申请人基本上会把全部时间用于他所申请的美国教育活动上,并将在这类计划的参与中保持良好的形象;(B)申请者在美国完成教育活动后,会返回其国籍或国籍所在国家,并在该国政府规定的合理和必要的一段时间内提供公共服务;(C)在该条款下受益并在等同时间段内参与了所申请的学习、研究、教学和其他教育活动后,申请者不会申请《美国移民与国籍法》中所规定的移民签证或永久居留权或非移民签证。

针对以往政策中造成欠发达国家人才流失的问题,《国际教育法》第301节授权卫生、教育与福利部进行研究和调查以确定:(1)每年从发展中国家进入美国以进一步接受教育并留在美国的人数;(2)未能返回祖国的原因;(3)鼓励这些人返回其最后居住地或国籍的国家,以便他们可以将所接受的教育和培训用于为自己的国家服务。(b)条授权卫生、教育与福利部部长在可行的情况下,尽快向总统和国会报告调查结果,并尽快提出能让国际学生在学业结束后返回自己国家的政策建议。(c)条授权拨款50000美元用于卫生、教育与福利部部长进行这项调查。①

从《国际教育法》对《国防教育法》和《教育与文化平等交流法》的修订中可以看出,主张拓宽外语教学和区域研究的资助范围、加大对国际教育课程的资助,目的是进一步加强美国与其他国家间的联系,坚持把留学生教育作为服务于美国国家利益的重要工具。增加对欠发达友好地区国际学生的资助,既体现了美国联邦政府对教育文化交流项目的重视,又强化了联邦政府对留学生教育的资助和管理权限。授权卫生、教育与福利部部长对发展中国家的国际学生在美国接受教育后的去向进行调查与研究,体现出《国际教育法》

---

① International Education Act, Public Law 89 – 698, 80 Stat. 1066 – 1073, Washington, D. C. : US Government Printing Office, 1966.

中的国际教育主要还是向发展中国家的学生提供教育援助的实践活动。

三 《国际教育法》实施过程的失败

在《国际教育法》获得通过之初，美国的许多教育工作者、行政人员和决策者看到了这项立法给美国国际教育带来的前景，并对该法案寄予厚望。他们认为，《国际教育法》能在很大程度上启发学者、政策制定者、学生以及更广泛的社会阶层通过更好地了解外国人民和文化，改善美国外交政策的执行，从而使美国的外交政策变得更加积极主动。然而，事与愿违，最初被广大政策制定者看好的《国际教育法》，由于无法得到国会拨款授权而未能顺利实施。

在《国际教育法》通过后的第二个月，原西弗吉尼亚大学校长保罗·A. 米勒接受总统任命到卫生、教育与福利部协助约翰·加德纳部长实施和管理该法案中所涉及的项目和建立新的国际研究中心。由于实施需要花费资金，因此拨款过程对于在授权阶段的《国际教育法》至关重要。尽管众议院教育和劳工委员会、参议院劳工和公共福利委员会负责授权国际教育政策并设定拨款上限，但众议院和参议院拨款委员会的工作是将这种索赔与预算现实相协调，因此会对留学生政策产生更为实质性的影响。当时，被视为财政部监护人的众议院小组委员会对《国际教育法》中的预算存有强烈的偏见，导致1967财政年度《国际教育法》资金缺乏，米勒不得不在两院委员会之前提出补充拨款的请求，然后再次回到各个委员会，陈述他对总统财政年度预算中所包含的拨款理由。

尽管米勒为《国际教育法》的筹款争取了多次机会，但结果却是令人沮丧的。1967年5月3日，全体众议院拨款委员会以391∶6的唱票表决结果，通过了1967年的拨款法案，否决了用于启动《国际教育法》的35万美元的资金，并将表决结果呈交给参议院进行投票，理由是"不准备在此时启动这一新的、有争议的计划"。① 同年 5 月 19 日，参议院拨款小组委员会就拨款法案进行了辩论，在听取了米勒等人的证词后，参议院小组委员会以 74∶1 的唱名表决恢复了众议院削减的部分资金，并将其送交众议院，该版本建议拨款 15 万美元用于研究《国际教育法》的实施情况，并对美国在国际研究和教育方面的需求和能力进行基线研究。5 月 24 日，大会委员会提交报告，支持众议院否决启动《国际教育法》资金的决策，参、众两院以口头表决的方式通过了这份会议报告，致使《国际教育法》成为"一纸空文"。

四 《国际教育法》变迁失败的影响

《国际教育法》是美国历史上首个以国际教育命名的法令，虽然以失败告终，但足以证明美国在法律上把国际教育上升为国家战略的决心，可以说是美国国际学生流动政策发展过程中的里程碑。《国际教育法》的拨款失败映射出联邦政府和政策决策者的留学生教育政策图景发生改变，同时开启了美国国际学生流动政策较长时间的均衡时期（1967—1990 年）。《国际教育法》的失败造成联邦政府和基金会资助的直接减少，迫使美国大学成为国际学生流动政策的主要执行者，也在一定程度上阻碍了联邦政府干预高等教育的进程。

（一）美国留学生教育资金来源渠道减少

从美国政府的角度，联邦政府对大学和学院的国际教育资助是一种催化剂，也是吸引其他渠道资金的重要力量。美国国际教育中心副主任约瑟夫·贝尔蒙特在观察了《国防教育法》第六章中的国际教育项目在 20 世纪 60 年代、70 年代和 80 年代的变化后指出，

---

① International Education Act, Public Law 89 - 698, 80 Stat. 1066 - 1073, Washington, D. C. : US Government Printing Office, 1966.

"一项从未得到资助的法律也可以对美国的国际教育产生影响"。①在《国际教育法》的授权下,《国防教育法》第六章又资助了100多个大学区域研究和外语教学中心,还有200多个奖项被授予高等教育机构以促进国际教育的发展,美国在人文和社会科学领域培养的国际人才比任何国家都要多,这些都是在联邦政府有限的资金投入下完成的。

自约翰逊总统后,理查德·尼克松和吉拉尔德·福特两届政府对培养国际人才的重视程度急剧下降,联邦政府对留学生教育的资助经费也不断缩水。国内经济困境、"水门事件"加上在越南战场的失败使美国重新陷入孤立主义,联邦政府对参与国际事务缺乏兴趣,在接收国际学生政策上可以说没有任何积极性举措,已经实施的国际学生流动政策也面临重重困境。尽管在吉米·卡特总统执政时期,曾试图通过成立外国语言和国际研究委员会和增加《国防教育法》第六章计划的预算重拾国会对国际教育的兴趣,但所有这些努力都随着里根总统的当选而告终。

《国际教育法》破产前,以福特基金会为代表的私人基金会通过《国防教育法》第六章授权的国际培训与研究项目向大约34所大学提供了超过2.7亿美元的资助,专门用于国际研究。② 事实证明,国际培训与研究不仅在20世纪50年代到60年代美国的国际教育发展中,甚至在日后的国际教育研究中都起到了举足轻重的作用。《国际教育法》宣告破产后,一直在国际教育领域做出突出贡献的福特基金会宣布退出该领域,转移到解决人类问题的新实验领域。《教育与世界事务》的一项研究显示,1966—1967年,有5800万美元的外部

---

① Robert Leestma, "Comparative and International Education in the U. S. Office of Education: A Bibliography of Studies and Publications, 1968 – 1980", *Comparative Education Review*, Vol. 25, No. 2, 1981, p. 278.

② Manfred Grote, Robert A. McCaughey, *International Studies and Academic Enterprise: A Chapter in the Enclosure of American Learning*, New York: Columbia University Press, 1984, p. 198.

资金用于美国 36 所主要大学的国际研究,这笔资金中的 3200 万美元来自联邦政府,2460 万美元来自私人基金会,其中福特基金会提供了 2130 万美元的资金。[①] 到 1969 年,福特基金会已将国际研究的预算削减到 1000 万美元以下。20 世纪 70 年代初,福特基金会的资产受到通货膨胀的影响而缩水,导致总开支水平大幅削减,再对国际教育项目进行任何资助都是难以想象的。直到 1991 年"博伦倡议"通过,福特基金会才重新为少数几所大学的留学生教育提供资金支持,以示对美国国际教育的关切,但无论从规模上还是数量上都远不及 20 世纪五六十年代。

(二) 美国高校成为国际学生流动政策的主要执行者

从《富布赖特法》颁布到《国际教育法》失败前,美国高校的留学生教育发展主要依靠联邦政府和私人基金会等外部资金,可以说,高校的国际学生接收主要源于外部资金所反映出的社会需求,而非出于对国际学生内在价值的认识。《国际教育法》拨款失败后,来自联邦政府和私立基金会的资金减少,美国大学的留学生教育发展一度处于"原地踏步"的状态,许多有关国际教育交流的计划被束之高阁。此外,在经历了 20 世纪 50 年代后期到 60 年代的迅速发展后,20 世纪 60 年代末至 70 年代初的美国高等教育面临着学生数量减少、资金入不敷出的危机。到 1970 年,几乎每一家媒体都认为美国的高等教育处于财政不景气的困境中。[②] 不断恶化的财政条件迫使美国高校一方面努力控制支出,另一方面寻找新的资金来源。美国的留学生教育开始依赖于州政府和地方政府,而不是联邦政府或基金会的资助,美国大学积极参与到国际学生招募中。1965—1966 学年,赴美留学人数为 82709 人,1966—1967 学年达到 100262 人,

---

① Manfred Grote, Robert A. McCaughey, *International Studies and Academic Enterprise: A Chapter in the Enclosure of American Learning*, New York: Columbia University Press, 1984, p. 200.

② Henry D. David, *Challenge Past, Challenge Present: An Analysis of American Higher Education Since 1930*, San Francisco: Jossey-Bass Publishers, 1975, p. 39.

同比增长21.2%，增长率创下历史之最。从学术层次上看，1964—1965学年，赴美留学的本科生数量为38130人，硕士研究生为35096人，而到1969—1970学年，本科生数量达63296人，硕士研究生达59112人。①

20世纪80年代后，随着教育全球化的不断深入，美国高校逐渐摆脱对联邦政府的政策依赖，成为联邦政府国际学生流动政策停滞时期的主要执行者。1988年，美国州立大学与赠地学院协会在《为了90年代美国大学和国际事务就国际教育优先选项致新一届政府的声明》中明确指出，发展留学生教育、扩大国际学生交流，理应成为美国公立教育机构的优先发展事务。② 与此同时，美国高校也逐渐意识到单纯地依靠联邦政府的几个法案推动大学的国际学生流动是远远不够的。因此，一些有条件的大学，尤其是研究型大学，纷纷采取措施对大学的留学生教育进行专门化管理、推动大学课程的国际化、为更多的国际学生提供教学和实践的机会。例如，耶鲁大学在20世纪60年代末成立了国际与区域研究委员会，负责协助国际关系研究的工作。20世纪80年代初，该委员会更名为"耶鲁国际与区域研究中心"，并设立了非洲、拉丁美洲、东亚、俄罗斯和东欧等许多研究项目。美国宾夕法尼亚州州立大学在20世纪70年代末设立了学生事务副校长办公室，负责管理国际学生的事务。1984年，宾夕法尼亚州州立大学又增设了国际学生办公室，为有意前往就读的国际学生提供留学服务和奖学金资助方面的信息。③

正因如此，美国大学的国际学生接收工作在联邦政府政策和管

---

① Institute of International Education, "International Students Enrollment Trends", November 13, 2022, https://opendoorsdata.org/data/international-students/enrollment-trends/.

② Charles B. Klasek, *Bridges to the Future: Strategies for Internationalizing Higher Education*, Carbondale, IL: Association of International Education Administrators, 1992, p. 11.

③ Barbara Burn, *Expanding the International Dimension of Higher Education*, San Francisco: Jossey-Bass Publishers, 1980, p. 57.

理方面的不利局面下得以持续有效地推进，在美国高校就读的国际学生数量总体上稳中有升（除了1971—1972学年3.2%的负增长）。1971—1972学年，在美国高校的国际学生数量为140126人，1979—1980学年达到286343人，增长了一倍多（见图1-5）。① 此后的二十年中，美国的国际学生数量虽有所起伏，但是总体上呈现稳步上升的趋势，显示出较强的稳定性。从1980—1981学年的311882人到1999—2000学年的514723人，平均年增长率3.25%。②

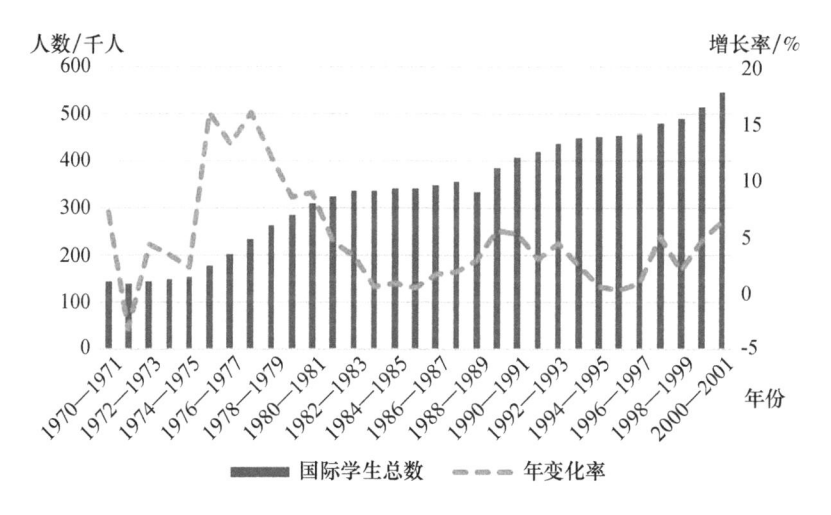

图1-5 1970—2000年美国高校国际学生数量和年增长率

资料来源：笔者整理自 Institute of International Education, "International Students Enrollment Trends", November 13, 2022, https://opendoorsdata.org/data/international-students/enrollment-trends/。

（三）美国高等教育国际化进程放缓

可以想象，如果《国际教育法》能和富布赖特计划和《国防教育法》中的项目一样获得资助，美国的国际教育发展进程会更快一

---

① Institute of International Education, "International Students Enrollment Trends", November 13, 2022, https://opendoorsdata.org/data/international-students/enrollment-trends/.
② Institute of International Education, "International Students Enrollment Trends", November 13, 2022, https://opendoorsdata.org/data/international-students/enrollment-trends/.

些。遗憾的是，美国联邦政府选择在其国际教育发展进程中的制高点上撤出，这种做法带来的负面影响直接反映在美国的高等教育体系中，美国高校的国际教育质量在随后的20年中都没有取得明显进步。哈佛大学校长德里克·博克在1992年观察到，由于《国际教育法》的失败，进入20世纪90年代，美国高校在外语教学、区域研究和国际教育中心的发展水平并没有比《国际教育法》通过时期更高，甚至还有所倒退。博克指出，美国高校主攻经济发展、国际安全、对外贸易等全球性问题的一流教师数量严重下降，一种危险的狭隘主义正在美国高校蔓延。由于与国际学生缺乏接触，美国的绝大多数大学生对全球范围内相互依存的关系认识不足，对国际事务缺乏了解，这是非常糟糕的。①

20世纪90年代后，冷战局势逐渐缓和的同时，美国面临着全球经济竞争、区域冲突、恐怖活动等新的世界局势，这些变化对美国的国家安全造成了新的威胁，美国对于国家安全利益的理解范围拓宽到经济和外交事务领域。卡特政府教育专员、卡内基教学促进基金会主席欧内斯特·博耶博士曾写道："20世纪90年代的美国拥有更强大的资源、技能和科研能力，无论是政府、学术界还是企业对国际人才的需求都远胜于前，这时大家才意识到约翰逊政府和政策制定者提出的《国际教育法》是非常高瞻远瞩的，只是他们的提议太早、太不成熟，当时大多数人又对国际教育和世界事务知之甚少，因此无法体会这个法案的价值。"② 与之形成鲜明对比的是，由于20世纪七八十年代百万移民来到美国，美国的种族多样性愈发明显。为此，博耶警告说："如果美国的大学不能帮助学生更好地理解世界关系相互依存的本质，并拓宽他们的全球化视野，后果将是非常严

---

① Derek Bok, *Universities and the Future of America*, Durham, N.C.: Duke University Press, 1990, p. 37.

② Ernest L. Boyer, *College: The Undergraduate Experience in America*, New York: Harper & Row, 1987, p. 281.

重的。"①

正是出于对博克和博耶等教育人士对发展美国国际教育需求的考虑，美国国会分别于1990年和1991年通过了《教育交流促进法》和《国家安全教育法》，这两项法案弥补了美国在区域研究和外语教学领域的不足，拓展了美国联邦政府在国际教育中的职能。

第四节 《美国爱国者法案》加强对国际学生的监控

21世纪的第一场战争就是反恐战争，为了完全地保卫美国，我们将会击败所有的作恶者，无论他们藏在哪里。②

——美国总统乔治·W. 布什

一 《美国爱国者法案》的历史背景

2001年9月11日，恐怖分子袭击了美国世贸中心和五角大楼，造成2996人遇难，6291人受伤，令美国经济至少损失2000亿美元。③ 对美国而言，"9·11"事件是在美国本土发生的最为严重的恐怖袭击，它全面暴露了美国安全的脆弱性，预示着美国地理安全时代的终结，引发了美国社会的恐慌与焦虑心理。在小布什总统的围堵战略下，美国发动了反恐战争，不仅要从内部扫除潜在的威胁，也试图将所有潜在的安全风险拒之门外。调查人员发现"9·11"事

---

① Ernest L. Boyer, *College: The Undergraduate Experience in America*, New York: Harper & Row, 1987, p. 282.
② 美国"9·11"独立调查委员会：《揭秘·911美国遭受恐怖袭击国家委员会最后报告》，黄乐平等译，中央编译出版社2005年版，第3页。
③ ABC News, "Business 2001: The Good, Bad and Bankrupt", December 14, 2001, https://abcnews.go.com/Business/business-2001-good-bad-bankrupt/story?id=87214.

件中两名参与劫机的恐怖分子驾驶员穆罕默德·阿塔和马尔万·拉希德于2000年9月持访问签证进入美国后,在佛罗里达州威尼斯市的霍夫曼国际航空学校接受飞行训练,并申请将"访问"签证改为"学生"签证,可是直到"9·11"事件发生六个月后,美国移民局才开始受理他们的申请并批准了他们的请求。另一位驾驶员哈尼·汗祖亚于2000年10月9日持F-1学生签证入境,在加州奥克兰语言中心学习英语,但却从未上过课,学校也从未报告此事。外部事件的巨大变化改变了美国国际学生流动政策的核心信念,一些人开始强烈反对外国学生赴美留学,加强对入境外国人特别是国际学生监控的呼声空前高涨,继而引发了美国国际学生流动政策的爆发式变迁。"9·11"事件后的四个月中,保卫国土安全和抵抗恐怖主义成为美国国会议程的全部重点,对抗恐怖主义相关的议题占据了众议院议事日程的74%,参议院议事日程的78%。美国国会几乎把全部注意力都放在防止外来移民突破美国安全防线的议题上,在通过的24项新法案中,对接收国际学生影响最大的就是2001年10月颁布的《美国爱国者法案》。[1]

二 《美国爱国者法案》的变迁过程

2001年10月26日,乔治·W·布什总统正式签署《美国爱国者法案》为107-56号公共法案。该法案加强了出入境管理的审核,不惜以牺牲民主自由为代价保卫国土安全,其中第四章涉及对国际学生的监控条款。[2] 2002年5月14日,小布什总统又签订了《加强边境安全和签证入境改革法》,更为详细地规定了国际学生签证的流程,旨在强化对赴美留学人员的跟踪。

---

[1] John E. Owens, "Congressional Acquiescence to Presidentialism in the US 'War on Terror'", *Journal of Legislative Studies*, Vol. 15, No. 2-3, 2009, p. 148.

[2] USA PATRIOT Act, Public Law 107-56, 115 Stat. 272-402, Washington, D. C.: US Government Printing Office, 2001.

(一) 重启"学生与访问学者信息系统"对外国学生进行电子监控

从政策内容上看,《美国爱国者法案》并不是一项新的立法,包括对国际学生和访问学者进行电子监控在内的许多条款在此之前就被提出和讨论过。1993年,由于世界贸易大厦爆炸案中有犯罪嫌疑人是持有学生签证入境美国的,美国国会在1996年通过了《非法移民改革与移民责任法》,要求美国移民局在2003年1月1日前建设完成一个收集非法移民、外国学生及交换访问人员在美国期间的实时性信息电子数据收集系统,以充分掌控其动向。根据《非法移民改革与移民责任法》,美国移民局在1997年6月启动了"控制国际学生跨部门协作"项目,也就是后来的"学生与访问学者信息系统"。当时,"控制国际学生跨部门协作"项目是美国移民规划局、国务院领事事务办公室、教育和文化事务办公室以及教育部共同合作实施的,涉及包括佐治亚州、亚拉巴马州、北卡罗来纳州和南卡罗来纳州的21所高等教育机构,由于缺乏资金并受到美国大学的抵制,该项目于1999年10月被宣布搁浅。[①]

"9·11"事件为重启"控制国际学生跨部门协作"项目提供了国家意志、政治动力、财政资源和组织支持。《美国爱国者法案》第四章"保卫边境"B部分加强移民管理中第416节（a）条授权总检察长应与国务卿协商,全面实施和扩展"控制国际学生跨部门协作"项目中第641节（a）条有关外国留学生电子追踪计划的规定。第641节（b）条规定的每名外国留学生都应该包括入境日期和入境口岸的信息；（c）条授权将"控制国际学生跨部门协作"项目第641节中的监控范围扩大到所有获批的教育机构；（d）条授权拨款3680万美元从本法案颁布之日起到2003年1月1

[①] Alison Siskin, *Monitoring Foreign Students in the United States: The Student and Exchange Visitor Information System (SEVIS)*, Congressional Research Service Report, 2004, p.3.

日，全面实施和扩展第 641 节（a）条建立的"控制国际学生跨部门协作"系统。①

（二）细化国际学生签证信息和监控流程

为进一步加强边境安全，对外国留学生进行电子跟踪与监视，小布什在 2002 年 5 月 14 日签订了《加强边境安全和签证入境改革法》。该法案更为详细地规定了外国学生签证的信息监控与验证过程，一共分为七步，审查过程极为烦琐。该法案第五章"外国学生与访问学者"第 501 节第（1）条授权美国司法部长与国务卿协商建立电子程序监控和审查外国学生签证，具体步骤为：A. 经批准的高等教育机构或教育机构发出接受外国留学生或访问学者的文件；B. 转交所述文件至国务院；C. 保证向外国学生或访问学者签发非移民签证；D. 允许外国学生或访问学者进入美国；E. 向经批准的高等教育机构或教育机构发出通知；F. 对经批准的高等教育机构或教育机构录取的外国留学生或访问学者进行登记；G. 对外国学生或访问学者的其他相关非移民行为，包括更换学校、更改访问计划、终止交换计划进行报告。② 此外，《加强边境安全和签证入境改革法》还要求外国学生网络通报系统增加附加信息，包括入境日期和入境港口、在经批准的高等教育机构或教育机构的注册日期、学位课程和专业、学业终止的日期及原因、纪律处分情况、陪读情况等。

（三）国际学生签证政策回归理性

"9·11"事件后，美国联邦政府为保障国土安全相继出台的一系列紧缩政策，是对美国高校接收国际学生的一次较为直接的干预，也一度对国际学生流动政策的发展造成了负面影响。但事

---

① USA PATRIOT Act, Public Law 107-56, 115 Stat. 272-402, Washington, D. C.：US Government Printing Office, 2001.

② Enhanced Border Security and Visa Entry Reform Act, Public Law 107-173, 116 Stat. 543-565, Washington, D. C.：US Government Printing Office, 2002.

实表明,"9·11"事件并未对美国的国际学生流动政策造成持续性影响,联邦政府很快意识到限制和削减人才流入对其经济发展、科技研究及国际地位的冲击。为了再次加入世界留学生教育市场竞争,重塑美国在国际学生心中的形象,扭转赴美留学生数量不断下降的局面,美国参议院在《2006财政年卫生、服务和教育机构法案修正案》中提出,重新调整赴美留学生签证制度和发放标准,加快人员排查速度,改进识别危险人员的方法,加强对"学生与访问学者信息系统"的管理和使用效率,以保证政府各部门之间的有效沟通。

2006年,美国时任国务卿康多莉扎·赖斯与国土安全部部长迈克尔·切尔托夫在共同出席"关于保护信息时代下的美国边境安全与门户开放联合计划"开幕式时表示,美国欢迎国际学生和学者交流,并承诺在未来几个月中,进一步提高办理签证的效率,延长国际学生的签证时间,在课程开始前4个月给国际学生签发签证,允许他们在正式开学前45天入境。[①] 国际学生签证政策上的松动,使美国留学生教育市场很快回暖,2007—2008学年,在美国学习的国际学生数量达到623805人,比前一年增长了7%,实现了自"9·11"事件后的最大涨幅。[②] 这体现出美国联邦政府在洞悉国际形势上的敏感性和国际学生流动政策制定上的弹性。

2008年国际金融危机后,美国的国际学生流动政策与国家安全和经济力量有机结合起来,吸收优质人才为我所用逐渐内化为美国国际人才战略的潜在核心原则。为抢占国际高新技术人才,重振美国经济,民主党和共和党参议员于2012年5月共同提交了《创业法案2.0》,提议为在美国大学取得STEM硕士和博士学位的国际学生发放新的STEM签证(EB-6),使他们可以获得绿卡并留在美国创

---

① 武山山、贺国庆:《浅析"9·11"以来美国高等教育国际化新进展》,《宁波大学学报》(教育科学版)2016年第2期。

② Institute of International Education, "International Students Enrollment Trends", November 13, 2022, https://opendoorsdata.org/data/international-students/enrollment-trends/.

业，进而为美国创造更多的工作岗位。同年11月，美国众议院通过《STEM就业法案》，取消多元化移民签证，重新分配5.5万张绿卡给美国大学STEM相关领域毕业的国际学生。①

针对美国本土人才中STEM人才短缺严重的问题，美国参议院于2013年通过奥巴马提出的移民改革法案专门条款。新的法案取消了在美国高等教育机构获得STEM专业硕士及以上学位的国际学生的移民配额限制，规定优先给能够在美国公司找到工作的STEM专业的国际毕业生颁发绿卡。2015年的《美国国家安全战略》和2017年《2017高技能职业移民诚信与公平法案》都能很好地反映出新形势下美国发展留学生教育的逻辑。每年持续吸引全球最优秀的学生和世界上任何角落的移民，扩大国际交流与合作，从不断增长的劳动力和充满活力的多元化经济中受益，将成为美国保持国际领导地位和国家活力的重要举措。

三 《美国爱国者法案》实施情况

根据《美国爱国者法案》，美国移民规划局要在2003年1月30日前全面启动"学生与访问学者信息系统"，对每名国际学生和交流学者进行电子监视和追踪，然后在2003年8月1日前对所有违反签证政策的国际学生进行清理（见表1-3）。② 由于所有这些工作都是由国会设定、移民规划局和国土安全部在非常紧急的时间内制定的，"学生与访问学者信息系统"的实施注定要在一片混乱和错综复杂的技术环境下完成，且无论对政府还是高校，该系统的实施都是一项庞大又艰巨的工程。

---

① Susan Brudno, "The STEM Jobs Act: Scientists in Waiting", *Information Today*, Vol. 30, No. 2., 2013, p. 11.

② Shelley Rodgers, "SEVIS: Chronology of a Federal Program", *College and University*, Vol. 78, No. 1, 2002, pp. 41-42.

表1-3　　　　　　　"学生与访问学者信息系统"实施进度

日期	实施进度
2001年11月	移民规划局发布《界面控制文件》用于第三方进行"学生与访问学者信息系统"软件研发。
2001年12月	"学生与访问学者信息系统"测试版在波士顿地区的10所学校正式运行。
2002年5月	移民规划局就"学生与访问学者信息系统"试运行建议向高校征求意见。
2002年6月	移民规划局为第三方销售单位发布最终《界面控制文件》。
2002年7月	要求高校自愿参加"学生与访问学者信息系统"。
2002年12月	发布最终的"学生与访问学者信息系统"。
2003年1月	全面启动"学生与访问学者信息系统"。
2003年8月	对所有违反签证政策的国际学生或访问人员进行清理。

资料来源：Shelly Rodgers, "SEVIS: Chronology of a Federal Program", *College and University*, Vol. 78, No. 1, 2002, pp. 43-44。

（一）"学生与访问学者信息系统"的运作流程

美国移民和海关执法局将"学生与访问学者信息系统"描述为"一个收集、维护和管理赴美留学生和访问学者信息的一站式过程"[①]。美国高校在接收一名国际学生或访问学者后，先要通过"学生与访问学者信息系统"通报国土安全部。获得国土安全部批准后，发放 I-20 或 DS-2019 表格。国际学生或访问学者在收到带有条形码的 I-20 或 DS-2019 表格后，向就近驻外的美国领事部门申请签证。领事部门将通过"学生与访问学者信息系统"与美国大学和国土安全部对申请者的 I-20 或 DS-2019 情况进行确认。如果表格有效，国际学生或访问学者可以到美国领事馆申领签证。当他们抵达美国时，国土安全部将在移民柜台通过"学生与访问学者信息系统"核实他们的签证，确认本人已入境美国。不能在15天内到接收大学报到的国际学生或访问学者将被自动取消签证身份，必须离开或强

---

① Wong Kam, "Implementing the USA Patriot Act: A Case Study of the Student and Exchange Vistor Information System (SEVIS)", *Brigham Young University Education & Law Journal*, No. 2, 2006, p. 385.

制遣返。美国学校应在国际学生或访问学者报到后,立即通过"学生与访问学者信息系统"确认他们已在校注册。学校还将在他们赴美学习期间以及其离开美国之前的时间内,继续通过该系统定期更新他们的身份和学习进程信息。"学生与访问学者信息系统"为国土安全部、入境口岸、国务院之间以及美国各使馆、领馆和接收国际学生的高校之间提供了电子信息交换系统,可以对国际学生和访问学者从签证申请开始到入境文件、学校报到、改变签证类型、一直到离开美国进行全程跟踪。

(二)"学生与访问学者信息系统"实施过程中的问题

如前所述,《美国爱国者法案》在没有与美国学校和其他机构进行任何协商的基础上就规定了启用"学生与访问学者信息系统"的最后期限。由于利益和关注点的不同,美国学校从一开始就对该系统的设计、运作和资金消耗持有保留意见,他们希望尽可能减少投入实施"学生与访问学者信息系统",并将该系统对学校接收国际学生的影响降到最低。而对于美国移民规划局而言,将全部精力投入执法中,确保"学生与访问学者信息系统"能够按时启动才是重中之重,所以他们只负责按照系统实施计划表操作,将系统的使用推给美国学校。事实表明,"学生与访问学者信息系统"实施过程一开始就存在根本性的管理问题、法律问题和技术问题,具体表现在以下几个方面。

第一,《美国爱国者法案》中规定的"学生与访问学者信息系统"全面启动日期是不切实际的。从国土安全部门的角度,在不到14个月的时间内完成近87万名持J-1类签证的国际学生及访问学者的信息录入和维护已经是一项不可能完成的任务,更不用说系统还要求对每位国际学生和访问学者进行一段150字左右的跟踪描述。从高校的角度,"学生与访问学者信息系统"的全面实施日期也是无法被接受的,尤其是那些接收了大量国际学生的高校。以南加州大学为例,2003年该大学需要对6270名国际学生和1214名访问学者进行系统审核处理。如果按照《美国爱国者法案》的规定,南加州大学将花费 3717 小时（按每个记录 30 分钟计算），相当于一天至少处理 18 个人的速度，这是非常不现实的，而且意味着国际办公室将无法处理国际学生咨询、申请和服务等其他事宜。①

第二，"学生与访问学者信息系统"运行和维护成本很高。虽然美国国会一次性拨款 3680 万美元用于建立该系统，但其中并不包含大学实施和运行系统的成本。据统计，对于国际学生数量在 1000 人到 2500 人的高校，"学生与访问学者信息系统"的实施成本在 24000 美元到 10 万美元之间，如果国际学生数量超过 2500 人，多数学校运行系统的成本会在 10 万到 25 万美元之间。② 在造成的额外费用下，拥有大量国际学生或访问学者的学校都需要权衡是否还有实力接收或资助更多的国际学生。而对于国际学生不是主要经济来源的学校，它们更有可能因为"学生与访问学者信息系统"高昂的运行和维护成本，放弃接收国际学生。此外，美国移民规划局关于签证申请者需要缴纳不超过 100 美元的信息处理费用的规定遭到美国大学和教育管理者的强烈反对，他们对收费的合法性和收费程序的适当性提出质疑。

第三，由于美国移民规划局在"学生与访问学者信息系统"投入使用前，没有给美国大学提供适当的技术培训和指导，导致学校在系统实施过程中遭遇到很多技术问题。例如，学校在访问"学生与访问学者信息系统"界面时，经常遇到系统运行缓慢、软件不兼容、缺乏灵活性等技术困难，但却得不到国土安全部的技术支持，只能自行解决。而且系统的零容错设计导致一旦信息出现错误，学校无法自行更正，只能花费大量时间请求国土安全部修正数据。

第四，在实施过程中时常出现"学生与访问学者信息系统"法规与技术运行不匹配的问题。根据 J-1 签证法，学校要在项目开始

---

① ［美］黄锦就、梅建明：《美国爱国者法案：立法、实施和影响》，蒋文军译，法律出版社 2008 年版，第 139 页。

② Janet V. Danley, "SEVIS: The Impact of Homeland Security on American Colleges and Universities", *New Directions for Institutional Research*, Vol. 2010, No. 146, 2010, pp. 69–70.

后 30 天内完成对所有国际学生的注册,但程序默认的注册周期为 60 天。J-1 签证法规还要求学校更新国际学生和访问学者的系统记录以反馈他们在校学习和工作情况,但系统里根本没有这项录入条目。此外,塞尔维亚和黑山共和国没有被列入国家代码,而国土安全部也未能对这个漏洞进行修正,给来自这两个国家的国际学生的申请造成很大麻烦。

四 《美国爱国者法案》影响与反馈

作为一个被国土安全部匆忙推出的外国留学生和访问学者电子跟踪系统,"学生与访问学者信息系统"无论在设计上还是实施过程中都很难称之为成功。尽管当初不被看好,但"学生与访问学者信息系统"却被沿用至今,因此,有必要对《美国爱国者法案》的影响进行综合全面的评价。

(一) 有效强化了国际学生的签证审查和信息追踪流程

"学生与访问学者信息系统"存储的国际学生和访问学者信息数据库使美国联邦调查局、中央情报局和国土安全部能够监控每位赴美留学生的情况,及时发现并拒绝与其签证身份和目的不符的访问者,并对其做出恐怖袭击的风险评估,在必要时甚至可以阻断和抓捕那些对美国国土安全构成威胁的外国人。该系统还强化了国土安全部与美国高校间的合作,确保国际学生进行注册并参与学校的相关活动。美国移民和海关执法局与美国海关和边境保护局在《"学生与访问学者信息系统":成功的一年》的报告中指出,截至 2004 年 7 月,"学生与访问学者信息系统"对 8737 所学校的国际学生与访问学者项目进行了资格认证,批准了 77 万名国际学生和访问学者的 F-1(学术研究)、M-1(专职研究)和 J-1(文化交流)签证,有效地保障了美国的国土安全。[①]

---

① Vicki J. Rosser, "A National Study Examining the Impact of SEVIS on International Student and Scholar Advisors", *Higher Education*, Vol. 54, No. 4, 2007, p. 523.

在执法方面，在实施的第一年，"学生与访问学者信息系统"提交了36600名违反签证规定的国际学生供移民和海关执法局做进一步调查，其中包括2900多例未按时到校、开除、中止学习、未能修完全部课程的情况。在移民和海关执法局展开的1591项调查中，"学生与访问学者信息系统"的成功执法使155名签证违规和欺诈申请资格认证的外籍人士被逮捕。[①] 需要指出的是，与官方公布的系统成功执法的图景相反，离全面实施的最后期限还剩几天的时候，很多美国学校没有通过资格认证，没有颁布相关法规和项目编码，系统培训也没有进行。

（二）打破了政府与大学在接收国际学生上的权力平衡

"9·11"事件后，美国国际学生流动政策议定场所发生变化，联邦政府为保障国土安全相继出台一系列紧缩政策，对高校接收国际学生进行了一次较为直接的政策干预。布什政府拒绝听取大学代表和教育专家的意见和建议，强行实施"学生与访问学者信息系统"，将国际学生和访问学者的控制权集中在国土安全部，将安保因素置于大学管理要求和国际教育需求之上。从缺少技术支持、到缺少资金、再到法规之间的相互冲突，国土安全部在实施"学生与访问学者信息系统"过程中表现出的低效、低能更是破坏了美国高校与联邦政府间在发展国际教育上的脆弱关系，使政府和高校在后来的政策协调与合作中变得更加困难。国土安全部为了推行"学生与访问学者信息系统"，武断地设定一个强制启动的最后期限，而不适当考虑学校的留学生教育理念和接收国际学生的利益，不但有损高校对联邦政府领导留学生教育能力的信任，更是侵蚀了美国高等教育体系在世界的领先地位和领导力。实际上，在实施过程中，"学生与访问学者信息系统"出现了很多技术问题，加之问询处不能提供帮助，导致国际学生和访问学者签证拒签、延迟、不能按期入学和

---

① Vicki J. Rosser, "A National Study Examining the Impact of SEVIS on International Student and Scholar Advisors", *Higher Education*, Vol. 54, No. 4, 2007, p. 525.

毕业、中断科研项目、失去资助的案例屡见不鲜，该系统在美国大学中始终未能得到高效的使用。

（三）赴美留学生数量出现明显下降

对于美国联邦政府而言，实施"学生与访问学者信息系统"唯一正当的理由或许是正处于战争状态下的国家急需一个万能的安保系统，以防止下一个恐怖袭击事件的发生。然而，强制推行系统在规范国际学生的信息管理的同时，也使美国的留学生教育发展付出了沉重代价。有学者指出："国际教育理念的退化、大学与国际学生关系的僵持是国家盲目寻求国土安全而付出的两个沉重代价。长此以往，外国留学生将离开美国，选择到其他国家进行研究、学习、交流经验和思想。"[1] 事实证明，"9·11"事件后，美国对国际学生签证的强化控制对申请赴美留学人员和在美国就读的国际学生造成了较为直接的负面影响。调查显示，从2002年到2006年，申请到美国从事学习和研究的国际学生数量持续下降。2003—2004学年，申请人数下降了28%，2004—2005学年下降了5%，其中来自中国的申请人数2003—2004学年下降了45%，2004—2005学年下降了15%。[2]

根据美国国际教育协会统计（见图1-6），自2002—2003学年，美国的国际学生增长率开始下降，首次出现了负增长，并在随后的三年中持续下降（2003—2004学年的国际学生数量为572509人，2004—2005学年为565039人，2005—2006学年为564766人）。[3] 2004—2005学年，90%的美国高校的国际学生申请人数下降。到2006—2007学年，在美国高校注册的国际学生数量累计下降

---

[1] Wong Kam, "Implementing the USA Patriot Act: A Case Study of the Student and Exchange Visitor Information System (SEVIS)", *Brigham Young University Education & Law Journal*, No. 2, 2006, p. 387.

[2] Vicki J. Rosser, "A National Study Examining the Impact of SEVIS on International Student and Scholar Advisors", *Higher Education*, Vol. 54, No. 4, p. 526.

[3] Institute of International Education, "International Students Enrollment Trends", November 13, 2022, https://opendoorsdata.org/data/international-students/enrollment-trends/.

了 3.75%。① 来自中东等国家的赴美留学人员，成为美国移民局和国家安全局的重点怀疑和调查对象，一部分学生甚至被强行终止学业和科研研究，遣返回国。

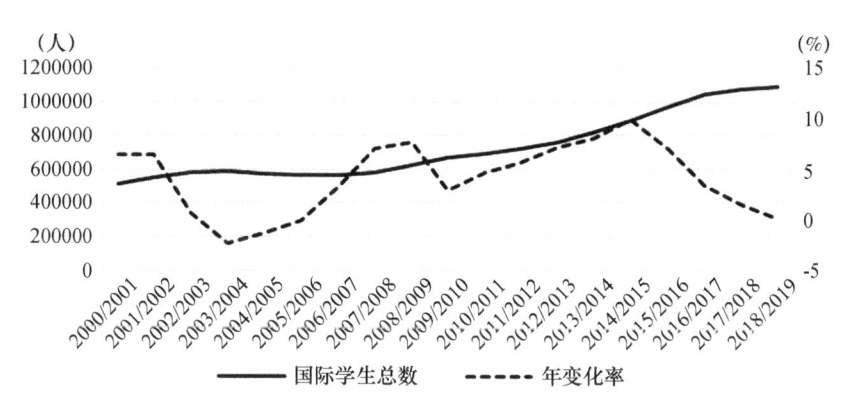

图 1-6 2000—2019 学年美国国际学生人数和年增长率

资料来源：根据美国国际教育协会网站公布的《门户开放报告》相关统计数据整理，数据详见 Institute of International Education, "International Students Enrollment Trends", November 13, 2022, https：//opendoorsdata.org/data/international-students/enrollment-trends/。

与此同时，英国、澳大利亚、法国和日本等留学生教育发达国家出台了吸引国际学生的政策，意图招收欲赴美国和被美国拒签的国际学生，分食全球留学生教育这块诱人的蛋糕。由于一度缺少相关的国际化扶持政策，美国的高等教育服务出口发展落后于英国、澳大利亚等国家，引起国内学者和高校的强烈不满。美国最大的支持创业教育的考夫曼基金会主席卡尔·施拉姆表示："保护国家安全固然重要，但不分青红皂白，把外国精英人才拒之门外无异于不顾及脸面，割掉自己的鼻子。"② 另外，由于美国联邦政府反应及时，美国的国际学生签证和移民政策很快回归理性，使得"9·11"事件

---

① Institute of International Education, "International Students Enrollment Trends", November 13, 2022, https：//opendoorsdata.org/data/international-students/enrollment-trends/.

② Hayward M. Fred, *Internationalization of U. S. Higher Education: Preliminary Status Report* 2000, Washington, D. C.: American Council on Education, 2000, p. 5.

并没有对美国的国际学生流入造成持续性冲击。从 2006 年起，赴美留学生数量开始回升，在之后的十年中，美国大学的国际学生数量始终保持稳定增长，2006—2007 学年，共有 582984 名国际学生在美国学习，到 2016—2017 学年，这一数字为 1078822 人，增长了将近一倍。①

---

① Institute of International Education, "International Students Enrollment Trends", November 13, 2022, https://opendoorsdata.org/data/international-students/enrollment-trends/.

第 二 章

影响美国国际学生流动政策变迁的相对稳定变量

根据倡议联盟框架，政策子系统是在相对稳定变量和外部事件变量所构成的政治环境中运作的。美国国际学生流动政策的制定与发展也在一定程度上受到主要文化价值观、社会结构、自然资源分布特征等相对稳定变量的限制。这些相对稳定变量可能存在于政策子系统内部，也可能存在于政策子系统外部。因为这些相对稳定变量很难发生改变，所以政策参与者一般不会把它们作为战略行动的目标，但这些因素也可以影响到政策子系统内部参与者的资源和信念。[1] 本章分析美国根本的文化价值观、多元化的社会结构和基本的法律框架，指出相对稳定变量通过对政策子系统联盟政策核心信念的长期影响，引导美国国际学生流动政策的均衡式变迁。

第一节 根本的文化价值观

作为一个仅有200多年历史、由移民组成的"年轻"国家，美

---

[1] Richard R. Hofferbert, *The Study of Public Policy*, Indianapolis: Bobbs-Merrill, 1974, pp. 23 – 24.

国的文化价值观可谓是一个既有由移民社会而带来的分裂，又有为"美国梦"而渴求团结的大杂烩。美国国际学生流动政策的传承性与割裂性从根本上反映出美国文化价值观的传承与割裂。一方面，美国的天定命运论和美国例外论赋予美国向全世界推广其核心价值观的使命感；另一方面，美国移民国家的性质和现实政治的运作规律都迫使其在非常时期不得不采取诸多手段对国际学生的流动加以限制。在美国国际学生流动政策背后，不容忽视的是美国对实用主义文化传统的继承与发展以及对自由市场的推崇和迷信。

一 天定命运论

"天定命运论"的核心价值观的形成与早期移民的宗教信念有着密不可分的联系，其核心内容是种族优越、推广自由和领土扩张。从1607年英格兰人在北美建立第一个殖民地开始，清教徒们就用独特的理念进行了自我身份的界定，认为自己是上帝的选民、是最优秀的民族，肩负着弥合荒野、赋予美利坚独特意义的神圣使命。美国自诩为世界上第一个新国家，美利坚民族都是上帝的选民，应该以榜样的形式传播自由和社会公平，引领人类远离邪恶、远离战争，步入世间的和平天堂。① 美国人的天定命运观实则是建立在一个虚构的前提下，但这种根深蒂固的思想赋予他们引领世界的责任感，让他们相信美国有义务按照上帝的旨意让世界其他国家和人民了解其文化和意识形态，并效仿他们的社会理想模型，追求世界共同利益与民主进步，重塑世界文明。这种虚幻的思想体现在国际事务中，成为美国实现国家战略利益的重要工具。1845年7月，扩张主义者约翰·奥沙利文发表文章，声称美国占领和拥有整个大陆是"天定命运论"。② 此后，"天定命运论"成为鼓动美国进行大陆扩张的口

---

① Seymour Martin Lipset, *The First New Nation: The United States in Historical and Comparative Perspective*, New York: Cornell University Press, 2006, p. 204.

② Samuel Flagg Bemis, *A Diplomatic History of the United States*, New York: Holt, Einehart & Winston, Inc., 1965, p. 62.

号和思潮。

"二战"无疑激发了美国人的这种天赋使命感。"二战"后，除美国外的参战国经济凋零、人民生活在水深火热中，做"自由的灯塔"、为所有国家被压迫的人民提供避难所，成为美国在这一时期的"天定命运"。富布赖特计划的制定正是受到这种浓厚的"理想主义"影响，并美其名曰在和平时期加强各国间的教育文化交流，让世界了解美国的文化价值观，是避免战争再次发生、维护世界和平的手段。然而，其真正的动机是借助美国高等教育的优势，向世界输出文化价值观，以此达到文化霸权目的。"9·11"事件后，反恐成为美国新的"天定命运论"，反击邪恶、保护国家安全为加强行政当局的权力提供了合法性和正当性。正因如此，美国国会才能跳过听证会辩论，压倒性地批准了侵犯国际学生权利的《美国爱国者法案》。

二 美国例外论

"美国例外论"不仅意味着与他人的不同，而是指美国在个人自由、有限政府和有力的公民社会的信仰上都有别于其他国家的意识形态。①"美国例外论"包含着优越性的要素，即美国注定要超越世界上其他国家，代表着人类历史上最优发展模式的美国模式应当被推广到全世界。在美国的传统文化中，基督教文化的使命感使美国人将自己视为特殊社会的一员。马萨诸塞州第一任州长约翰·温斯罗普在1630年就把新英格兰地区称为"山巅之城，举世瞩目"。②温斯罗普宣称，北美的欧洲定居者即将建立一个完全不同于欧洲、却比欧洲更为优越的、为世人所向往的理想之国，并将按照上帝的旨意重塑世界文明。此后，这种"理想主义"的特性便时常出现在美国的政治话语中，成为美国孤立主义外交政策的思想起源。

---

① [美]史蒂文·胡克、约翰·斯帕尼尔：《二战后的美国对外政策》，白云真等译，金城出版社2015年版，第24页。
② Walter A. McDougall, *The Promised Land, Crusader State: The American Encounter with the World since 1776*, New York: Houghton Mifflin Company, 1997, p.17.

在美国变得强大之前，孤立主义立场是19世纪美国对外政策的核心要素。在地理上，美国位于大西洋与太平洋之间，几乎横跨了整个北美洲，为美国提供了与欧洲阻隔的天然地理屏障。在这种地理环境下，美国可以奉行其孤立主义的外交政策，既不受到其他资本主义国家的骚扰和侵略，也不干涉欧洲的权力斗争。1823年，詹姆斯·门罗总统以国情咨文的形式强调，美国的政治体系在本质上有别于欧洲政治体系，欧洲在西半球扩张其体系的任何企图都被视为对美国和平和安全的威胁，这就是后来的"门罗主义"。① 门罗主义秉承了独立后美国所奉行的"孤立主义"外交，并把它扩大到整个美洲，从意识形态上区分了新世界与旧世界，警告欧洲不要插手西半球事务，为美国在世界其他国家的霸权铺平了道路。

"二战"后到越南战争前，"美国例外论"在美国迅速膨胀，经济实力和军事力量的不断壮大使美国处于世界头号强国的地位，美国也开始正式介入国际事务，这段时期也是美国国际学生流动政策蓬勃发展的时期。美国在越南战争中的惨败使"美国例外论"遭到质疑，新孤立主义思潮导致联邦政府在国际学生流动政策上没有任何积极举措，也不愿意对《富布赖特法》《国防教育法》中的国际教育合作与交流项目追加投资。20世纪80年代，里根政府再次高举"美国例外论"大旗，试图证明"美国有足够的实力让世界重新开始"②，冷战结束后，暂时失去了竞争对手的美国面临着自我身份认同的危机。20世纪60年代的多元文化主义冲击着"美国例外论"，美国文化的深层结构也深受经济全球化的影响。不断涌入的拉美裔和亚裔移民使美国的身份定位成为无法回避的问题。塞缪尔·亨廷顿在其著作中写道："美国人民面临一个无法回避的问题就是自己到底是谁。在后冷战时代，人与人之间在意识形态上、政治上或经济

---

① Alfred Rappaport, *Sources in American Diplomacy*, New York: Macmillan, 1966, p. 53.

② Samuel P. Huntington, *Common Sense and Other Writings*, New York: Macmillan, 1953, p. 85.

上已相差无几，但在文化方面还存在较大差距。美国人民面对一个无法回避的问题就是自己到底是谁。"① 这段时期，移民问题、种族界限等与身份认同相关的议题成为美国大选中的焦点，联邦政府层面的国际学生流动政策几近停滞，美国大学逐渐成为留学生教育的主导者。

"9·11"事件后，美国人的爱国主义热情高涨，亨廷顿所描绘的狭隘景象在美国逐步兑现，美国社会对非法移民甚至是国际学生和合法移民都不如原先宽容，种种严格的政策限制给国际学生增添了阻力，对美国的留学生教育发展造成了负面影响。在"美国例外论"的塑造下，美国将世界政治视为"善"与"恶"的对抗，国际教育更是演化为关乎道德的活动。反击邪恶、保卫国土安全也为行政部门扩大政策权限提供了合法性与正当性。正因如此，美国国会才能跳过听证会辩论，以压倒性的优势批准了侵犯国际学生权利的《美国爱国者法案》。总体而言，美国例外论对联邦政府的国际学生教育政策影响深远，使其在不同时期既可以为促进国际学生流动的政策佐证，又可以为新孤立主义的留学生教育政策辩护。

三 "美国梦"与自由主义

美国是一个由多民族构成的移民国家，其能够吸引世界各地人民的一个重要原因就是所谓的"美国梦"。广义上，"美国梦"是指美国推崇自由、平等、民主的价值观。狭义上，"美国梦"相信只要通过自身的不懈努力与奋斗，就能在美国过上理想的生活。② 1620年，承载着102名清教徒的"五月花"号轮船由英国出发，在美国普利茅斯港口上岸，并把自己对"美国梦"的追求散播在这片新的殖民地上，成为美国自由主义思想的起源。在北美独立战争时期，

---

① ［美］塞缪尔·亨廷顿：《文明的冲突与世界秩序的重建》，周琪等译，新华出版社1998年版，第281页。

② Seymour Martin Lipset, *American Exceptionalism: A Double-Edged Sword*, New York: W. W. Norton, 1996, p. 31.

自由主义崇尚自由、民主与共和的思想观念曾作为革命的口号。实际上，早期清教徒所追求的自由主义与个人主义是相辅相成的，他们强调个人先于社会而存在，社会和国家是为了保障个人的权利而组成的机构。①

1776年，美国《独立宣言》中所阐述的民主政府、平等和个人对幸福的追求等"不言而喻的真理"，反衬出的正是自由主义理论，即人人生而平等和自由，为了保障平等和自由，人们需要民主、共和、宪制和法治。在美国，不同种族之间的冲突和矛盾难以避免，但无论是有着天生优越感的白人，或是曾经受到歧视的黑人，还是拥有悠长民族传统的华人，都坚定不移地奉行自由、民主、平等的自由主义价值观。如果说移民国家的特性使美国社会缺少团结其人民的历史和文化纽带，"美国梦"又成为团结各民族的重要手段，也为接收其他国家的人才创造了良好的社会文化环境。值得提出的是，以个人主义为核心的自由主义推行到极端所形成的民粹主义也会造成留学生教育政策的"隔裂"。民粹主义的基本逻辑是为捍卫"美国梦"而剔除那些不愿意通过辛勤劳动创造财富的"寄生虫"。美国前任总统特朗普驱逐非法移民、无证学生，只将H1-B工作签证发放给"最聪明、最优秀的外国人"等言论都折射出民粹主义的思想。

四　实用主义的文化传统

在历史的长河中，每个民族都会逐渐形成自己的民族价值观、伦理观、思维和生活方式等文化传统。这些文化传统体现在生活的方方面面，成为促进和制约一个民族和社会发展的强大力量。② 高等教育作为传承一个民族历史文化传统的重要载体，与文化传统的关

---

① 潘亚玲：《美国政治文化转型与外交战略调整》，复旦大学出版社2018年版，第52—53页。

② 潘懋元、朱国仁：《高等教育的基本功能：文化选择与创造文明的冲突》，《高等教育研究》1995年第1期。

系更是密不可分的。透视美国的多元文化主义，把握美国文化传统的本质，不难发现，美国文化传统中表现尤为显著的就是其"实用主义"色彩。

19世纪70年代，实用主义作为一种哲学思潮开始于美国的马萨诸塞州。实用主义的创始人查尔斯·皮尔士首次将实用主义（后易名为实效主义）作为一种哲学思想提出，后经威廉·詹姆士将实用主义思想和原则体系化而备受关注。约翰·杜威是20世纪初美国颇具影响力的哲学家，同时也是实用主义的发扬光大者。由于实用主义属于经验论哲学，且经验主义的影响主要源自英国，因此实用主义的思想渊源远远超过"19世纪末"这个时限。一定程度上说，实用主义是最具美国特色的哲学思潮，其精神和思想对美国社会意识形态的各个方面都形成了渗透，以至于美国的经济、政治、文化和教育等诸多领域都被打上了实用主义的烙印。

中国学者黄明东指出，实用主义通常具有四点特征。其一，实用主义的价值观是以自我需要的满足程度为中心的；其二，认识和评价客观事物时，具有相对主义特征，认为世界是不可知，也是不可预测的，应立足当下；其三，片面强调经验，排斥理性在认识事物过程中的作用；其四，对客观事物的评价以其是否具有实际功用为标准和目的指向。[①]

实用主义价值观反映在美国的国际学生教育政策上，就是国家利益至上，即国际学生教育政策首先要满足国家利益的需要，才能得到法律的认可。而一旦国家核心利益发生变化或关注的问题得到解决，政策目标就会发生改变，造成现有政策的中断甚至终结。以《国防教育法》为例，它要求将生活适应教育转向科技教育，以应对美国当时科学和技术教育落后的境况，充分体现出实用主义"认识评价客观事物的相对主义特征及实际功用标准"。越南战争爆发后，

[①] 黄明东：《试析实用主义思想对美国教育立法的影响》，《法学评论》2003年第6期。

《国防教育法》的拨款逐年减少，其中有关国际教育的条款最终被纳入《高等教育法》第六章。《国际教育法》因不符合越南战争背景下的国家核心利益而未能获得国会拨款。21世纪以来，无论是小布什政府通过《美国爱国者法案》强化对国际学生的监控，还是奥巴马政府针对美国本土STEM人才严重短缺的问题提出《移民改革法案》；无论是特朗普政府收紧留学和移民政策以兑现"美国优先"，还是拜登政府意欲借力国际教育"重振美国中产阶级"，都充分体现出美国国际学生教育政策实用主义的特点。[①]

五　对自由市场的推崇与迷信

自哈佛大学成立以来，美国高等教育在其300多年的发展历史中，取得了非凡的成就。美国不仅成为高等教育大国，同时也成为高等教育强国。美国的高等教育规模宏大，且灵活多样。在美国高等教育巨大成就的背后，是美国对自由市场的推崇与迷信。美国是一个典型的实行市场经济的国家，市场的供求关系决定了美国经济的发展。同理，美国高等教育的发展也深受市场经济的影响与制约。美国高等院校的规模、国际学生招收人数和奖学金数量也都取决于市场的供求关系。有学者指出，与统一的官僚高等教育系统完全相反，美国的高等教育系统实则是在一种近乎极端的自由市场竞争中运作的。[②]正因如此，将美国高校完全置于市场竞争中成为美国高等教育的重要特征，美国的学院和大学，无论是社区学院、公立学校还是私立学校，都需要在这个规模庞大、功能多样、竞争激烈的市场中争取高等教育的财政经费和生源。可以说，美国对自由市场的推崇与迷信，不仅影响了其经济体制，更对其高等教育体制带来了深刻影响。自由市场对美国高等教育的影响具体表现为高等教育面

---

① 安亚伦、刘宝存：《美国联邦政府国际学生教育政策的价值取向评析》，《复旦教育论坛》2023年第1期。

② ［美］伯顿·R·克拉克：《高等教育系统——学术组织的跨国研究》，王承绪等译，王承绪校译，杭州大学出版社1994年版，第117页。

向市场开放、公平竞争经费与生源、自主决策国际学生招生和管理事宜。

由于市场经济在美国的高等教育体系中发挥了主导作用，美国联邦政府通过立法干预高等教育的能力在最大程度上被限制，这为高等学校自主制定和实施政策预留了充分的空间。当然，有关国际学生流动的政策和法令也是如此。美国各高校有权根据自身实际情况制定相应的竞争策略、长远发展政策和规划，联邦政府的职责是通过政策和法律等手段，健全和监督高等教育市场机制，帮助高校和其他利益相关者做出决策。正因如此，伯顿·克拉克把美国高等教育系统称为"市场型"。[①] 与此同时，严酷的自由市场竞争给美国的高校带来了许多无形压力，高校必须不断提高办学质量，保持对自由市场的敏锐洞察力，通过外部竞争获得自身持续发展所必需的资源。20世纪90年代以来，高等教育国际化纵深发展，自由市场不再局限于国内，美国高校为赢得全球留学生教育市场竞争，通过自主决策吸引全球优质生源到美国就读。总的来说，美国对自由市场的推崇与迷信，使得美国有着较为成熟的市场机制，加之美国较为完备的法律制度为高等教育市场的公平竞争创造了理想的法制环境，使其高等教育可以在激烈的市场竞争中健康、自由地发展。

第二节 多元化的社会结构

众所周知，美国是一个由大批来自不同地区的境外移民组成的多元化国家。自美利坚合众国成立后，来自世界各地不同种族的移民成为建设美利坚社会的中坚力量，在迅速发展了美国的经济、科技、军事的同时，也造就了美国多元化的特征，为接收国际学

[①] [美]伯顿·R·克拉克：《高等教育系统——学术组织的跨国研究》，王承绪等译，王承绪校译，杭州大学出版社1994年版，第117页。

生提供了良好的社会环境，众多海外学子也寄希望于借助赴美留学的踏板拿到绿卡。回溯美国移民历史，美国在总体上确实称得上开放的国家，但也曾屡次出现与"美国梦"相违背的排外主义行动。

一 多元文化主义

美国的多元文化主义起源于20世纪60年代的民权运动和反文化运动。多元文化主义认为，在众多族裔和文化团体组成的联邦中，所有的种族、文化和语言都具有鲜明的特色，它们在伦理道德上也是平等的。[①] 多元文化主义呼吁政府为这些族裔寻求保护，通过强化现存文化的差异，消除不同文化群体间的歧视，使不同文化群体都能享有同样的社会、政治和经济地位。南北战争后，美国以开放、包容的态度接纳来自各大洲的人民，正因如此，人们形象地把当时的美国社会描述成为"民族的大熔炉"，在这个大熔炉里，所有的外来移民都可以以"瓦斯普"（指白人盎格鲁-撒克逊新教徒）文化为主体融合在一起，形成新的美利坚民族。[②] 早在1952年，美国就颁布了《美国移民法》，强调美国急需引进受过高等教育的技术移民。此后，美国高校积极配合国家知识与技术移民政策，美国的亚洲和拉丁美洲的移民比例逐渐上升。

然而，随着一批又一批的移民争先恐后涌入美国，美国国内狭隘的民族主义情绪开始蔓延，绝大多数的白人中产阶级认为美国长期以来奉行的"合众为一"的社会原则正在被多元文化主义瓦解，造成美国人身份的支离破碎，推动美国朝着文化分裂的方向发展，进而危害到美国的国家利益。冷战结束后，由多元文化所带来的国

---

① Jack Citrin, Ernst B. Haas, Christopher Muste, Beth Reingold, "Is American Nationalism Changing? Implications for Foreign Policy", *International Studies Quarterly*, Vol. 38, No. 1, 1994, p. 15.

② Samuel P. Huntington, "The Erosion of American Interest", *Foreign Affairs*, Vol. 76, No. 5, 1997, p. 113.

民身份认同和国家利益被分割的问题更为突出,保守主义者谴责各种族裔和文化集团的意识狭隘,呼吁美国人重视爱国主义所强调的共同价值观基础,他们质疑各种族裔对美国的忠诚度,更有甚者提出间谍说或阴谋论的问题。1997年的民意调查显示,超过三成的美国人赞同白人比亚洲裔和拉美裔人更爱国。①

"9·11"事件后,美国人的爱国主义热情高涨,暂时遏制了多元文化主义的势头。由于恐怖袭击分子中有两人是持有外国学生签证入境美国的,引发了一些极端主义者对国际学生的强烈反对。哈佛大学肯尼迪政府学院教授乔治·波贾斯发表了一篇题为《外国学生计划评估》的文章,批评美国的国际学生流动政策给潜在的恐怖分子"可乘之机",允许他们入境并引发重大的国家安全危机,国际学生实际上没能给美国带来重大的经济及社会利益。②

二 移民与美国人口结构

从殖民地时代到19世纪末20世纪初,美国经历了第一次移民浪潮,当时有880万移民来到美国,他们主要来自英国,占美国总人口的14.7%。第一次世界大战爆发后,欧洲学术界元气大伤,大批来自意大利、法国、德国等欧洲国家的学者选择背井离乡到美国开启新的生活,美国的民族结构也因此更加多元化。在此期间,美国大学积极配合国家知识与技术移民政策,以开创民族大熔炉为己任,接收了大批欧洲学生和学者,其中不乏爱因斯坦这样的世界一流科学家。

20世纪50年代,美国的经济模式发生了由实用技术为主的经济增长到由高新技术引领的经济增长的实质性变革,重视培养和吸纳海外高新技术人才成为美国人才战略中的重要组成部分。为满足国

---

① 李晓岗主编:《"9·11"后美国的单边主义与世界》,天津人民出版社2007年版,第27页。

② George J. Borjas, "An Evaluation of the Foreign Student Program", IDEAS Working Paper Series from RePEc, 2002, p. 1.

家的经济利益，适应新的经济增长模式的变化，美国的技术移民规模持续扩大。据统计，从1949年到1969年这20年的时间里，美国吸纳和培养的科学技术精英人才达40多万人，其中移民美国的技术人员数量超过了4万人，他们当中的很多人来自拉美和亚洲。① 值得一提的是，根据美国人口统计局的数据，当时的美国仍是一个"黑白分明"的国家，其中白人占总人口的89%，黑人占11%。②

1965年的《美国移民与国籍法》颁布后，美国的人口结构发生变化，亚洲和拉丁美洲的移民比例逐渐上升，美国真正成为一个多种族、多族裔的社会。20世纪60年代末至70年代初，受到国内民权运动的影响，美国高校的国际学生教育呈现出多元文化相融合的特征，师生种族多样化和师生群体多样化也为"富布赖特项目"等海外教育交流计划的拓展创造了理想的社会环境。这段时期，美国高校的国际交流项目和留学生海外交流项目比历史上任何时期都要多。移民制度与教育和人才战略的有机结合，逐渐使美国成为备受国际学生青睐的留学目的地国家。

随着苏联解体，美国再次迎来移民浪潮，西语裔和亚洲裔逐渐取代欧洲裔成为占主导地位的美国移民群体。1996年，非西班牙裔白人占美国人口比例的73.2%，非西班牙裔黑人和西班牙所有种族各占12.1%和10.6%，非西班牙裔亚裔/太平洋岛民占3.4%（见图2-1）。③ 2004年，夏威夷、新墨西哥、加利福尼亚、得克萨斯及哥伦比亚特区等几个州已经成为"少数种族人口占多数"的州。预计到2050年，西班牙裔所有种族人数占美国人口的比例将达到

---

① 孙大廷：《美国教育战略的霸权向度》，吉林大学出版社2009年版，第129页。
② Herbert G. Grubel, Alexander D. Scott, "The Immigration of Scientists and Engineers to the United States, 1949－1961", *The Journal of Political Economy*, Vol. 74, No. 4, 1966, p. 369.
③ U. S. Census Bureau, "An Older and More Diverse Nation by Midcentury", September 1, 2019, http://www.census.gov/newsroom/releases/archives/population/cb08－123.html.

24.5%，而非西班牙裔白人的比重将下降至 52.8%。① 美国种族人口结构的长期变化从根本上撼动了白人在美国的主导地位，由多元文化带来的身份危机和国家利益的分割问题更加凸显，也强化了"让美国重新变白"的意愿。特朗普总统时期发表了大量仇视穆斯林、反对非法移民的种族主义言论，也从侧面印证了移民给美国白人带来的族群焦虑和身份危机。

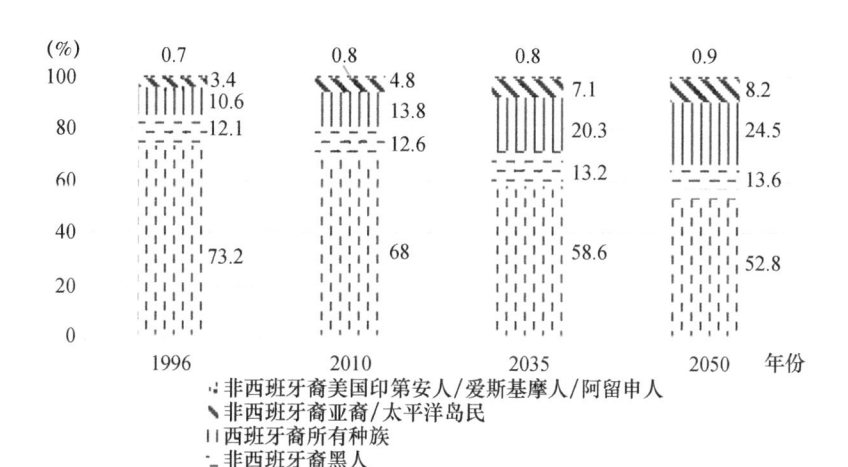

图 2-1　1996—2050 年美国人口占比分布

资料来源：U. S. Census Bureau, "An Older and More Diverse Nation by Midcentury", September 1, 2019, http://www.census.gov/newsroom/releases/archives/population/cb08 123.html。

三　种族主义回潮

美国的种族主义源于早期移民从欧洲承袭而来的白人优越论。早期移民自视为上帝选民的观念和美国独特的地理环境使种族主义演变成为盎格鲁-撒克逊白人新教徒优越论，也成为美国文化中的痼疾。19 世纪后半叶盛行的社会达尔文主义对美国的种族主义更是

---

① U. S. Census Bureau, "An Older and More Diverse Nation by Midcentury", September 1, 2019, http://www.census.gov/newsroom/releases/archives/population/cb08 - 123.html.

起到了推波助澜的作用，种族主义一度在美国泛滥，虽然后来遭受到诸多批判，但时至今日，美国人与生俱来的种族优越感仍不时表露出来，对黑人的歧视在历经独立战争、美国内战和民权运动后并未消失，成为美国社会中的敏感话题，而反映美国种族主义倾向最为明显的就是移民政策和国际学生流动政策。

2008年金融危机后，美国种族人口结构的变化与经济下行带来的焦虑推动了种族主义的回潮，奥巴马和特朗普两届政府更是加剧了美国白人的种族焦虑。2016年总统大选后，美国一些城市和大学频发的基于种族歧视的暴力事件都表明，美国的种族主义思潮有所抬头，多元文化主义的前景在美国已然黯淡无光。特朗普总统当选后的十天内，美国各地就爆发了900余起因种族仇恨激发的暴力事件，其中40%与特朗普在竞选期间的种族主义和排外主义言论有关。2017年8月在美国弗吉尼亚州夏洛茨维尔市的弗吉尼亚大学爆发的示威游行演变为暴力事件，白人种族主义者在学校操场附近与反对者发生冲突，英国广播公司称这可能是"近几十年来美国最大的一次仇恨集会"。

特朗普总统上任后，颁布了一系列关于国际学生流动的行政命令，撤销了奥巴马时期美国高校的"种族配额"录取制度，加强了敏感研究领域中国学生的签证管控，给赴美留学带来诸多不确定性。美国的许多国际教育专家开始担心，特朗普政府所奉行的新孤立主义立场和具有攻击性的签证移民政策，会严重打击国际学生赴美学习和交流的热情，长此以往，将不利于美国政府一直积极倡导的"人才流入"模式。

第三节 基本的法律框架

独立战争是美国高等教育史上的重大分水岭。独立战争后，美国建立了联邦形式的资产阶级政治制度，实行三权分立制，即在国家一级没有绝对的权力中心,在不违背联邦宪法的前提下,各州政府拥有对本州事务的立法、司法和行政管辖权。三权分立的联邦体制为州和高校参与国际学生接收提供了制度保障。

一 三权分立的联邦体制

1777年11月15日,大陆会议正式通过《邦联和永久联合条例》(简称《邦联条例》),确立了美国联邦制度的雏形。《邦联条例》设立邦联国会为中央最高机构,十三个州都在国会中拥有表决权,并规定:"凡未经本邦联召集之国会明确授予合众国者外,各州可以保留其主权、自由与独立及所有权能、领域与权利。"① 最初版本的《邦联条例》使原本可以拥有一个主权的邦联成为13个拥有主权的"国家"组成的"准国家"。然而,随着时间的推移,《邦联条例》中邦联国会权力极小,缺少国家应有的财政主权和强制权力,各州保留了很大独立性的弊端也暴露无遗,对独立之初的美国外贸、外交和财政造成了消极影响。

1787年,联邦制宪会议在费城召开,与会代表围绕是否用新的《联邦宪法》替代《邦联条例》展开讨论,旨在建立一个更为强大的联邦政府。最终,以亚历山大·汉密尔顿为代表的联邦派获得了胜利。1787年的《美国联邦宪法》规定:美国国会拥有最高立法权、宪法修改权、对外宣战权和财政监督权;美国总统拥有行政权,以及否决权、缔约权和人事任命权等有限制性条件的权力;美国联邦最高法院拥有司法权。②

根据《美国联邦宪法》,美国政府实行的是行政、立法、司法三权分立的联邦体制。行政系统主要包括白宫、内阁、白宫办公室及其机构。其中,内阁最为庞大,由国务院、财政部、农业部、商业

---

① [美]亚历山大·汉密尔顿、约翰·杰伊、詹姆斯·麦迪逊:《联邦党人文集》,程逢如等译,商务印书馆2020年版,第440页。
② 张千帆:《美国联邦宪法》,法律出版社2011年版,第66页。

部、国防部、教育部等15个部门组成。立法系统是由参议院和众议院组成的国会代表的最高立法机关构成,司法系统由美国联邦法院和联邦司法中心组成。

在《美国联邦宪法》和1791年的宪法补充条款中,虽然没有明文规定教育权的归属,但却明确提及:"宪法中没有明确授予联邦政府行使,或没有禁止各级政府行使的权利,均可保留给各州政府和人民行使。"[①] 作为当时的最高法律,《美国联邦宪法》确立了美国各州分权的教育管理体制,即各州政府拥有教育的管理权。在众多联邦政府机构中,与教育相关的只有一个联邦教育部,没有专门设立高等教育部负责管理高等教育事务。在州政府,一般会设有一到两个高等教育的管理机构,这些机构只为大学提供必要的经费和宏观的指导,一般不会干涉大学的内部事务。美国的联邦体制与之后的大学自治制度相互呼应,也为后来州政府与大学的国际学生流动政策参与奠定了政治基础。需要提出的是,美国联邦政府对留学生教育的干预程度较低,并不意味着联邦政府在留学生教育方面无所作为,立法就是联邦政府宏观管理留学生教育的有效手段。

二 联邦政府、州政府与高校的权力分配模式

美国联邦政府与各州政府及高校的权力分配模式属于典型的分散型权力分配,即高等教育的决策权和管理权不在联邦政府,而在各州政府手中。州政府虽然在法律上拥有管理高校的权力,但实际上,美国的大学基本上属于"自治机构",享有较高程度的自主权。[②] 相较其他国家,美国大学的自治允许其充分参与市场竞争,并根据自身发展需要,招聘教师、确定招生标准和规模、制订课程计划、分配科研经费,无须申请政府审批。可以说,美国大学自治既

---

① 张千帆:《美国联邦宪法》,法律出版社2011年版,第53页。
② 徐小洲:《自主与制约:高校自主办学政策研究》,浙江教育出版社2007年版,第35页。

促进了高等教育多元化发展，突出办学特色，也是吸引世界各国学生赴美留学的重要因素。但是，美国联邦政府对于高校的管理并非完全放任，尤其是在经济困难或国际局势动荡时期，联邦政府都会及时出台相关政策和指导意见，以回应形势变化。

回顾历史，美国联邦政府在"二战"后对高校接收国际学生有几次较为直接的政策干预。第一次是冷战初期颁布《富布赖特法》，设立国际学生奖学金，支持国际学生和学者赴美留学；第二次是苏联人造卫星上天后，颁布《国防教育法》，增设区域研究和外语教学中心；第三次是"9·11"事件后，颁布《美国爱国者法案》与《加强边境安全和签证入境改革法》，加强对国际学生的签证管理。由此可见，美国联邦政府的作用是制定法令和政策，对各州政府和高校的国际学生流动进行宏观管理，并非绝对的放任自流，而各州政府和高校可以进行自治调节，但也并非置联邦法令于不顾。

第 三 章

影响美国国际学生流动政策变迁的外部事件变量

虽然以政策为导向的学习是政策变迁过程中一个较为关键的方面,足以使联盟的次要信念发生改变,但真正动摇联盟核心信念的是政策子系统外的外部事件变量,主要包括社会经济条件变化、公共舆论变化、占统治地位的联盟变化和其他政策子系统的决策变化。与相对稳定变量不同,这些外部事件变量在十几年的时间内可能发生很大改变,因此会给政策子系统中的联盟成员带来很大挑战。

第一节 社会环境与经济条件的变化

从"二战"至今,不断变化的社会经济环境为推动美国国际学生流动政策变迁提供了直接动力。因此,理解国际学生流动政策的变迁,需要把它置于当时美国的社会、经济背景下。

一 不断变化的社会环境

纵观美国联邦政府国际学生流动政策的演变历程,可以发现,不断变化的社会环境为政策的变迁提供了必要条件。

（一）美苏对峙愈演愈烈

"二战"后独特的时代背景为《富布赖特法》和《国防教育法》的产生与发展提供了重要推动力。"二战"后，世界格局发生剧变，欧洲帝国崩溃，殖民地体系土崩瓦解，美国一跃成为世界的主导力量，并试图通过联合国实现以英、美为核心的国际新联盟。然而，由于国际利益和意识形态上的重大分歧，美、苏间的政治裂痕不断扩大。1947年，美国总统杜鲁门向国会宣读了一份国情咨文，直指苏联为"极权政体"，随即开启了美国与苏联长达40年的冷战。为保持美国在政治、经济、科技发展上的领先地位，在冷战中取得胜利，美国的对外政策势必要摒弃孤立主义传统，积极投入国际事务中。美国的高等教育也相对应地树立了国际化观点，以更加开放、包容的态度接纳国际学生，并对他们进行文化和思想的输出，借此培养更多的亲美人才。1950年，朝鲜战争爆发把美苏冷战推向高潮，在战争中蒙受了重大损失的美国逐渐将注意力从欧洲转移到亚、非、拉以及中东国家，通过对外援助的方式拉拢欠发达的"边缘"地区，继续与苏联抗衡。在"二战"后的五年内，印度、巴基斯坦、锡兰、缅甸等越来越多的发展中国家摆脱了殖民枷锁，民族主义和反西方情绪高涨，尤其是1949年中华人民共和国的成立削弱了美国在亚洲的地位，中国成为继苏联之后美国遏制的第二个目标。

1957年10月4日，苏联以第一颗人造卫星——斯普特尼克1号的成功发射把美国拉下了世界科学中心的神坛，给美国在科技地位、教育地位上的自信带来了沉重的打击。同年11月，苏联斯普特尼克2号上天，其轨道距离比先前远了近一倍，美国人的自信再次受到重创。试图挽回颜面的美国在卡纳维拉尔角发射了一颗如小木球般大小的卫星，却遭遇失败。卫星危机引发了一场全国性的辩论，这场辩论的激烈程度和持久性让艾森豪威尔政府猝不及防。美国的有识之士意识到，苏联在教育制度上的改革使其在科学技术上有了重大突破，相较之下，美国却把大部分的经费用在了军备上，对于东欧和亚洲的了解甚少，在科学和外语领域的研究更是远远落后，国家在科学和外语领域的人才储备也不能满足国家的安全需要。富布赖特曾直言不讳地批评道："今后半个世纪中，世界上的流血与冲突都与美国的军事装备脱不了干系。"①

1958年1月21日在参议院举行的国防科学与教育听证会上，主席李斯特·希尔表示，在40年前还是一个农民国家的苏联，正在向美国这个世界上最大的工业强国提出挑战，而挑战的领域正是美国所宣称的在科学技术方面的霸权。② 一时间，美国教育改革问题成为举国上下关注的焦点，自然也引起了政策制定者的关注，有必要对美国的科学和外语教学等相关领域进行立法，确保美国在各个相关领域能与苏联形成抗衡。正是在这样的特定外部环境下，1946年的《富布赖特法》才得以巩固和强化，开辟了新的资金来源渠道，增加了与东欧国家的教育交流活动。

（二）越南战争损失惨重

《国际教育法》未能获得资助的原因是多方面的，但最根本的原因是不断升级的越南战争和国内不断高涨的反战情绪导致了政策子系统联盟内部政策核心信念的变化。约翰逊当选为美国总统后，延续了杜鲁门和艾森豪威尔两位总统制定的介入越南战争的政策。1965年3月2日，当约翰逊政府批准"滚雷行动"对越南进行大规模轰炸时，约翰逊总统获得了美国国会和民众较高的支持率，到1968年，约翰逊政府将赴越南战场的人数增加到50多万

---

① Gumperz McDonald, *Internationalizing American Higher Education: Innovation and Structural Change*, University of California: Center for Research and Development in Higher Education, 1970, p. 35.

② Lister Hill, Senate Committee on Labor and Public Welfare, Science and Education for National Defense, Washington, D. C.: Hearings before the Committee on Labor and Public Welfare, 85th Cong., 2nd sess., 1958.

人（见图3-1）。①

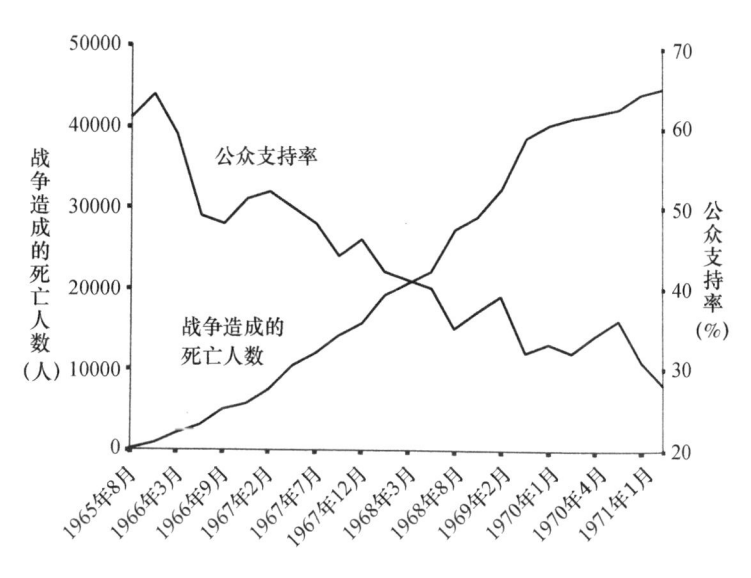

图3-1 越南战争中美军的死亡人数与公众支持率

资料来源：Larson Eric, *Casualties and Consensus: The Historical Role of Casualties in Domestic Support for U. S. Military Operations*, Santa Monica, C. A.: Rand, 1996, p.111。

随着战事的拖延，美军在越南战争中的死亡人数不断上升，到1968年末，在战争中死亡的美军人数已经超过3万人，美国公众对战争的意愿不断下降，支持率降到40%以下。② 越南战争的死亡人数致使越南问题一跃成为美国政治中最为瞩目的焦点。1965年4月17日，25000名青年学生在美国首都华盛顿发起了彻底否定美国当时的外交政策和反对干涉越南内政的政治性示威活动。在之后的几年中，学生组织在全国各地不断召集反战运动大会，吸引了社会其他阶层的参加者，反战队伍很快从几万人发展到几十万人。1968—

---

① Larson Eric, *Casualties and Consensus: The Historical Role of Casualties in Domestic Support for U. S. Military Operations*, Santa Monica, C. A: Rand, 1996, p.111.

② Larson Eric, *Casualties and Consensus: The Historical Role of Casualties in Domestic Support for U. S. Military Operations*, Santa Monica, C. A: Rand, 1996, p.112.

1969年，以反战为主题的运动此起彼伏，并逐渐走向高潮。1969年10月，有超过百万的美国人参与了停战罢工的示威活动，同年11月，又有50万人在华盛顿开展了大规模反战示威游行。

越南战争的爆发在第89届国会结束至第90届国会召开期间，而战争已成为改变政策优先次序的主要因素。越南战争的巨额开支和对通货膨胀的担忧导致约翰逊政府难以在国会中"讨价还价"。美国国会认为约翰逊政府在提交1966年预算时不够坦率，这直接加剧了约翰逊总统的信誉危机。由于越南战争，有关国防开支的立法成为头等大事，其他的国内项目，包括在高等教育和国际教育方面的许多预算都遭到削减。到1969年，《国际教育法》尚未收到一分钱的联邦资金，卫生、教育和福利部国际教育部门专员罗伯特·利斯特马曾四次要求众议院拨款委员会初步拨款实施《国际教育法》，但每次都被拨款委员会拒绝。尽管利斯特马只要求了200万美元，远远低于最初为第一年规划阶段提出的500万美元的建议，但几乎没有议员愿意将稀缺的联邦资金投入一项涉及外国人民和文化的教育法案中。值得一提的是，《国际教育法》并不是越南战争唯一的"受害者"，旨在促进学生和学者交流的富布赖特计划和《国防教育法》第六章也同样受到波及。到20世纪70年代末，富布赖特计划的预算按不变美元计算，比1965年的水平下降了55%，《国防教育法》第六章的拨款预算也在尼克松政府时期被试图削减，在亨利·基辛格和丹尼尔·莫伊尼汉等人的努力下，对《国防教育法》第六章的拨款才得以顺利进行。

（三）全球化浪潮的冲击

20世纪80年代末90年代初，东欧剧变和苏联解体标志着世界政治格局的重大调整和经济形势的快速逆转。俄亥俄大学的理查德·米勒教授曾指出："进入20世纪80年代末90年代初，国际竞争已经从军事对峙转向经济，包括技术、知识与人才的竞争。美国的主要对手不再是苏联,而是日本与欧洲共同市场。"① 在新自由主义经济政策的影响下,美国联邦政府把美国大学推向国际市场,鼓励美国大学主动参与到全球留学生市场竞争中,面向世界各国广泛招生并收取全额学费,以弥补联邦拨款的不足。此外,美国终止通过提供无偿经济援助吸引国际学生的政策,对发展中国家和欠发达地区的国际学生不再给予照顾。凭借着美国高校在全球的影响力,越来越多的国际学生选择赴美留学,为美国大学带来了丰厚的收入,也丰富了美国高等教育财政资助的形式。在全球化浪潮的冲击下,美国联邦政府失去了在国际学生流动政策制定中的垄断话语权,市场的力量愈发强大。这些因素都迫使美国高校进行私有化改革,积极拓展海外留学市场,将高等教育资源作为商品输出,以满足自身发展的经济需求。

进入20世纪90年代,全球贸易竞争加剧,作为国际贸易大国,美国为了应对日本和欧洲的经济竞争,迫切需要熟悉各国经济贸易规则的国际人才,以便在国际市场中谋取更大的经济利益。美国的高等教育机构也更加坚定不移地发展国际教育。1991年,布什总统签署《美国2000年教育战略》,强调高等教育国际化,并提出通过设立奖学金等项目吸引更多的国际学生。1994年,世界贸易组织颁布的《服务贸易总协定》中明确了高等教育的国际服务贸易性质。②在美国联邦政府国际学生流动政策的引导下,美国高校的国际学生数量呈现增长态势,从1989年的386851人增加到1999年的49933人,平均年增长率为2.69%。③

在世纪之交,美国高校已成为美国从海外市场中获取利益的第

---

① Richard I. Miller, *Major American Higher Education: Issues and Challenges in 1990s*, London: Jessia Kingsley Publisher, 1990, p. 69.

② Theodore M. Vestal, *International Education: Its History and Promise for Today*, London: Westport, Connecticut, 1994, p. 7.

③ Institute of International Education, "International Students Enrollment Trends", November 13, 2022, https://opendoorsdata.org/data/international-students/enrollment-trends/.

五大行业。① 美国高校通过招收大量的国际学生，完成了更多的科研任务，从而获得联邦机构或大公司的科研经费，国际学生所创造的商业价值和科研价值也归美国高校所有。这种把高等教育推向市场经济领域的潮流，使其拥有了在商业竞争中的统治地位。《国际大学协会第四次全球调查》报告指出，过于依赖国际学生增加收入是美国高校的一大隐患。② 市场给美国高校带来更多资金、更优秀的学生、更强大的知识能力，激活美国经济发展的同时，也削弱了高校的自主权和社会服务意识。美国高校充分利用商业化，过于依赖国际学生的创收，会使高等教育变得更贵、更功利，也会违背高等教育的本质。正如阿特巴赫所言，"高等教育已经成为一种国际化自由贸易的商品，它是一种私人利益，而不是公共责任"。③

"9·11"事件后，美国政府认为核能、生化、军事、传统理工科等"敏感"专业已经对国土安全构成潜在威胁，对于申请和从事这些专业的外国人员进行背景排查，并严格限制在这些专业获得本科学历并打算继续攻读硕士课程的学生签证。来自中东等国家的赴美留学人员，成为美国移民局和国家安全局的重点怀疑和调查对象，一部分学生甚至被强行终止学业和科研研究，遣返回国。数据显示，美国从 2003 年开始，国际学生首次出现了负增长，并在之后的三年中连续下降。到 2006 年，美国国际学生数量累计下降了 3.75%。④ 在多方利益驱动下，美国的国际学生接收政策才开始松动，强势回归到国际人才市场的竞争中。

---

① 陈文干：《美国大学与政府的权力关系变迁史研究》，浙江大学出版社 2015 年版，第 90 页。

② ［美］劳拉·珀纳、卡培·奥罗兹：《促进学生流动：美国高等教育国际化的发展趋势》，刘博森译，《比较教育研究》2015 年第 8 期。

③ ［美］菲利普·G. 阿特巴赫、简·莱特：《高等教育国际化的前景展望：动因与现实》，别敦荣等译，《高等教育研究》2006 年第 1 期。

④ Institute of International Education, "International Students Enrollment Trends", November 13, 2022, https://opendoorsdata.org/data/international-students/enrollment-trends/.

二 由盛转衰的经济条件

除了不断变化的社会背景外,美国国际学生流动政策的发展也受到经济因素的制约。"二战"后,美国雄厚的经济实力为《富布赖特法》《国防教育法》的制定与实施提供了物质保障,越南战争后,美国经济实力的变化是导致《国际教育法》拨款失败的一个关键因素,2008年的次贷危机又一次导致了国际学生流动政策的调整。

(一)"二战"后的空前繁荣

从经济上看,"二战"后到20世纪60年代,美国经济处于空前繁荣的发展阶段,占资本主义世界工业总产值的60%,占世界外贸总额的30%和世界黄金储蓄量的75%,俨然成为世界上最大的资本输出国和债权国。[①] 据统计,美国国内财富总值在1922年为3340亿美元;到1946年,美国国内财富总值为7000亿美元;到1958年,这个数字增长至17000亿美元。与此同时,美国的生产力增长也十分迅猛,去除通货膨胀因素,美国家庭收入从1947年的4531美元增长到1969年的8473美元,雄厚的经济实力是当时世界上任何国家都难以望其项背的。[②]

然而,"二战"后关于处理过剩军事物资的问题不断恶化,广岛原子弹的爆炸导致美国在太平洋的大规模部署搁浅,但指定供应日本的物资已经到达港口。虽然1944年的《剩余物资法》宣布将这些不再被需要的剩余物资作为盈余移交给剩余资产管理部门,对其产权进行管理,但肆意销毁战后剩余物资激起了国会议员们的不满,也造成国内政治局势的紧张。考虑到昂贵的运输费用和人力成本,美国不可能对这些物资进行回收。此时,富布赖特计划支持联盟内

[①] Frank Freidel, Alan Brinkley, *America in the Twentieth Century*, New York: McGraw-Hill, 1982, p.72.

[②] [美] 唐纳德·怀特:《美国的兴盛与衰落》,徐朝友、胡雨谭译,江苏人民出版社2002年版,第214页。

部建议美国政府利用"退款兴学"的形式,将战后所得的赔款用于资助海外学生赴美学习。实际上,这种利用战后赔款开展国际教育交流的模式在美国早有先例。1908年5月,美国国会曾通过"退还美国应得赔偿之余款"的议案,将庚子赔款中超出实际损失的部分退还给中国,设立清华学堂,用于选拔中国优秀人才赴美留学事务,由此产生了中国最早的一批"庚款留学生"。① 在富布赖特计划签署成为法案仅仅30天后,就有1.5吨材料,约合采购费用5亿美元的材料被卖给中国,以免除美国对中国的战时债务,并承诺拨款相当于3000万美元的资金用于建设大使馆和领事馆,另外还有2000万美元用于与中国的教育文化交流。到1949年7月,美国已出售了价值超过10亿美元的物资,约合资金20亿美元。②

显然,这些原本为了赢得战争而采购的物资,在战争结束后被"变废为宝",给美国带来了一笔意外之财。由于《富布赖特法》最初并未要求美国国会拨款资助,不会妨碍到美国在军事方面的预算,才会毫无争议地获得通过。1956年,美国国务院只要求美国国会拨款2000万美元用于国际教育交流项目;到1960年,美国国会拨款8352万美元用于扩大教育交流活动,短短四年经费增加了三倍之多。雄厚的资金保障为国际学生流动政策的发展提供了原动力,也提高了美国大学的科研水平和人才培养能力。

(二)越南战争后的经济滞涨

《国际教育法》的失败标志着美国国际学生流动政策进入新的均衡式变迁时期(1967—1990年),这段时期也是美国经济相对衰落的时期。越南战争结束后,美国的财政困难并没有随着战争的结束而结束。尼克松执政时期,美国遭遇了由经济滞胀引发的金融危

---

① 陈学恂:《中国近代教育史教学参考资料》,人民教育出版社1986年版,第252页。

② Department of State Office of the Foreign Liquidation Commissioner, *Report to Congress on Foreign Surplus Disposal*, Washington, D. C.: State Department Publication, 1946.

机，这次经济危机直接导致美国的工业生产值减少了8.2%，造成了503万人失业。虽然自1971年起，美国的经济形势一度有所好转，但到了1973年下半年，由于中东战争引发的石油禁运以及尼克松政府大量缩减开支对美国经济所产生的负面影响，使美国陷入了国内生产总值连续下降的困境，经济、政治和社会生活受到重创。更糟糕的是，美国在国际贸易中的表现也不尽如人意，美国的贸易出口额在世界出口贸易总额中所占的比例从1950年的17.8%跌至1980年的11.8%。[1] 这段时期，由于受到经济不景气的影响，很多美国公立高校录取率下降、科研经费不足，大量教职工面临被裁员的危机。

国内经济困境、"水门事件"加上在越南战场的失败，使美国重新陷入孤立主义，联邦政府对于参与国际教育事务缺乏兴趣，在国际学生流动政策上没有任何积极举措，已经实施的相关政策也面临重重困境。尽管吉米·卡特总统执政时期曾试图通过成立外国语言和国际研究委员会以及增加《高等教育法》第六章的预算来重拾国会对留学生教育的兴趣，但所有努力都随着里根总统的当选而告终。1981年里根总统上任后，为兑现其竞选承诺，加速扩军，造成美国军费激增，同时寄希望于通过削减税收刺激美国的经济回到20世纪五六十年代的增长水平。然而，事与愿违，由于东亚和西欧经济体的迅速发展以及东欧和拉丁美洲经济体的升温，美国的海外市场日渐萎缩。20世纪80年代中期，印度、中国、泰国和印度尼西亚等发展中国家已成为全球重要的农产品出口国。钢铁、汽车制造等美国传统工业也受到新兴工业化国家的冲击。20世纪90年代中期，美国与日本、中国的年度贸易赤字额高达800亿美元。[2] 另外，随着教育全球化不断深入，美国联邦政府在国际学生流动政策上的领导力有

---

[1] John M. Heffron, *A History of American Higher Education*, Baltimore & London: The John Hopkins University Press, 2004, pp. 261－262.

[2] ［美］史蒂文·胡克、约翰·斯帕尼尔：《二战后的美国对外政策》，白云真等译，金城出版社2015年版，第214页。

所减弱，国际学生流动政策的议定场所逐渐下移至美国高校。美国高校为克服财政危机，扩大国际学生招生规模，这种与政府的博弈行为很好地诠释了在联邦政府国际学生流动政策发展较为缓慢的阶段，美国的国际学生数量依然屡创新高的原因。

（三）金融危机后的高等教育产业化

2008 年，美国房地产市场泡沫破灭，道琼斯工业平均指数腰斩，接踵而来的经济崩盘致使数百万美国人失去了工作和房子，美国整体经济损失超过 14 万亿美元。[①] 金融危机使美国联邦政府对高校的财政支持大幅缩减，大学捐赠基金业绩普遍亏损。这些都迫使美国大学积极调整留学生教育政策，通过提高学费水平、扩大海外学生规模、适当降低国际学生录取标准纾解沉重的财政压力。美国的众多商业性大学，甚至是传统的非营利性大学都纷纷制定国际学生的招生计划和目标，加入全球留学生教育市场的角逐，美国高校招生专员更是像推销产品一样推销其高等教育。事实证明，作为接收国际学生最多的国家和世界上最大的移民国家，美国早已将留学生教育作为具有较大经济效益的产业。

为纾解金融危机带来的影响，奥巴马总统在 2009 年签发了《美国复苏与再投资法案》，试图加大对教育领域的投资。但是，多数州政府将资金投入学前和基础教育中，而给公立大学的拨款仅占 20%。这对于本就面临经费短缺的高校无疑是雪上加霜，它们只能通过增加学费、扩大国际学生招生规模，并适当降低国际学生录取标准来缓解沉重的财政压力。次贷危机后，经济不断崛起的亚洲，尤其是中国，成为赴美留学的重要市场。2009 年奥巴马总统访华时，与中国签订《中美联合声明》，加强与中国高校的交流与合作，建立新的双边机制，并表示将接受更多的中国留学生赴美学习，并为他们提

---

① Ashley Macrander, "An International Solution to a National Crisis: Trends in Student Mobility to the United States Post 2008", *International Journal of Educational Research*, Vol. 82, 2017, p. 3.

供签证便利。2020—2021学年，在美国大学就读的国际学生为美国贡献的学费、食宿费和生活费共计284亿美元，并为美国提供了超过306308个就业岗位。① 实际上，国际学生给美国创造的经济价值是难以估算的，因为很多国际学生在美国校园里担任教学和研究助理，为美国大学的教学和科研提供支持，他们给美国校园和当地社区带来的文化价值也是不可估量的。

三 迅速扩大的高等教育规模

仅有300多年教育历史的美国如今能够成为拥有4000多所大学的高等教育强国，以提供优质和多元化的教育而占据国际知识体系的中心地位，并成为接收国际学生的第一大国，主要得益于"二战"后的迅速发展。20世纪六七十年代是美国国际学生流动政策得以确立和迅速发展的黄金时期，而这段时期也是美国高等教育发展的黄金时期。可以说，美国高等教育的发展与国际学生流动政策的变化相同步。

（一）高等教育的黄金时代

"二战"后，美国政府意识到，要想在冷战中取得胜利，关键在于扩充智力储备，培养大批科学和工程人才，而高校作为培养高级人才的场所，自然成为国家利益的焦点所在，要求增加对外语和区域研究方面投资的呼声不绝于耳。"二战"改变了世界的学术格局，由于在战争期间大量欧洲学者移民到美国，美国高等教育几乎在一夜间从"一个文化殖民的边缘地区凯旋到了大都会中心"。② 1958年《国防教育法》和1965年《高等教育法》的顺利颁布与实施，促使美国联邦政府投入了巨额资金用于发展高等教育，美国高等教育机

---

① NAFSA, *The United States of America Benefits from International Students*, Washington, D. C. : US Department of Education, US Department of Commerce, 2021, p. 1.

② Craufurd D. Goodwin, Michael Nacht, Jari Hazard, *Missing the Boat: The Failure to Internationalize American Higher Education*, Cambridge: Cambridge University Press, 1911, p. 4.

构的数量、学生人数、教师人数和高校资产总值都迅速增长（见表3-1）。正因如此，有学者认为，"二战"后四分之一个世纪的美国高等教育出现了前所未有的大发展和大变革局面，进入了以兴盛、声誉、普及为特色的3P"黄金"时代。①

表3-1　　　　美国高等教育发展概况（1958—1968年）

	高等教育机构数（所）	注册学生数（人）	注册国际学生数（人）	注册教师数（人）	高校总资产（百万美元）
1958年	2011	3226000	47245	260486	16947
1960年	2008	3582700	53107	283080	20225
1962年	2040	4174900	64705	312687	24403
1964年	2132	4950100	82045	358153	30229
1966年	2230	5928000	100262	438000	35617
1968年	2483	6928100	121362	574000	39343
年均增长率（%）	2.1	7.9	10.9	8.2	9.8

资料来源：黄福涛：《外国高等教育史》，上海教育出版社2003年版，第272页。

从在校注册人数看，1900年，美国的在校注册大学生人数为23.8万，1920年为69.8万，1940年为149.4万，1958年为322.6万，1964年为495万，1968年达到了692.8万。从数量上看，美国用了大约3个世纪的时间才使在校大学生人数达到150万，但仅用了30年的时间就使这个数字上升至710万。② 从高校规模看，为了接收更多的学生，美国高等教育机构的数量有了较大幅度的增长。1958年到1968年，美国高等教育机构数量从2011所增加至2483所。仅在1964—1968年这四年里，美国高等教育机构数量就增加了351所。

---

① ［美］约翰·塞林：《美国高等教育史》（第二版），孙益等译，北京大学出版社2014年版，第244页。
② 王英杰、余凯：《美国教育》，吉林教育出版社2000年版，第184页。

从高校经费上看，在《国防教育法》的带动下，科学研究的地位和职能在美国高等学校变得尤为重要和突出。由于美国大学的科学研究在"二战"期间发挥了巨大的作用，为了应对苏联人造卫星的挑战，美国联邦政府把大量的科研任务分配给美国的研究型大学。1957年到1968年间，美国大学从联邦政府获得的科研经费由2.17亿美元激增到1968年的15.09亿美元，比1940年的数额增长了将近100倍，美国大学获得的科研经费占全国科研总经费的比例也由1957年的15%上升到1968年的28%。[1] 丰厚的大学科研经费使得美国高校的数量、学生和教师人数如雨后春笋般增长，标志着美国高等教育进入全盛发展时期。

美国高等教育的迅速发展为国际学生流动政策的发展提供了极为有利的条件。首先，在不影响美国学生入学机会的前提下，高等教育的发展为美国高校大量招收国际学生提供了空间与可能。另外，高等教育在社会中的地位有了很大提高，研究型大学更是作为极具影响力的新组织得以快速发展，为美国学术界赢得了国际地位与尊重，促使联邦政府把高等教育国际化上升到国家战略的高度，并从政策上大力支持留学生教育的发展。其次，美国联邦政府提供的巨额科研经费巩固了研究型大学在高等教育中的领导地位，使它们能够成为国家科研基地和世界一流的知识传播中心，为会聚世界各地大批优秀的国际学生创造了得天独厚的条件。20世纪50年代末，美国出现了第一批研究型大学，这些研究型大学的使命是从事科学研究和博士生教育。加州大学校长克拉克·克尔把这些大学称为"联邦拨款大学"，并把联邦政府自"二战"以来对高校科学研究的资助称为是美国现代高等教育体系形成的最重要的推动力。[2] 最后，科研经费的骤增获得了美国高校，特别是研究型大学在扩展科研、广

---

[1] 黄福涛主编：《外国高等教育史》，上海教育出版社2003年版，第274页。

[2] Clark C. Kerr, *The Realities of the Federal Grant University*, Cambridge, Mass.: Harvard University Press, 1963, p.52.

招学生等领域的积极响应，众多高校通过提高教师收入、增加国际学生奖学金等手段扩充了美国的智库，为美国在科学技术、经济等方面的发展作出独特贡献。1949 年至 1965 年，移居美国的科学家、工程师的数量平均每年增加 14000 人，他们不仅成为美国科学技术力量的生力军，更是通过在大学任教为美国培养了大批高端专业技术人才。

（二）高等教育的危机时代

经历了 20 世纪 50 年代末到 60 年代的急速扩张后，60 年代末到 70 年代末的美国高等教育面临着政治和财政上的危机。在越南战争规模持续升级、国内贫富差距扩大、种族歧视加剧等内外因素叠加影响下，美国爆发了大规模的学生抗议运动。起初，学生抗议的主题与反对越南战争和民权运动相关，但不久便直指大学的教育和管理。他们认为，美国的高等教育出现了严重问题，学校忽视本科生教育，失去了管理自己的能力，虽然少数族裔学生数量有所增加，但仍然处于数量不足的状态。[1] 由于高等教育的社会地位下降，高校领导人更加关心通过内部反省的方式，重新思考和审视高校的价值，对高校的批判进行辩护。进入 20 世纪 80 年代，面对国际经济竞争和国家安全的挑战，美国高等教育被迫对自己的规模、使命和财政进行重新定位。

"二战"后到 20 世纪 60 年代末，美国研究型大学可以从联邦政府得到大笔科研经费用于雇佣高水平教师、引进先进的设备、发展科研以吸引更多的国际人才。然而，随着登月的成功实现、能源项目的减少以及因越南战争规模的持续升级造成的巨大开销，1969 年至 1975 年的联邦研发经费被大幅削减，联邦研究奖学金和培训项目也减少了，美国高等教育的"金色光环"开始黯淡。1969 年，美国国防部

---

[1] United States Congress House Committee on Science and Technology Task Force on Science Policy, *A History of Science Policy in the United States*, 1940 – 1985, Washington, D. C. : United States Government Printing Office, 1986, p. 57.

在大学研发资金分配上的比例为17.2%，到1975年，这一比例下降到8.4%。① 由于国防部是大学研发的最大资助者，资金分配比例的下降直观体现了资助金额的巨大变化。美国学者罗伯特·罗森兹威格认为，美国大学的黄金时代于1968年结束，这是联邦政府增加大学研究资助经费的最后一年。② 里根总统上任后，联邦政府不断缩减高等教育经费，研究型大学从联邦政府获得的科研经费也逐渐减少，这使得一贯"饭来张口"的研究型大学受到很大冲击。此外，各州政府高等教育经费占教育经费总额的比例也逐年下降。例如，1990—1991年，高等教育经费占比为26.4%，1991—1992年为25.1%，1992—1993年为24.1%，1993—1994年为23.4%，1995—1996年为23.1%。③

进入20世纪90年代，美国的经济并没有像预期的那样开始复苏，衰退现象反而更加严重。尽管美国高等教育的规模和经费都有所增长，但是其占国家教育经费的比例没有太大变化，研究型大学经费短缺的问题仍然存在，甚至愈发严重。超过三分之一的研究型大学面临财政危机，几乎所有媒体都在报道美国的高等教育处于财政不景气之中，例如，耶鲁大学1993年的财政预算中出现了800万美元的赤字。④ 1994年，国家高等教育投资委员会发布了《社会基础的动摇——美国高等教育的财政危机》的报告，指出美国高等教育在联邦政府和州政府的公共经费上让位给社会安全、医疗卫生等

---

① ［美］休·戴维斯·格拉汉姆、南希·戴蒙德：《美国研究型大学的兴起：战后年代的精英大学及其挑战者》，张斌贤等译，张弛校译，河北大学出版社2008年版，第85页。

② ［美］罗伯特·M. 罗森兹威格：《大学与政治：美国研究型大学的政策、政治和校长领导》，王晨译，林薇校译，河北大学出版社2008年版，第7页。

③ 周保利：《美国高等教育经费来源的特点及其借鉴》，《河北大学学报》（哲学社会科学版）2000年第4期。

④ Lazerson Marvin, "The Disappointments of Success: Higher Education after World War II", *The Annals of the American Academy of Political and Social Science*, Vol. 599, No. 1, 1998, p. 65.

领域，失去了优先地位，高等教育财政状况严重失衡，高校在社会需求不断增长和经费短缺的双重压力下将难以为继。20世纪90年代以来，美国许多高校制定了国际学生的招生计划和目标。例如，拉塞尔大学的校长曾明确表示，使校内的国际学生数量从2%提高到10%。① 不仅是商业性大学，传统的非营利性大学也加入到了留学生教育市场中，这些学校接收国际学生的重要动机之一就是收取更多的学费，以弥补大学经费的不足。

第二节 公共舆论的变化

尽管公共舆论很少能对政策的特性施加影响，但是它能改变政策决策者对问题严重性的判断。公共舆论不仅存在于人民群众中，更存在于各种活跃的公众人物中。政治家和政策制定者可以通过舆论感知国民情绪的摇摆，推行适合国民情绪的项目或阻碍不适应国民情绪的项目。②

一 冷战初期宣扬国际文化参与

"二战"后，美、苏两国开始根据各自的国家安全利益制定教育文化交流项目，国际文化参与成为战后美国世界领导力的主要特征之一。这段时期，无论是联邦政府、教育机构还是民间组织，都在最大程度上致力于教育文化交流。首先，美国政府支持联合国的成立，积极争取成为联合国教科文组织的成员国，这与美国在"一战"后对国际联盟的冷漠态度形成了鲜明对比。这种努力表明，美国政府正试图在国际教育合作中发挥领导作用。随后，

---

① 郑文编著：《当代美国教育问题透视》，中山大学出版社2002年版，第198页。
② [美]保罗·A·萨巴蒂尔：《政策过程理论》，彭宗超等译，生活·读书·新知三联书店2004年版，第103页。

美国国会通过了《富布赖特法》和《史密斯—蒙特法》等立法，使美国致力于国际教育和文化交流，立法从根本上改变了美国政府的外交政策传统。

在《富布赖特法》颁布后的几周内，它的影响就已经在大众传媒上得到了宣传，从缅因州到得克萨斯州的报纸都刊登了社论。1946年9月14日的《纽约时报》上刊登了一篇文章，最能贴切地形容当时美国公众对富布赖特计划的态度："在当代错综复杂的国际关系中，往往很难预见一个有序的体系。正因如此，总统签署的《富布赖特法》确实令人为之振奋。这是在国际秩序混乱和争端中一个具有建设性和前瞻性的举措，势必会增进国际理解。"[①] 1949年，杜鲁门总统的"第四点计划"强调美国与欠发达国家分享技术，极大地促进了大学之间的交流。艾森豪威尔总统在1952年的总统竞选中明确表示："教育交流项目是迈向世界和平的重要一步，我希望在未来几年中继续拓展富布赖特计划。"[②] 可以看出，在冷战初期，美国总统在促进国际教育和文化交流中发挥了关键作用。

随着美国联邦政府在国际教育和文化交流方面的带头作用不断加强，国际合作署和国际教育交流处开展了大规模的技术和国防培训项目，并与美国高校签订了教育交流合同。各大学开展对外交流培训并派遣教职工到国外担任技术专家。在国际合作署和国际教育交流处的共同努力下，来自世界各地数十万名学生、学者、技术培训生、短期访问人员和军事人员，甚至包括德国、日本等国家的人员都来到美国接受教育。调查表明，国际合作署的资助与进入美国大学的国际学生人数之间存在相关性，其中留学生人数排名前33位的大学（占留学生总数的42%）参与国际合作署对外资助项目的积

[①] Walter Johnson and Francis Colligan, *The Fulbright Program: A History*, Chicago and London: The University of Chicago Press, 1965, p. 21.

[②] Margaret M. Caffrey, *Parting the Curtain: Propaganda, Culture, and the Cold War 1945–1961*, New York: St. Martin's Press, 1997, p. 11.

极性最高，在"二战"后的五年里，国际合作署在国际人员交流项目上花费了1.36亿美元。①

国际合作署和国际教育交流处的官员与国际高等教育协会和国际教育工作者协会等组织合作，加强对国际交流人员的校园服务，为他们开设了特别的指导和课程以及咨询服务，任命并培训了许多国际学生顾问，负责处理校园里的留学生事务。另外，各大学逐步设立了办事处，负责协调国际交流和培训活动。20世纪50年代，大学开展了关于"我们的制度对来访者影响的测试"，评估了国际教育交流项目在实现既定目标方面的有效性。美国大学的国际教育交流项目在外部和内部的共同推动下不断扩大，教育工作者开始主动创造更多教育交流机会。1957年，一群比较教育学会的学者表示："渴望通过教育的比较研究增进国际理解，在政府和地方两级解除冷战"，他们带头与苏联进行了民间教育交流。② 此外，作为35所美国主要大学的代表，校际委员会也得到了大型基金会、联邦政府和大学的财政支持，可以直接与苏联高等教育部开展学生和学者交流。在这些机构的共同努力下，美国和苏联签署了文化交流政府协议，为美国与东欧国家的教育交流奠定了基础。

二 斯普特尼克危机后对进步主义教育的批判

进步主义教育是产生于19世纪末至20世纪初、盛行于20世纪30年代、衰落于20世纪40年代的一种哲学思潮。以教育家杜威为主要代表的进步主义教育发起者认为，美国的学校在制度、课程以及教学方法上强调严苛的练习，严重脱离现实，不能调动学生的主观能动性。传统的课程割裂了现有的知识领域，因此需要把各门学科的知识恢复成原来的经验，以学生的兴趣和需求为中心，为他们提供实际的

---

① Institute of International Education, *Education for One World*, New York: IIE, 1952, p.12.

② Liping Bu, "Educational Exchange and Cultural Diplomacy in the Cold War", *Journal of American Studies*, Vol.33, No.3, 1999, p.396.

经验情景，并将职业技能和社会融合。① 20 世纪上半叶，进步主义教育思潮遍及美国的大、中小学，对美国的教育产生了广泛的影响。在全国范围内的教育改革实验鼓动下，一大批院校在本科教育中采取了进步教育的做法，改组了课程以适应学生的需要，甚至开展了工读制度以使教育、工作经验和社会意识合为一体。1944 年"二战"即将结束之际，联邦政府为解决复员军人的安置问题，出台了《军人再适应法》，极大推动了美国高等教育大众化的发展。该法案实施后的第二年，就有近 100 万名退伍军人进入美国高校。随着退伍军人的不断涌入，美国大学开始实施综合性教育改革，更加重视通识类课程，外语不再作为入学时的硬性要求。不仅如此，在大学教学中，外语等传统学术科目也被排除在教学大纲之外，成为选修课程。1947 年到 1953 年间，有 46 所高校取消了获得学士学位对外语能力的要求。②

诚然，进步主义教育在美国的教育改革中做出了有益的探索，但其对传统学科和课程系统性的忽视所造成的问题也逐渐暴露出来。进入 20 世纪 50 年代，美国学生在外语技能上的劣势更加明显，在成千上万名参加外交服务考试的考生中，只有很少一部分人能通过中等难度的语言考试。随着冷战的到来，这种教育观念在那些看重教育标准和学术成就的教育者中引发了强烈批判，他们认为进步主义教育已经不能提高人们的知识水平，使之与美国社会的快速发展同步。苏联第一颗人造卫星的发射更是给予进步主义教育致命的一击，众多学者纷纷表示，传统学科和外语技能的匮乏导致美国在与苏联争夺第三世界国家影响力时处于明显劣势，美国学生的基础知识欠缺、在学科间不能建立起应有的联系，美国的教育水平已经不能支撑其承担更大的世界领导责任。

美国政府、媒体机构和民众表现出的沮丧、不安和惶恐在《时

---

① 赵祥麟、王承绪编译：《杜威教育论著选》，华东师范大学出版社 1981 年版，第 200 页。

② Wesley J. Childers, *Foreign Language Teaching*, New York: The Center for Applied Teaching, Inc., 1964, p. 39.

代周刊》的评论中被表述得十分精准:"美国人一向以自己在科学技术上的超高水平和能力而引以为豪,可现在无论做出多少合理的解释,美国在科技上的光芒都因为一颗红色的月亮而黯然失色。"① 美国核动力海军之父海曼·里科弗在《教育:美国的第一道防线》一文中,谴责美国的实用主义教育缺乏完整的工程学基础和工程学基本原理的教育,导致美国在科技领域缺乏大量的高技术人才。里科弗指出:"美国想要在科学技术领域重夺世界领先地位,必须下大力气进行科学研究,培养科技人才。"② 伊利诺伊大学历史学教授、要素主义教育代表者亚瑟·贝斯特发表言论称:"俄罗斯不仅培养了比我们更多的工程师,还培养了更多的语言学家。反观美国,越来越多的学生离开了学习的快速公路,进入了职业培训和生活适应教育的死胡同。这必须归咎于教育当局,他们拒绝站出来承认基础知识在这个时代仍然是必不可少的。"③

与进步主义教育不同,要素主义教育认为教育中有永恒不变的要素,学校应该保留传统的训练方法,而不是只关注学生在某一阶段的兴趣问题,教师应在各门学科中负责实施系统的教学计划,使学生掌握这些要素。④ 1957年,《进步教育》杂志停办,标志着美国进步主义教育时代的终结,要素主义教育思潮的兴盛为后来的国际教育政策行动,即《国防教育法》的出台奠定了教育思想基础。

三 呼吁承担更多的国际教育职责

20世纪60年代,以亨利·康马杰、丹尼尔·布尔斯廷和奥斯

---

① [美]威廉·曼彻斯特:《光荣与梦想:1932—1972年美国社会实录》,朱协译,海南出版社2006年版,第989页。
② 瞿葆奎主编:《美国教育改革》,人民教育出版社1990年版,第175—176页。
③ Henry M. Wriston, "Education and the National Interest", *Foreign Affairs*, Vol. 35, No. 4, 1957, p. 566.
④ 华东师范大学教育系、杭州大学教育系编译:《现代西方资产阶级教育思想流派论著选》,人民教育出版社1980年版,第158—159页。

卡·汉德林为代表的美国教育界人士主张美国承担更多的国际教育职责，以改造美国社会。他们认为，美国在20世纪四五十年代的国际教育投入已经无法满足新时代的需求，美国应该承担起更大的国际教育责任，用更为积极的态度扩大其留学生教育领域。① 1965年春，哥伦比亚大学哲学教授查尔斯·弗兰克尔在其著作《外交工作中被忽视的方面：美国的对外教育与文化政策》中，对美国的留学生教育与文化政策进行了探讨并指出，美国将会从留学生教育中获益，但大多数的美国高等教育机构都忽视了发展留学生教育。他还呼吁联邦政府让教育界人士在国际事务中扮演更加积极的角色。②

1964年，福特基金会委托纳森委员会发布了一份题为《学院与世界事务》的报告。报告中明确指出，美国在世界事务中所发挥的新作用已逐渐得到认可，为了充分履行美国在世界事务中的新职责，就必须具有更加开阔的视野和对其他文化的敏感性，以便对当今多元的文化和复杂多变的世界做出反应，然而美国的大学还没有为此做好准备，缺乏训练有素的国际教师和足够的教材，无论是预科生还是本科生仍然缺乏对于国际事务的了解。报告呼吁，美国留学生教育的范畴不应该仅局限于文科本科学生，而是更加关注四年制本科学院的农业、商业、护理、工程和教育专业的学生，学院可以通过改善对国际事务的教学，为社区提供重要的服务，更好地发挥在国际教育交流上的作用。报告主张美国的高等教育机构，甚至是初、高中学校，都应该与政府和基金会合作为国际学生交流、教职人员交流、新教材开发、跨文化学科教学和研究方法、外语和区域研究提供更多的支持。③

---

① 白玉平、曲铁华：《冷战时期（1950—1974）美国国际教育政策探析》，《外国教育研究》2017年第5期。

② Charles Frankel, *The Neglected Aspect of Foreign Affairs: American Educational and Cultural Policy Abroad*, Washington, D. C.: The Brookings Institution, 1965, pp. 34 – 36.

③ The Committee on the College and World Affairs, *The College and World Affairs*, New York: The Ford Foundation, 1964, pp. 6 – 8.

《学院与世界事务》报告体现了政策制定者和学术界在20世纪50年代末到60年代中期对国际教育的高度重视。与1958年的《国防教育法》侧重于在选定的大学中对有限的学科提供国际培训和研究支持，培养高度专业化的外语专家，以加强联邦政府处理外交政策和国家安全问题的能力相比，进入20世纪60年代中期，国际教育的学者和政策制定者在继续关注专业化国际人才的需求同时，逐渐意识到国际教育不能是面向个别人的精英教育，而应该扩展到整个教育系统，以便更好地发挥美国在教育方面的全球领导作用。这一理念在随后的《国际教育法》中也得到了充分体现。

四 "9·11"事件后强劲反弹的爱国主义

"9·11"事件对于美国社会是一种无法磨灭的创伤，在国家面临危急之时，美国人除了感到恐惧、愤怒和焦虑，爱国主义情怀也被大幅提振。美国人迫切渴望政府采取行动打击恐怖分子，尽一切力量增强国土安全，保障美国将来不会再受恐怖分子袭击，甚至不惜以削减个人自由和宪法权利为代价（见图3-2）。因恐怖袭击暴露的脆弱感使美国的民主陷入了混乱状态，美国公众选择了总统和国会寻求庇护，对总统及其政治组织的支持度不降反升。在"9·11"恐怖袭击的前一天，小布什的支持率仅有51%，他的选票事实上比另一位总统候选人艾伯特·戈尔还要少。然而，到了2001年9月14日，小布什的支持率就飙升到了86%，一周后又达到了90%，刷新了美国有史以来总统支持率的最高纪录。尽管在很多政策制定者眼中，《美国爱国者法案》的通过程序是不民主的，并且是有违宪法准则的，但又很难否认《美国爱国者法案》不是按照公众的意愿而起草的。即便公众情绪有可能受到小布什总统构建出的美国"敌人"形象和媒体爱国主义的左右，但其确实对《美国爱国者法案》的制定和实施产生了很大的影响。

与公众情绪相似，一直极具批判精神的美国媒体也集体转变为爱国者。"9·11"恐怖袭击发生后，小布什政府为构建国内反恐战

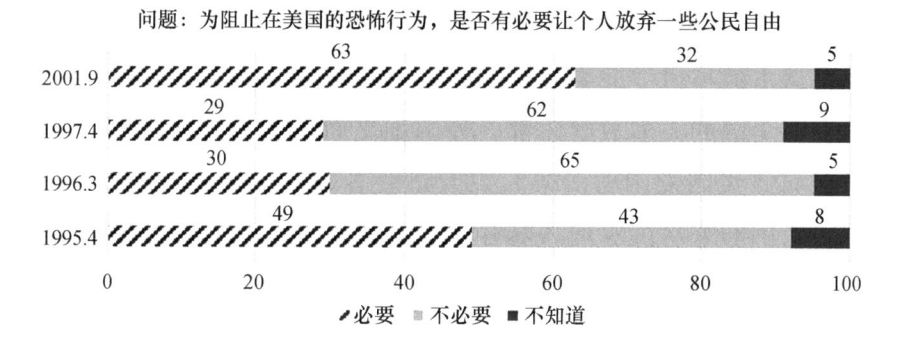

问题：为阻止在美国的恐怖行为，是否有必要让个人放弃一些公民自由

年份	必要	不必要	不知道
2001.9	63	32	5
1997.4	29	62	9
1996.3	30	65	5
1995.4	49	43	8

图 3-2　"9·11"事件前后美国公众对放弃公民自由的意见（%）

资料来源：[美]黄锦就、梅建明：《美国爱国者法案：立法、实施和影响》，蒋文军译，法律出版社 2008 年版，第 80—81 页。

线要求大众传媒给予政府高度支持，对反恐之战进行及时、集中的报道。据统计，《纽约时报》在恐怖袭击后的一年里，集中发表了大量有关恐怖主义袭击的报道，其中与世界贸易中心有关的报道就有 700 余篇，此外，还有 300 多篇涉及阿富汗，500 多篇涉及炭疽病毒或生化恐怖主义。这些数字说明美国大众传媒在恐怖袭击后培养公众观点方面起到了关键作用，成为政府在反恐战争中的"啦啦队"。哥伦比亚广播公司知名主播丹·拉瑟在"9·11"事件后表示："无论布什要求我去哪里，只需要告诉我地方。"《巴尔的摩太阳报》主编在 2001 年 9 月 19 日发表声明称："我们需要强硬而务实的法律来阻止恐怖行为和间谍。"① 此外，美国 ABC、CBS 和 NBC 三大新闻广播网络全天候不间断地播放新闻，甚至不顾财政负担停播了所有的正常节目和 2001 年 9 月 11 日至 15 日的所有商业广告，创造了 1963 年约翰·肯尼迪总统遇刺后最长的无商业广告报道时期。

大众传媒对政府的服从也在很大程度上得到了美国公众的认可。

---

① Michael W. Apple, "Patriotism, Pedagogy, and Freedom: On the Educational Meanings of September 11th", *Teachers College Record*, Vol. 104, No. 8, 2002, p. 1766.

皮尤研究中心于2001年9月13日到17日进行的民意调查显示，在"9·11"事件发生后的一个星期内，有89%的受访者认为大众媒体对恐怖袭击的报道"非常出色或很好"。[①] 事实足以证明，"9·11"事件后，美国的大多数媒体都因爱国主义而失去了为正义发声的使命感，对《美国爱国者法案》没有进行客观的报道或深刻的分析。相反，美国的大众传媒成为联邦政府的喉舌，它们打着新时期保护美国、反恐的幌子推动公众接受了像《美国爱国者法案》这样的严厉措施。

第三节 占统治地位的联盟变化

大部分政策子系统内部都会有一个占据主导地位的联盟以及一到两个占据次要地位的联盟。每个政策倡议联盟通过政治资源的积累和以政策为导向的学习实现自己的政策目标。倡议联盟框架假设，只要提起政策的倡议联盟仍然掌握权力，政府政策的核心就不会发生重大改变。这一假设认为，一个政策倡议联盟为了把政策核心理念转化为具体的政策行动，需要占据统治地位的权力。倡议联盟的成员不会为了保住权力而改变自己的核心信念，甚至会为了保全政策核心信念在政策的次要方面做出妥协和让步。通过对美国国际学生流动政策变迁过程中占统治地位联盟变化的分析，这个假设得以验证。

一 政策均衡变迁中的联盟权力变化

1946年富布赖特计划提出时，政策子系统内部的联盟一个是以

---

① Pew Research Center, "American Psyche Reeling from Terror Attacks", September 19, 2001, http://www.people-press.org/2001/09/19/american-psyche-reeling-from-terror-attacks/.

詹姆斯·富布赖特为代表的教育交流联盟，另一个是以参议员约瑟夫·麦卡锡为代表的保卫国防联盟。两位议员在富布赖特计划实施的过程中曾展开激烈的博弈。1953年到1955年是富布赖特计划最为关键的几年，反对者联盟由于麦卡锡担任参议院政府活动委员会主席和该会常设小组委员会主席在博弈中一度占据上风。凭借着前所未有的政治权力和国务卿杜勒斯的支持，麦卡锡把赤色恐怖之风带入美国各地，认为教育交流活动会把共产党人和外国间谍带入美国，把整个国务院搅和得乌烟瘴气，就连时任总统艾森豪威尔也不得不出面干预。① 1954年，麦卡锡提出向其主持的常设调查小组委员会拨款，一时之间竟无人敢站出来驳斥他，而富布赖特则是当时唯一投反对票的参议员。

当1960年修正后的富布赖特计划举行听证会之时，麦卡锡时代已经宣告终结，而富布赖特成为参议院对外关系委员会主席，拥有更强的号召力，此时的支持者联盟成员还有宾夕法尼亚大学校长盖洛德·哈恩威尔、外国奖学金委员会主席罗伯特·斯托里、国际教育协会主席肯尼斯·霍兰。与参议院听证会一样，许多组织向委员会提交了书面声明，表示支持该计划，其中包括妇女俱乐部联合总会和美国全国艺术与文学学会。《富布赖特—海斯法》的通过也离不开小组委员会主席、国会议员海斯的支持。在整个听证会期间，几乎没有人反对该法案，他的小组委员会和外交事务全体委员会一致赞成这项决议。由于支持者联盟队伍的不断壮大，在政策子系统中占据了主导地位，最终《富布赖特—海斯法》以329票对66票的绝对优势获得通过。②

20世纪70年代初，占统治地位的联盟成员再次发生变化，富布赖特在1974年的民主党初选中落败，以参议院乔治·麦戈文为代表

---

① 庄锡昌：《二十世纪的美国文化》，浙江人民出版社1993年版，第142—143页。
② Walter Johnson and Francis Colligan, *The Fulbright Program: A History*, Chicago and London: The University of Chicago Press, 1965, p. 304.

的众多国会议员认为,国际教育已经受到了极大重视,对教育交流活动的资助会有损其他计划的利益,尤其是在内忧外患的时期,美国应该中止对外教育援助,再次把焦点放在处理国内事务上。在尼克松和福特两届总统执政时期,政策子系统内联盟成员信念的变化,使富布赖特计划丧失了原有的政治资源优势,一些国际学生资助项目被取消,项目预算也遭到实质性缩减。

二 主导联盟失去权力导致政策核心改变

从《国际教育法》获得通过到之后执行拨款期间,政策子系统内占统治地位的联盟成员发生了变化,对拨款委员会的决策产生了深远影响。在公众对越南战争、通货膨胀和反战运动日益不满的局面下,约翰逊总统在民主党内部的支持率出现下降,民主党领导人担心,共和党人与反约翰逊的民主党人结盟可能会控制众议院。事实证明,第90届国会对约翰逊总统的政策态度更加强硬,约翰逊政府由于其"伟大社会"运动和越南战争所引发的通货膨胀问题而遭到更为广泛的谴责。越南战争给美国带来的内忧外患最终导致了约翰逊总统放弃总统竞选,同时结束了民主党长期统治白宫的局面。

除了约翰逊总统的支持率下降外,国际学生流动政策子系统内的另一个重大变化是众议院拨款委员会主席、国会议员约翰·福格迪的去世。自1953年美国卫生、教育和福利部成立以来,在福格迪的领导下,各部门一直对国际教育特别是对《国际教育法》保持着较为友好的态度。但是,自第90届国会起,民主党中资历最资深、最有权势的乔治·马洪当选了众议院拨款委员会及其国防小组委员会主席,并将一群呼吁削减预算的新保守派民主党人列入了他的小组委员会。值得一提的是,在之前众议院对《国际教育法》的投票中,马洪和大多数的新保守派民主党人都投了反对票。此外,《国际教育法》也没能得到国务院、司法部和商务部小组委员会的支持,该小组委员会主席约翰·鲁尼形容道:"这个项目已经被虫蛀死了。"①

显然,在第90届国会对《国际教育法》进行拨款之际,反对者联盟的成员已经占据了绝对上风,虽然以保罗·米勒和道格拉斯·凯特为首的政策支持者为《国际教育法》的拨款反复游说,甚至恳请约翰逊总统给众议院拨款委员会主席马洪发送一个私人拨款请求,美国州立大学与学院协会的领导也给马洪和所有拨款小组成员写信,表明支持全额拨款,但这些努力都没能够扭转联盟内部占统治地位的成员对该法案的固有偏见。就在拨款小组委员会对《国际教育法》的拨款举行听证会前夕,成千上万名反越南战争的示威者在纽约举行了和平示威游行,此时对《国际教育法》拨款的可能性已然微乎其微。

三 小布什政府的政治铁腕

《美国爱国者法案》并不是一个深思熟虑的结果,而是一项在程序上和结果上都不能称之为完好的立法。在所有对国际学生采取的措施中,只有《美国爱国者法案》实质性地打破了立法机构和行政部门间的权力平衡,从根本上削弱了公民的宪法权利,但它又是在突发的外部环境下由总统提议、得到公民支持和国会批准生效的法律。一方面,立法环境的紧迫性和慌乱性使美国国会议员变得很不理智,以至于它能跳过国会两院经审查、听证、调研、辩论的正常立法程序,直接获得国会通过;另一方面,"9·11"事件打破了国会在和平时期对总统权力约束的枷锁,小布什政府利用恐惧策略煽动公众情绪,通过对大众传媒的信息控制为政府堵住漏洞,建设国内统一战线,开启政策黑箱的政治铁腕,否则侵犯人民自由权利的《美国爱国者法案》不可能毫无争议地获得国会通过。

"9·11"恐怖袭击后,小布什政府在政策子系统中取得了压倒

---

① Michael P. Auerbach, *Education in National Politics*, New York: David McKay, 1957, p. 134.

性优势，国会在爱国主义的压力下也不得不表现出少有的服从。2001年9月17日，司法部长约翰·阿什克罗夫特将《美国爱国者法案》的初稿《反恐动员法案》提交给美国国会审议，并希望国会在一周之内就通过该法案。由于小布什政府的政治铁腕，国会在压力之下跳过了正常的立法程序，在立法过程中的两院辩论也是草草了事。2001年10月23日半夜，众议院在该议案未经任何修订的情况下只进行了一个小时的辩论，而大多数众议员在投票时对议案的内容还一无所知，甚至只拿到了该议案的两份文本。尽管程序上出了问题，该议案还是获得了全票通过并上交参议院。10月25日，该议案在参议院进行辩论，但全体议员的辩论过程被严格控制，只有那些参与起草和协商的参议员被允许进行辩论，而所谓的辩论也不过是走个过场。这种为促使议案迅速通过而施加高压进行暗箱操作的行为被概括为"省略了大多数常有的委员会讨论过程，更有利于高层的、闭门的、立法—行政部门的谈判，最后达成全体一致，不允许有任何修正案或争论"。① 在美国进入战争状态的大环境和小布什总统的政治铁腕下，《美国爱国者法案》仅耗费六周时间就获得了国会通过，创造了美国国会最快通过议案的历史纪录，这事实上默认了小布什总统的自主裁决权，也为行政部门扩大权限提供了强有力的支持。

第四节　美国对外政策的变化

"二战"后，美国留学生教育的发展始终服务于美国的对外政策，美国国际学生流动政策的发展非常注重与美国的外交战略相结合。每当美国的外交战略发生转变时，国际学生流动政策也会有所

---

① Michael T. Mccarthy, "USA Patriot Act", *Harvard Journal on Legislation*, Vol. 39, No. 2, 2002, p. 450.

变化，其政策的文化外交性质为美国的对外政策提供了智力支撑，成为美国对外政策中的一大亮点。

一　遏制战略下的政策变迁

"二战"后，美苏关系迅速恶化，资本主义和社会主义两大阵营对峙的局面形成。美国的"遏制之父"乔治·凯南提出不动用"真刀真枪"，而是通过意识形态的对抗，即长期的、耐心又坚定的、警惕的"软化"政策遏制苏联在欧洲的扩张，实现和平的演变，成为冷战时期的思想基础。① 杜鲁门政府不仅全盘接受了凯南的遏制理论，还把遏制的范围扩大到在世界范围内同苏联争夺势力范围。《富布赖特法》最初提出利用战后剩余资产与西欧国家进行教育文化交流，正是从教育文化的层面实施遏制战略，达到在文化意识形态上遏制苏联的目的。

1956年开始，美苏的攻守之势发生变化，苏联在军事上和经济上的实力逐渐赶超美国，美苏冷战的重点转移到军事和教育领域，《国防教育法》应运而生。进入20世纪60年代，肯尼迪和约翰逊执政时期的美国依然遵循着遏制战略的外交思想，在冷战的各条战线上遏制苏联、中国和其他社会主义国家。为了通过国际教育将美国的社会制度作为蓝本推向世界，为第三世界国家的青年提供教育机会，增进国际理解，改善美国与其他国家的关系，约翰逊政府通过了《国际教育法》。然而，在越南战场上的挫败对美国的外交政策造成了沉重打击，美国不得不承认自己在战后所具有的实力已经不足以承担大规模的海外义务了。越南战争成为美国相对衰弱的起点，美国的国际地位遭到了严重损害，外交政策陷入混乱，《国际教育法》也成为一纸空文。

---

① George F. Kennan, *American Diplomacy*, 1900-1950, Chicago: University of Chicago Press, 1951, p. 112.

二 缓和战略下的政策变迁

进入20世纪70年代，美国仍未能摆脱越南战争的困境，同时，随着经济全球化趋势的增强，美国的经济受到欧洲和日本的挑战，在世界的经济力量对比中处于相对衰落的态势，美国的外交战略面临重大调整。尼克松总统上台后，提出了"缓和战略"，其核心思想就是要逐步减少美国在海外的义务。在"缓和战略"的方针下，发展国际学生流动政策不再是国家关注的重点，国会反对出台新的国际学生流动鼓励性政策，也不愿意对《富布赖特法》《国防教育法》中的国际教育交流项目追加投资，甚至还取消了一些受到联邦政府资助的海外教育项目。尽管在卡特总统的"人权外交"战略引导下，美国的国际学生流动政策发展有所复兴，但里根总统上任后，"里根经济学"成为美国外交战略中的重要内容，国际高等教育市场竞争理论、高等教育服务贸易等理论在新自由主义经济政策下不断涌现，联邦政府对留学生教育的资金投入一直在减少。缺乏联邦政府和私立基金会资助的美国高校不得不主动开拓海外留学市场，输出高等教育资源，成为美国从海外市场中获取利益的第五大行业。

三 围堵战略下的政策变迁

20世纪90年代初，冷战结束后，美国也立即恢复了文化外交政策传统，通过颁布《教育交流促进法》增进与原苏联和东欧国家的教育交流，大量的资金被投入以建设民主社会为目标的教育文化交流计划中，用以鼓励和平演变和民主改革，国际学生流动政策的文化外交实质不言自明。"9·11"事件后，美国的外交战略再次转型，小布什政府采取了先发制人的内外围堵战略，试图从内部和外部对"敌人"进行打击以掩盖美国霸权走向衰落的现实。为配合围堵战略，美国国会迅速通过《美国爱国者法案》，强化了对国际学生的监控，企图将所有潜在风险置于国家的监视之下。

然而，围堵战略未能改变美国霸权相对衰落的现实趋势，2008

年金融危机的爆发迫使奥巴马政府采取"驯服衰落"的外交战略，一方面，针对中国实行"亚太再平衡"战略，对中国施加军事压力；另一方面，又加强与中国的教育文化交流和经济对话，意欲通过软实力影响中国的发展。以"十万强计划"为典型代表的国际学生交流计划成为这一时期深化中美教育交流与合作的重要途径。

第 四 章

美国国际学生流动政策的变迁

政策子系统内参与政策制定的行政机构、立法委员会、利益集团等,可以被划分为若干倡议联盟,信念体系为联盟间提供了政治纽带,并决定了一个政策倡议联盟的努力方向。根据不同的信念体系,美国国际学生流动政策子系统内部可以划分为教育交流联盟、外交政策联盟、经济主导联盟和保卫国防联盟。在美国国际学生流动政策的发展历程中,四个联盟都曾在子系统内占据过主导地位,并通过以政策为导向的学习过程,将各自的政策核心信念转化为政策行动,由此塑造了国际学生流动政策的变迁。

第一节 《富布赖特法》子系统内联盟间的博弈

根据所涉及的不同观点和利益相关者,《富布赖特法》子系统内的支持联盟可以划分为教育交流联盟和外交战略联盟。两个联盟在政策的深层核心信念上保持一致,认为富布赖特计划有利于国家核心利益的实现,但就该计划的教育文化属性或外交属性存在很大分歧。《富布赖特法》子系统内的反对联盟为保卫国防联盟,认为富布赖特计划将外国间谍带入美国,对美国的国土安全利益造成了威胁(见表4-1)。

表 4-1　　《富布赖特法》子系统联盟构成及信念体系

联盟构成	支持联盟		反对联盟
	教育交流联盟	外交战略联盟	保卫国防联盟
主要成员	詹姆斯·富布赖特、教育交流咨询委员会、广大教育工作者、非营利性机构	哈里·杜鲁门、德怀特·艾森豪威尔、国家安全委员会、教育与文化事务官员	约瑟夫·麦卡锡、约翰·杜勒斯、约翰·鲁尼
深层核心信念	国际教育交流计划要服务于国家利益		
政策核心信念	富布赖特计划的本质就是有价值的活动，它不必是战略性的，这样才能长期服务于国家利益	富布赖特计划必须服务于美国的外交政策	富布赖特计划将外国间谍带入美国，危害国家安全利益，应该被取消
次要信念	教育交流项目隶属部门、管理方式、实施范围、拨款金额		削减教育交流项目经费

资料来源：笔者自制。

一　富布赖特支持联盟构成及信念体系

在《富布赖特法》的变迁过程中，关于该法案本质和发展方向的讨论在政策子系统内掀起巨大争议，不同的信念体系在联盟内部相互碰撞、此消彼长，并一直持续至今，其矛盾聚焦在教育交流活动的实施是否应该受到美国外交政策议程的影响。

（一）政策子系统内的深层核心信念

《富布赖特法》子系统内的深层核心信念是使留学生教育服务于国家在政治、经济、安全方面的利益。"二战"前，美国政府几乎把教育和文化交流活动全部交给私营机构——洛克菲勒基金会、卡内基基金会以及宗教组织等，它们是资助国际教育交流活动的主要力量。20世纪30年代，为实施富兰克林·罗斯福总统的"睦邻政策"，联邦政府开始有限度地资助与拉丁美洲开展的教育交流活动，以应对欧洲在西半球的文化扩张，自此拉开了美国参与国际教育文化交流的序幕。"二战"后，美国从国家利益出发，组织和实施国际教育文化交流项目。遏制政策的倡导者凯南指出："无论如何都要进行最大程度的教育文化交流，与美国在世界舆论中的负面印象做斗争。"① 富布赖特也曾强调："一代人以后，我们与世界其他国家进行价值观念交流的好坏，远比我们在军事上的优势对世界格局的影响更加深刻。"②

冷战时期，美国政府通过政治演说、立法和财政支持从根本上改变了以往的孤立主义外交政策，支持通过教育交流实现全面外交。从1946年的《富布赖特法》首次为国际学生提供资助，到1948年的"马歇尔计划"开展大规模的海外技术援助和经济对外援助，再到1949年的"第四点计划"为在战争中遭受重创的欧洲和亚非拉等欠发达地区提供技术和教育援助，这段时期，教育交流已然成为美国文化关系的代名词，而驱动这些政策发展的正是联盟内部的深层核心信念，即教育交流可以树立美国在文化上的主导地位，包括宣传思想、价值观、意识形态、技术甚至是生活方式等任何能够提升美国良好形象的事物。在与苏联的竞争中，国际教育交流成为展示美国良好形象的重要工具，象征着美国丰富的物质财富、消费文化、技术知识、个人自由和政治民主。

尽管联盟内部始终存在教育交流的初衷应该是促进国家间的相互理解而非出于外交利益考量的呼声，但实际上，单纯以教育为目的的交流项目几乎从未得到过政府的支持。"二战"后当美国联邦政府强调交流项目的政治目标时，教育交流便从增进相互理解的目标转变为单方面的目的，即以教育文化交流为名，行文化输出之实。冷战期间，无论是军事联盟、对外援助，还是学生交流，都是服务于国家利益，帮助美国实现自由世界对抗社会主义国家的方式。富

---

① George F. Kennan, "International Exchange in the Arts", *Perspectives USA*, No. 8, 1956, p. 11.

② Coombs H. Philip, *The Fourth Dimension of Foreign Policy: Educational and Cultural Affairs*, New York and Evanston: Harper & Row, 1964, p. 11.

布赖特计划由于受到联邦政府的直接资助,更是不可避免地成为维护国家利益的工具。不难发现,经过政府和富布赖特外国奖学金委员会严格筛选的受助者主要集中在美国文学、政治学、新闻传播学、教育学、历史学、语言文学等社会科学或人文科学领域,这些学科都能够很大程度地反映出美国的文化和价值取向。此外,在冷战期间,富布赖特奖学金主要用于资助南亚、远东、西欧等地区,几乎没有资助过苏联势力内的东欧地区,足以看出该项目与生俱来的浓厚的政治色彩。

(二)教育交流联盟成员及其信念体系

教育交流联盟的代表包括教育交流咨询委员会、多数教育工作者、非营利性机构。它们的政策核心信念是教育交流活动应为其自身的利益而进行,而不应受到美国外交政策议程的影响。教育交流咨询委员会在1950年发布的报告中指出,美国在教育文化交流的目标上缺乏共识,教育交流的首要目的是凭借美国在学术方面所取得的成就,帮助和指导各国解决所面临的教育问题,使它们更加了解美国的技术和文化,而不是将它们"美国化"。如果国际学生成为美国政府的喉舌或间谍,他们将不再是有效的公共外交实践者。广大教育工作者也倾向于长期的教育交流和较少的公开宣传,批评政府使教育和文化交流沾染上了政治的傲慢。1947年,当《史密斯—蒙特法》备受争议之时,由丹佛大学的本·彻林顿博士和美国教育委员会的乔治·祖克领导的教育团体对政府追求政治宣传与教育交流融合的行动进行了强烈谴责,并建议将这两个活动的组织和管理完全分离。1946年,美国国际教育协会主席劳伦斯·达根针对利用接收国际学生执行美国外交政策的做法提出强烈抗议,并重申了通过教育交流促进国际理解的传统理念。尽管他并不否认希望国际学生能对美国的某些外交政策产生同感甚至积极支持,但他强调国际学生奖学金"绝不能成为政府影响赴美留学生支持特定政策和项目的手段"。①

在 1961 年 3 月 29 日举行的《富布赖特—海斯法》听证会上，宾夕法尼亚大学校长、美国教育委员会主席盖洛德·哈恩韦尔代表包括 11 所美国大学和赠地学院以及美国教师教育学院协会、美国全国学生协会、卡内基国际和平基金会和凯洛格基金会在内的 25 个美国非营利性机构进行发言，肯定了富布赖特计划在教育交流方面的成效，并对新的法案表示支持。

在听证会上，外国奖学金委员会主席罗伯特·斯托里，杜克大学退休教授、美国教科文组织全国委员会执行委员会成员乔治·艾伦，印第安纳大学校董事会主席、联合国教科文组织前助理总干事沃尔特·拉维斯肯定了新的法案，并很快发表了一份关于国际教育和文化项目历史特点的研究报告。密歇根大学国际中心主任詹姆斯·戴维斯，耶鲁大学艺术史教授、美国艺术咨询委员会成员萨姆纳·克罗斯比，匹兹堡大学文化交流办公室主任谢尔德·维特曼都表达了对该法案的支持，并表示致力于将国际教育交流项目作为大学努力的方向。美国大学妇女协会主席安娜·霍克斯女士强调了协会对教育交流的重视，回顾了协会对教育交流项目长期付出的努力。最后，教育交流联盟得出结论，富布赖特计划是加强各国人民间和平友好关系的有效手段，新的法案对学术自由没有任何危害，而且积极地对抗了麦卡锡主义的威胁，但新的法案应该更加突出对教育交流价值的肯定以及对学术自由的标准要求。

（三）外交战略联盟成员及其信念体系

外交战略联盟的代表包括美国总统、国家安全委员会、教育与文化事务官员等。外交战略联盟认为，新的历史时期，外交关系不再是政府与政府间的接触，而是世界各国人民间的接触。因此，了解其他国家人民的想法，使他们理解和认同美国的自由与民主，对

---

① Institute of International Education, *Twenty-Seventh Annual Report of the Director*, New York：IIE, 1946, p. 22.

美国的外交政策至关重要，国际教育交流便是实现这一目标的手段。在这一思路下，富布赖特计划如同美国之音广播、美国赞助的海外学校和图书馆一样，是美国众多公共外交资源之一。富布赖特计划的制定与实施都要配合美国的外交战略，该计划的受助人应成为美国政府与他国政府沟通的媒介。此外，联邦政府应从政治影响和外交政策目标两个方面对每一个教育交流项目进行权衡。[1]

杜鲁门和艾森豪威尔总统都把教育交流活动视为实施美国全面外交政策的重要工具。1950年，杜鲁门政府发起了"真相运动"，呼吁通过加强广播和电影的宣传，迅速增加赴美留学生人数，鼓励和指导美国教育机构为推动国际教育事业的发展做出努力。1956年，艾森豪威尔鼓励美苏间的交换留学生计划，以加强两国间的交流。国家安全委员会将国际信息和教育交流纳入"美国国防计划"，并与军事和经济计划相结合。冷战时期，联邦政府与总统在宣传教育交流在外交战略中的作用不断加强时，教育交流项目开始广泛地与政治目标和外交政策审议相结合。肯尼迪政府负责教育和文化事务的助理国务卿菲利普·库姆斯指出，"二战"后教育交流已经成为美国外交政策的组成部分，它构成了外交关系的"文化方面"，与传统的政治、经济和军事交织在一起。库姆斯把教育和文化关系描述为外交政策中"人性的一面"，因为它们注重人的思想与价值观、理解与态度、技能与知识。"如果国际教育和文化活动不能服务于政治，它们就几乎不具备合法性以获得国会的支持。"[2] 美国国务院官员则认为，富布赖特计划不应该成为混杂着善意的慈善活动，而是要在长期意义上作为支持美国外交政策的臂膀政策。富布赖特本人也提出了类似的观点，"教育交流活动应兑现美国的外交政策，促进

---

[1] Liping Bu, "Educational Exchange and Cultural Diplomacy in the Cold War", *Journal of American Studies*, Vol. 33, No. 3, 1999, p. 410.

[2] Fraser Stewart, "The Fourth Dimension of Foreign Policy: Educational and Cultural Affairs", *Journal of Higher Education*, Vol. 37, No. 7, 1966, pp. 416–417.

与各国政府间的关系"。①

二 反对联盟构成及信念体系

《富布赖特法》反对联盟的代表主要包括部分国会议员和少数教育工作者。1950年2月，美国参议员麦卡锡掀起了以维护国家安全为名义迫害共产党人的狂热活动。在麦卡锡主义的影响下，反对联盟的核心信念是大量接收国际学生会降低美国的移民门槛，向共产主义者和煽动者敞开大门，会对国家安全造成潜在威胁。麦卡锡强烈反对教育交流活动，指责富布赖特计划在资助交换学生和学者到美国交流的同时，也将共产党人和外国间谍带入美国。麦卡锡还声称，国务院里到处都是共产主义者，美国海外情报处的图书馆里都是共产党人写的书。② 美国国务卿约翰·杜勒斯也表现出强烈的反共色彩，他附和麦卡锡的要求，下令将共产主义者的著作从美国海外信息中心的图书馆撤下，并扔掉了所有被认为过于自由或左翼的书籍，其中许多是由非共产主义的知名记者和学者所撰写的。当时，美国安全机构的超负荷运转对富布赖特计划的实施造成了灾难性的影响，获得外国奖学金委员会批准的潜在受助人名单全被退回，进行身份和忠诚度的逐一核查。所有富布赖特计划的申请者都被要求提前一年提交材料，这种极端的审核程序直到麦卡锡垮台后才得到实质性改善。

此外，少数教育工作者对教育国际交流也持消极态度。1946—1948年，美国国务院曾三次致信高校管理者，希望高校推动更大规模、更加自由的国际学生流动，以维护国家利益。然而，一些高校管理者对让更多的国际学生进入已经被退伍军人挤满的大学校园的决策表示困惑和担忧。他们抱怨道："这就像我们床上已经

---

① Charles A. Thomson, Walter H. C. Laves, *Cultural Relations and U. S. Foreign Policy*, Bloomington, Ind: Indiana University Press, 1963, p.61.

② Thomas G. Paterson, Garry J. Clifford, Kenneth J. Hagan, *American Foreign Relations: A History since 1895*, Lexington, Mass.: D. C. Heath and Company, 1995, p.333.

有四个孩子了,却被要求再放上三个!"① 由于国会内部普遍对教育交流活动持有怀疑态度,认为教育交流对美国的外交效果微乎其微,导致富布赖特项目的预算经费在 20 世纪 50 年代不断被削减。这种仅从"口头"支持教育交流项目的做法也给美国大学的政策执行带来了消极影响,大学管理者们不得不深入挖掘当地资源以寻求解决方案。

三 以政策为导向的博弈与学习

《富布赖特法》变迁中的学习既发生在支持者联盟内部,也发生在跨联盟的博弈与妥协中。在以政策为导向的学习中,每个联盟为了保全自己的政策核心,通常选择放弃政策的次要方面。

（一）支持联盟内的博弈与学习

在支持联盟内部,教育交流联盟和外交战略联盟在深层核心信念上达成共识,认为接收国际学生有利于国家利益的实现,但两个联盟对于政策的核心始终存在分歧。外交战略联盟对教育交流的政策核心信念是,实现短期的政治目标,而教育交流联盟的政策核心信念是通过接收国际学生提高人们对不同国家文化和价值观的认识,从而实现长期的教育目标。由于政策核心信念的不同,自《富布赖特法》实施以来,两个联盟围绕教育交流项目在华盛顿的归属问题上展开了持续的辩论。外交战略联盟认为富布赖特计划应该隶属于处理外交事务的部门,而教育交流联盟认为该计划应该隶属于处理国际交流的部门,甚至应该完全脱离联邦政府,成为一个像国会图书馆或史密森学会那样的独立机构。为此,立法委员会多次成立专家组进行考察、咨询并提出折中建议。

在《富布赖特法》的演变中,外交战略联盟和教育交流联盟始终保持着共生关系,行政官员们努力在美国外交政策利益与维护学

---

① Institute of International Education, *Report of Conference of College and University Administrators and Foreign Student Advisers*, New York: IIE, 1946, p. 13.

术完整性、纯粹性之间取得平衡。朝鲜战争爆发后，外交战略联盟略占上风，富布赖特计划更加强调数量和竞争，即以最大数量、最广泛的人际关系、更多短期资助，而不是长期资助的形式与关键区域的国家形成政治联盟。教育交流只在"二战"中的北大西洋和南太平洋战区进行，教育交流也仅限于"自由世界"，即由非社会主义国家组成的共同体。① 外国奖学金委员会曾希望与东欧国家开展教育交流活动，但美国国务院拒绝支持，直到冷战逐步缓和，美国才与这些国家签订教育交流合作协议。

尽管如此，在以政策为导向的学习中，来自教育交流联盟的抗议也对政府决策产生了一定影响。例如，《史密斯—蒙特法》授权国务卿设立两个独立的咨询委员会——图书馆与信息交流司和国际教育交流人员司，前者负责信息交流，后者负责教育交流。另外，一些国会议员提出由外国奖学金委员会每周对所有受资助者进行一次民意调查，以确定受资助者对美国之音的反应，也被委员会以"弄巧成拙的宣传计划"为理由拒绝。②

1953年，美国新闻署成立后，两个联盟就富布赖特计划应该继续保留在国务院内部，还是转移到该机构展开了激烈辩论。参议员富布赖特坚持把他的同名项目与政府的政治宣传活动分开，反对对外国奖学金委员会进行任何干涉。富布赖特强调，外国奖学金委员会的作用在于其独立性和自主性，正是这些特点使该项目具有一定程度的可信性和完整性。如果将其置于美国新闻署之下，富布赖特计划则有可能受到以外交政策宣传为主导的不利影响。同年，参议院外交关系委员会发布报告，禁止新成立的美国新闻署从事教育和文化交流活动。在参议员卡尔·蒙特和伯克·希肯卢珀等教育交流联盟成员的共同游说下，富布赖特计划暂时保留在国务院，但双方

---

① Frank A. Ninkovich, *The Diplomacy of Ideas*: *U. S. Foreign Policy and Cultural*, *Relations* 1938 – 1950, Chicago, IL: Imprint, 1995, p. 147.

② Niefeld Harold Mendelsohn, "How Effective is Our Student-Exchange Program?", *Educational Research Bulletin*, Vol. 33, No. 2, 1954, p. 31.

达成协议，在美国新闻署和国务院之间分配教育和文化交流活动。"书籍、图书馆、文化中心、英语教学等项目由美国新闻署管理，国际学生交流项目、联合国教科文组织国家委员会秘书处、美国赞助的学校项目以及一些零星的项目被继续留在了国务院。"①

然而，两个联盟关于富布赖特计划归属问题的争论在之后的40年从未停止。1975年，美国教育和文化事务咨询委员会建议将信息和教育及文化活动置于国务院的下属机构。1976年，卡特政府更加强调教育交流的双向授权，认为美国通过教育交流活动从其他国家获得的利益要与其他国家从美国获得的利益一样多。在卡特政府时期，美国新闻署被重新命名为美国国际通信署，但很快又被卡特的继任者罗纳德·里根恢复为以前的名称。里根还任命查尔斯·维克为美国新闻署主任，把重点放在基于教育交流的外交政策上，以实现他们对美国公共外交的政策图景。这一举动引起了教育交流联盟者的强烈反对，1987年参议员克莱本·佩尔再次提出解散美国新闻署，将富布赖特计划纳入史密森学会的议案。一些教育交流联盟的倡导者，尤其是教育学者，把德国或英国的模式作为最佳实践模式。他们更倾向于设立类似于德国科学院或英国文化教育协会的自治机构，对美国的教育交流项目进行管理。②

冷战结束后，通过开展教育交流活动讲述美国故事的政策目标不再引起政策制定者的关注。1998年《外交事务改革与重组法案》撤销了美国新闻署，两个联盟不得不就富布赖特计划的归属再次进行谈判。在重组前，美国新闻署两个独立的办公室——教育与文化事务局负责管理富布赖特计划和其他教育交流活动，新闻局负责媒体和信息活动。美国国务卿马德琳·奥尔布赖特最初以节约开支为由拟将这两个部门合并为一个实体——信息计划与国际交流

---

① Niefeld Harold Mendelsohn, "How Effective is Our Student-Exchange Program?", *Educational Research Bulletin*, Vol. 33, No. 2, 1954, p. 32.

② Judith M. Mitchell, *International Cultural Relations*, London: Allen & Unwin, 1986, p. 68.

局，但教育交流联盟倡导者游说国会否决了合并议案。① 在与国际教育工作者协会及其盟友磋商后，富布赖特计划仍在国务院下属的教育与文化事务局进行，媒体和信息活动则在国务院的一个专门办公室进行。

（二）支持联盟与反对联盟间的博弈

以政策为导向的学习也发生在支持联盟和反对联盟关于富布赖特计划拨款的博弈中。20世纪50年代，受到麦卡锡主义的影响，众议院拨款小组委员会主席约翰·鲁尼和他的一些同事认为，教育交流对美国外交政策没有丝毫重要性，因此不断削减富布赖特计划的预算。实际上，无论是鸽派还是鹰派，当他们看到教育交流在冷战中发挥的作用和影响时，都曾对富布赖特计划表示过口头支持。然而，在行动上，国务院国务卿杜勒斯完全不为所动，仍然建议国会削减外汇预算，甚至希望将整个国际信息和教育项目从国务院移除。1956年，美国教育交流咨询委员会建议拨款3100万美元用来扩大富布赖特计划，最终国务院只要求国会向其拨款2000万美元。参议员富布赖特对国务院的决策感到愤怒，因为信息项目在国际合作署的预算增加了5000万美元，而教育交流的预算却大幅减少。② 富布赖特认为国务院把重点放错了地方，但事实上，杜勒斯对支持教育交流活动压根不感兴趣，甚至怀有敌意。当麦卡锡攻击富布赖特计划时，杜勒斯并没有采取任何行动为其辩护。

值得注意的是，尽管麦卡锡和富布赖特在教育交流计划的政策核心信念上持有不同立场，但他们都在用自己的方式与其他意识形态进行对抗。麦卡锡代表了孤立主义传统，他对共产主义的偏执态

---

① Paul Desruiseaux, "State Department, in Reversal, Backs Separate Bureau to Oversee Academic Exchanges", *The Chronicle of Higher Education*, Vol. 45, No. 32, 1999, p. A52.

② Stephen J. Whitfield, *The Culture of the Cold War*, Baltimore, London: The Johns Hopkins University Press, 1991, p. 261.

度又强化了这一传统；而富布赖特则代表了国际主义传统，对向世界宣扬美国的民主充满信心。在这场跨联盟的博弈中，支持联盟和反对联盟始终没有放弃自己的深层核心信念和政策核心信念，权力博弈的结果只是改变了政策的次要方面。最终，反对联盟未能取消富布赖特计划，支持联盟也没能获得足够多的项目预算，但以政策为导向的学习却推动了该法案在拨款金额、范围、项目管理方式等次要方面的变迁。[①]

第二节 《国防教育法》子系统内联盟间的博弈

根据所涉及的不同观点和利益相关者，《国防教育法》子系统内支持联盟为人才培养联盟，反对联盟为经济主导联盟（见表4-2）。两个联盟在深层核心信念上保持一致，认为培养关键语言和区域研究人才有利于国防安全，但就联邦政府是否应该为高等教育提供临时的、紧急的资助，不同联盟之间展开了激烈的博弈。

表4-2　　　　　《国防教育法》子系统构成及信念体系

联盟构成	支持联盟	反对联盟
	人才培养联盟	经济主导联盟
主要成员	艾森豪威尔总统，要素主义教育学家，美国现代语言协会，众议员约翰·弗林特、亨利·迪克森、艾尔默·霍兰德，参议员李斯特·希尔、迈克·曼斯菲尔德、戈登·阿洛特	众议员保守派威尔·尼尔、威廉·道森、约瑟夫·奥哈拉、查尔斯·布朗森，参议员斯特罗姆·瑟蒙德、帕特·麦克纳马拉
深层核心信念	国际教育必须服务于国家利益	

---

① 安亚伦：《倡议联盟框架视角下美国吸引留学生政策变迁研究——以〈富布赖特法〉为例》，《比较教育研究》2020年第5期。

续表

联盟构成	支持联盟	反对联盟
	人才培养联盟	经济主导联盟
政策核心信念	联邦政府有义务对区域研究和外语领域提供资助,使高等教育成为美国的第一道防线	联邦资助会改变高等教育的控制权,无法解决进步主义教育带来的问题,且政府无力负担国际人才培养经费
次要信念	增加联邦政府奖学金数量、增加区域研究中心数量、扩宽资助范围	减少联邦政府奖学金数量、减少区域研究中心数量,增加资助条件限制

资料来源：笔者自制。

一 支持联盟成员及其信念体系

《国防教育法》支持联盟的主要成员包括艾森豪威尔总统，要素主义教育学家，美国现代语言协会，众议员约翰·弗林特、亨利·迪克森、艾尔默·霍兰德，参议员李斯特·希尔、迈克·曼斯菲尔德、戈登·阿洛特等。他们的政策核心信念是，在"斯普特尼克号"危机面前，高等教育应该被视为美国的第一道防线，联邦政府有责任加大对外语和区域研究的投入，使之能够成为政府在促进"国际理解和友谊"的利器。

1958年1月27日，艾森豪威尔总统对苏联人造卫星成功发射作出回应，提出了政府在数学、科学和外语领域的一揽子援助计划。他指出，考虑到美国在自由世界的领导责任，外语能力对美国尤为重要。然而，美国人普遍缺乏外语能力，尤其是对于亚洲、非洲和近东等新兴国家缺乏了解，及时克服这些问题对国防安全至关重要。① 尽管支持联盟在政策核心信念方面达成基本共识，但在政策的次要方面存在分歧。艾森豪威尔总统和卫生、教育与福利部部长马

---

① Lister Hill, *Sente Committee on Labor and Public Welfare*, *Science and Education for National Defense*: *Hearings before the Committee on Labor and Public Welfare*, Washington, D. C.：US Government Printing Office, 1958, p. 2.

里恩·福尔松倾向于制定一项在资助金额和范围上相对谨慎、温和的法案，而以参议员李斯特·希尔为代表的另一些议员则支持宏大的、涉及巨额奖学金的教育改革法案。

在参议院 1958 年 2 月 6 日举行的听证会上，福尔松首先肯定了外语的学术价值、交流价值以及增进国际理解和人民间友谊的价值，明确表示联邦政府需要为包括外语发展在内的各个领域提供经济援助。与此同时，福尔松部长警告政府必须警惕国家控制高等教育的陷阱，如果联邦政府在外国语言发展等领域提供巨额财政支持，势必会把高等教育的控制权从地方转移到中央，破坏美国高等教育的多样性、独立性和自由，而这些正是美国教育的内核。鉴于此，福尔松提议先建立少数几个特殊培训中心，用于教授那些以往被忽视但是具有重要经济价值的语言。参议员希尔则认为，对于该议案会导致联邦政府控制教育的担心是毫无根据的，政府必须大力支持、强调和致力于基础科学研究，提高教育质量，拓展自然科学的教学资源。政府必须动员全国高校进行外语培训，充分调动和利用全球人才的流动。[1]

在 1958 年 4 月 1 日举行的众议院听证会上，特殊教育小组委员会及通识教育小组委员会讨论了外语教学及外语在处理对外关系方面的作用。第一个被传唤的证人是美国现代语言协会会长肯尼斯·米尔登伯格博士。他评估了进步教育时代外语教育的困境，指出在过去的四五十年中，美国职业教育以极其消极的态度对待现代外语，这是长期以来奉行进步主义教育的结果。他进一步举证，世界上大约有 72% 的人口使用的不是美国大学教授的语言，东南亚新兴国家的语言在美国教育中几乎是一片空白，这种对全球现实和历史的无

---

[1] Lister Hill, *Sente Committee on Labor and Public Welfare*, *Science and Education for National Defense*: *Hearings before the Committee on Labor and Public Welfare*, Washington, D. C.：US Government Printing Office, 1958, p. 4.

知对美国的军事和政治领导力产生了不利影响。① 美国教育专员劳伦斯·德希克提请立法委员会注意，俄罗斯人正在有预谋地学习外语，相比之下，美国高校在外语教学方面的情况却十分凄惨，近半数学校没有开设任何非西方国家的语言课程。截至1958年8月，参、众两院围绕 H. R. 13247 号议案举行了广泛的听证会，双方都试图就美国教育机构缺乏外语和区域研究能力的问题收集专家证词，并将这一问题归咎于学校数十年来的进步主义教育。无论是"二战"期间还是冷战期间，美国在外语和区域研究领域的人才匮乏，以及政治和军事领导人缺乏跨文化意识，这些都严重损害了美国的国家利益。

二 反对联盟构成及信念体系

尽管支持联盟试图利用苏联人造卫星的契机推动联邦政府立法为教育提供资助，但反对联盟的参与使这项立法过程成为一场艰苦的博弈。以众议员威尔·尼尔、威廉·道森、约瑟夫·奥哈拉、查尔斯·布朗森，参议员斯特罗姆·瑟蒙德、帕特·麦克纳马拉为代表的反对联盟成员使用高度情绪化和启示录式的演说在各方面打压支持联盟的论点。反对联盟的政策核心信念主要聚焦以下三个方面：联邦政府对教育的控制、政府的财政负担、法案没有从根本上解决进步主义教育所带来的问题。

首先，反对联盟代表众议员道森认为，《国防教育法》的立法将会使联邦政府像"幽灵"一样控制从初中、高中到大学、研究生院的每一个教育阶段，这是非常错误和危险的，该法案的真正标题应该是"1958年教育国有化法案"。② 此外，包括众议员尼尔在内的许

---

① House Subcommittee of the Committee on Education and Labor, *Scholarship and Loan Program*: *Hearings on H. R. 13247*, 85th Cong. 2nd Session, Washington, D. C.: US Government Printing Office, 1958, p.1308.

② Congress Record, *Scholarship and Loan Program*: *Hearings on H. R. 13247*, 85th Cong. 2nd Session, Washington, D. C.: US Government Printing Office, 1958, p.16572.

多国会议员警告国会，该议案涉及的巨额拨款会让已经陷入经济衰退的美国雪上加霜。尼尔表示，众议院已经将美国的债务上限提高了数十亿美元，在失业率上升了7%、企业利润下降了25%的情况下，政府在财政上不足以承担像《国防教育法》这样打着维护国防安全的幌子欺骗公众的"拿来主义"计划。① 反对者还警告国会，该议案所造成的赤字将远远超过预期，还会导致更多相似类型的立法，给后代留下一个难以填补的大窟窿。反对联盟的言辞无疑强化了参、众议院对议案中拨款条款的抵制，尤其是考虑到政府每年需要为此支付的大量贷款和奖学金数量。

其次，反对联盟提出新的法案没有纠正进步主义教育所造成的问题。众议员约瑟夫·奥哈拉提示国会，该议案将造成美国教育向科学倾斜的危险，如果通过采用俄罗斯的教育体制与其抗衡，会把美国的民主置于极大的危险之中。众议员马修斯则主张，作为经济资助的条件，政府应该要求有天赋的学生学习任何有助于国防的课程，但新的议案中显然没有这方面的规定。也就是说，即使学生在大学学习油画、芭蕾等课程，仍有可能获得联邦贷款或奖学金。② 针对这些观点，支持联盟再次进行反驳，他们重申了美国教育系统从上到下的明显不足和代际责任，尤其强调了在复杂和迅速变化的技术世界中，由于缺乏教育而引发的国家安全问题，并努力证明联邦政府长期以来在国际教育中发挥了不可或缺的调控作用。

三 以政策为导向的博弈与学习

《国防教育法》变迁中的学习发生在支持联盟和反对联盟的博弈与妥协中。1958年8月8日，在众议院辩论中，反对联盟继续强调

---

① Stephen E. Ambrose, *Eisenhower, the President*, New York: Simon and Schuster, 1984, p. 145.

② House Subcommittee of the Committee on Education and Labor, *Scholarship and Loan Program: Hearings on H. R. 13247, 85th Cong. 2nd Session*, Washington, D. C.: US Government Printing Office, 1958, p. 16582.

该法案会加强联邦政府对高等教育的控制、巨额预算赤字助长通货膨胀的危机以及几代人的进步教育造成的问题不会因该议案得到纠正。支持联盟则努力证明联邦政府长期以来在教育中发挥的积极作用。国会议员乔治·麦戈文援引美国第一任财政部长亚历山大·汉米尔顿的话:"没有什么比促进科学和文学更值得国会的资助。"他还引用了已故参议员罗伯特·塔夫脱在十年前就提议联邦政府对高等教育进行援助的案例,以强调联邦政府对教育的持续资助理念。支持联盟通过回顾历史证明,联邦政府资助高等教育的行为早已有之,早在1862年,美国就通过莫雷尔土地赠予法案向赠地学院拨款,可见政府在高等教育领域的责任是不容回避的。最后,麦戈文强调美国在政治、经济、科技和艺术方面正面临前所未有的挑战,政府应该具有更多的智慧和远见,继续在高等教育中扮演领导角色。①

反对联盟则通过总结历史教训对支持联盟的证词予以反驳。他们宣称,在过去几十年中,教育工作者和立法同盟在联邦政府资助教育的议案上几乎毫无胜算。众议员查尔斯·布朗森警告委员会,自1918年以来,支持联盟倡导者就使用过包括文盲危机、美国化危机、金融危机和普通学校危机等论据说服政府对教育进行拨款,但联邦政府对私立学校的资助还是屡遭失败,相反,公立学校支出的增长速度几乎是入学人数增长速度的30倍。众议员基斯·汤姆森总结道:"如果《国防教育法》获得通过,对于那些赞成联邦政府支持和控制学校的人来说将是一场伟大的胜利,但对于美国教育而言,黑暗时刻即将来临。"② 其他持骑墙态度的议员承认了提高外语教学

---

① House Subcommittee of the Committee on Education and Labor, *Scholarship and Loan Program*: *Hearings on H. R.* 13247, 85th *Cong.* 2nd *Session*, Washington, D. C.: US Government Printing Office, 1958, p. 1308.

② House Subcommittee of the Committee on Education and Labor, *Scholarship and Loan Program*: *Hearings on H. R.* 13247, 85th *Cong.* 2nd *Session*, Washington, D. C.: US Government Printing Office, 1958, p. 19597.

和区域研究的必要性,但他们担心该议案没有提供足够的控制,使其真正有益于国防安全。尽管许多联盟成员存有顾虑,但还是被该议案对国防安全产生的积极影响所打动,特别是在苏联"真枪实弹"的威胁下,国会议员们意识到,美国要想在与苏联的对抗中占据优势,必须从根本上改变对知识分子的态度。

在以政策为导向的学习过程中,支持联盟根据反对联盟围绕联邦政府对高等教育的控制、政府资金短缺、进步主义教育没有得到纠正等观点,对自己在政策目标上的理解进行了调整,以便达成其政治目的。针对反对联盟提出的政府拨款会导致高等教育的控制权发生变化的观点,参议员李斯特反驳道,在1862年莫里尔法案的听证会上,詹姆斯·布坎南总统也曾以联邦政府对教育的过度控制为由反对给大学拨款,但是当亚伯拉罕·林肯总统上任后,赠地学院法案顺利获得通过。赠地学院项目已经实施了一个世纪,也没有人对政府以任何方式干涉或试图干涉高等教育而提出严重指控。在进步主义教育的问题上,支持联盟举证进步主义教育对美国现代外语教学的危害,认为该议案有助于纠正学校长期忽视学术课程的错误理念。对于众议院保守派提出完全取消奖学金条款的要求,李斯特建议不要减少原版本中的23000份奖学金,而是将其作为与会议委员会讨价还价的工具,最终的目标是达到艾森豪威尔总统曾建议过的大约10000份奖学金。

当众议院会议委员会发布了与参议院同僚共同起草的妥协法案时,并非所有政策联盟成员都对结果感到满意,尤其是参议员李斯特对修正案中奖学金名额的大幅减少感到不满。他批判修正案严重损害了参议院委员会版本中所体现的奖学金理念,还剥夺了参议院的谈判权。[①] 不过,大多数支持联盟成员对修正案的整体效果表示满意,认为奖学金数量的减少淡化了政策联盟间的分歧,这也是与众

---

① John L. Watzke, *Lasting Change in Foreign Language Education: A Historical Case for Change of National Policy*, Westport: Praeger Publisher, 2003, p.162.

议院议员进行了长时间艰苦谈判的必然结果。反对联盟成员也认可拨款减少实际上使该议案更容易被接受。最终,该议案以212票赞成、85票反对、131票弃权的投票结果在众议院获得通过,并由艾森豪威尔总统签署为《国防教育法》。

第三节 《国际教育法》子系统内联盟间的博弈

根据所涉及的不同观点和利益相关者,《国际教育法》子系统内支持联盟为人才培养联盟,反对联盟为经济主导联盟(见表4-3)。两个联盟争论的核心焦点是国际教育的发展是否符合美国国家利益的需要。在联邦政府是否应该加大对留学生教育的控制权、是否应该取消《国际教育法》中,仅对关键语言资助的限制、接收国际学生是否会造成发展中国家人才外流等政策的次要方面,不同联盟成员之间也展开了激烈辩论。

表4-3　《国际教育法》子系统构成及信念体系

联盟构成	支持联盟	反对联盟
	人才培养联盟	经济主导联盟
主要成员	约翰逊总统,卫生、教育和福利部部长约翰·加德纳,众议员阿尔伯·特奎,参议员韦恩·莫尔斯、詹姆斯·富布赖特、拉尔夫·亚伯、李斯特·希尔,大型私人基金会	众议员 H.R. 格罗斯、乔·瓦格纳、罗伯特·麦考利,参议员斯特罗姆·瑟蒙德
深层核心信念	国际教育要服务于国家利益	
政策核心信念	加大对留学生教育的资金支持、完善教育交流项目的设计与管理,使留学生教育长期服务于国家政治、经济、安全利益	《国际教育法》中的条款内容与《国防教育法》第六章没有任何区别,并且接收大量的国际学生会造成欠发达国家人才流失,给美国外交事务制造麻烦

续表

联盟构成	支持联盟	反对联盟
	人才培养联盟	经济主导联盟
次要信念	增加联邦政府对留学生教育的资助和管理权限，通过对发展中国家的国际学生在美国接受教育后的去向进行调查与研究，解决其人才流失问题	减少联邦政府对留学生教育的资助和管理权限，完善教育交流项目，使国际学生能够在学成后回到自己的国家服务

资料来源：笔者自制。

一 支持联盟成员及其信念体系

《国际教育法》支持联盟中的最大推动者是约翰逊总统。1964年总统大选后，约翰逊发表演说宣称："美国不仅有机会走向一个富裕和强大的社会，而且有机会走向一个伟大的社会。"[①] 为减轻大萧条时期带来的财政压力，约翰逊试图使政府在高等教育系统中发挥更加积极的作用以整顿美国的经济秩序。约翰逊认为，教育是在与贫困斗争中的核心因素。个人不仅可以因为具有较高的教育水平而获益，社会也能从高等教育中获得巨大的收益，因此政府有义务对高等教育进行资助，让更多的美国人拥有平等接受大学教育的机会。1965 年 9 月 16 日，约翰逊在史密森学会两百周年庆典上发表演讲，把国际教育视为"一个全新的、崇高的冒险"，他强调美国有必要改善国际教育，为全世界提供教育领导。[②] 在史密森学会演讲中，约翰逊还邀请了来自 90 多个国家的 500 名学者和科学家参与一个由五部分组成的国际项目，具体包括：帮助发展中国家和发展中地区的教育工作；帮助大学增加它们对世界其他国家人民和知识的了解；促

---

① Hugh Davis Graham, *An Uncertain Triumph*: *Federal Education Policy Under the Kennedy and Johnson Administration*, Chapel Hill: The University of North Carolina Press, 1984, p. 50.

② Hugh Davis Graham, *An Uncertain Triumph*: *Federal Education Policy Under the Kennedy and Johnson Administration*, Chapel Hill: The University of North Carolina Press, 1984, p. 54.

进各国间学生和教师的学习和交流；增加书籍、思想、艺术、科学和想象力的流通；召集来自各类学科、不同文化背景的学者，共同探讨人类面临的全球性问题。①

为兑现其在演讲中的承诺，约翰逊指派国务卿迪安·腊斯克成立特别工作组，旨在研究一项为全球教育努力的全面、长期计划并承诺在 1966 年 1 月之前向国会提交一份立法提案。约翰逊总统铸就了一个跨越美国边界的伟大社会的梦想，并要求美国帮助传播这个梦想。这种将高等教育视为公共产品的理念为美国的留学生教育带来了显而易见的好处，由于当时民主党已经完全掌控国会两院，两院对约翰逊提出的国际教育议案的异议较小。1966 年 2 月 2 日，约翰逊向国会发出了一条特别信息支持《国际教育法》。这条信息借鉴了他创建的特别工作组的研究结果，并就该议案提出了 24 项具体建议，其中包括建立官僚机制确保美国在国际教育领域作出努力，促进从小学到研究型大学的高级研究生课程的国际教育，鼓励学生和教师交流，发展读写能力，促进国际会议和教育资源的转移，并为在美国学习的外国领导人提供更好的教育。②

除约翰逊总统外，支持联盟的主要成员还有时任卫生、教育和福利部部长约翰·加德纳，众议员约翰·布拉德莫斯、阿尔伯·特奎，参议员韦恩·莫尔斯、詹姆斯·富布赖特、拉尔夫·亚伯、李斯特·希尔，总统特别工作组的查尔斯·弗兰克尔、威廉姆·维尔，大型私人基金会等。支持联盟的核心信念是，国际教育和与其他国家的教育关系是国家利益的长期重要方面，但美国大学和学院对国际教育的公共或私人支持水平还不足以使其真正服务于国家利益。

---

① Hugh Davis Graham, *An Uncertain Triumph: Federal Education Policy Under the Kennedy and Johnson Administration*, Chapel Hill: The University of North Carolina Press, 1984, pp. 55 – 56.

② U. S. Senate, *Subcommittee on Education of the Committee on Labor and Public Welfare, International Education Act 89th Cong. 2nd Session*, Washington, D. C.: US Government Printing Office, 1966, p. 11.

1966年6月到10月，参、众议院就第14643号议案举行了广泛的听证会。听证会上，卫生、教育和福利部部长加德纳指出，1958年通过的《国防教育法》只是"紧急情况下的应急计划，其目的是通过区域研究和外语教学培养外语专家以迅速解决问题"，但从长期来看，这种方法所涉及的国际学生和学者相对较少。他指出，《国际教育法》第六章的规定在满足国家利益方面存在明显不足，无法在《国际教育法》的框架下建立一个大学中心，解决诸如热带医学、旱地农业或欠发达国家的主要经济问题。众议员布拉德莫斯提出，政府对大学国际化的要求在不断提高，但是对国际人才的广泛需求却始终没有得到满足。众议员特奎提请国会委员会注意"二战"后联邦政府对支持留学生教育所展现出的浓厚兴趣和热情，联邦政府对留学生教育的重视程度和提供的相关奖学金数量远远超过任何一个州或地区对国际教育领域的关注。《国际教育法》可以帮助联邦政府实现面向海外提供高质量的国际研究项目运作和长期的外交政策目标。丹佛大学国际研究院院长约瑟夫·科贝强调，当美国走到涉及国家利益的十字路口时，这项立法将有助于克服美苏意识形态的差距、国家利益的冲突、经济发展水平的不同、种族和肤色的差别、文化背景的差异等诸多障碍。洛克菲勒基金会和福特基金会也公开表示支持该议案，并以基金会多年来的经验证明了联邦政府发展国际教育的价值。

与此同时，一些支持联盟成员也对欠发达国家的"人才流失"问题表示担忧，他们认为联邦政府以往在留学生教育、对外援助和其他重要领域制定政策时，忽略了欠发达国家的人才外流效应，尽管美国开展与欠发达地区的学生交流项目的初衷是希望国际学生在美国接受培训后能够回到自己的国家服务，然而实际情况是不管是否得到政府资助，大多数国际学生在美国完成学习后，不是寻求其他方式继续留在美国就是流动到其他发达国家。参议员沃尔特·蒙代尔表示，联邦政府以往的国际学生流动政策确实鼓励了很多外国留学生留在美国，造成欠发达国家的人才外流，而这些国家迫切需要高水平的人力为其社会发展和进步带来希望。外交政策协会主席塞缪尔·海斯博士认为，该议案最大的可取之处是赋予了高等教育机构巨大的责任，让它们认真研究赴美留学生到底需要怎样的教育，这是以往的法案中从未有过的。虽然自《富布赖特法》实施后，美国的国际学生项目已经实施了许多年，但大多数的美国高校在国际事务方面的师资准备不足，美国的教师教育机构在国际事务教授方面的能力和资源有限，教授国际课程的老师也很少能学到有关教授国际学生的方法。《国际教育法》中的一些条款为提高美国教师教育机构在国际事务方面的教学质量提供了方法和路径。

二 反对联盟构成及信念体系

《国际教育法》反对联盟的代表包括众议员 H. R. 格罗斯、乔·瓦格纳、罗伯特·麦考利，参议员斯特罗姆·瑟蒙德。反对联盟的政策核心信念是《国际教育法》中的条款与《国防教育法》第六章中的条款没有任何区别，甚至在内容上是赘余的、实施起来是昂贵的。此外，培养过多的国际专家和学者反而会有损美国的国家利益。

在听证会上，众议员格罗斯指出，《国际教育法》中的内容没有删除或合并任何一项关于国际教育的条款，更像是在原有的条款上又涂了一层多余的"脂肪"。众议员麦考利提出，《国际教育法》中的条款设置读起来就像是美国从来没有对国际本科生、研究生提供过帮助和支持，而实际上，《国防教育法》第六章中已经有足够多的条款用于发展留学生教育了。麦考利还指出，在美国培养来自发展中国家公民的努力是徒劳的，当国际学生通过教育交流项目来到美国后，他们并不如预期那样在学成后返回到自己的国家服务，大部分国际学生会继续留在美国或者到其他国家去。美国的高等教育机构对这一情况心知肚明，但它们为什么要反对能给它们提供 1.4 亿美元的法案呢?①

众议员瓦格纳提请议长注意，自"二战"后，美国大学的校园已经涌入了太多国际学生和专家，他们在外交事务上给美国制造了相当大的麻烦。比如，很多国际学生参与到反对越南战争的政治示威游行中。在越南战争的背景下，美国最不需要的就是国际文化专家，因此，美国不应该接收更多的国际学生和学者，否则他们将不受联邦政府的控制，甚至对美国社会产生危害。参议员瑟蒙德也认为，美国正处于与越南的战争中，政府应该把全部资源和精力用于赢得这场战争。鉴于此，1968—1969财政年度为这项新计划批准1.3亿美元的开支是不明智的，国会现在只应该考虑国防和其他重要的项目，以确保在越南战争中取得胜利。对此，参议员富布赖特反驳道："如果实现世界和平还尚存一丝希望，那一丝希望将源于这项法案所规定的国际教育活动。"②

尽管越南战局对一些政策联盟成员的观念产生了影响，但该议案在众议院支持联盟成员中赢得了广泛支持，以195票赞成、90票反对和146票弃权的投票结果获得通过，而就在投票当天，驻越南的美军人数超过了28500人。

三 以政策为导向的博弈与学习

与支持联盟和反对联盟在第88届国会围绕《国防教育法》展开的激烈辩论有所不同，在以约翰逊总统为首的政策支持联盟的强大推动下，有关《国际教育法》的辩论几乎毫无悬念。在以政策为导向的学习过程中，支持联盟成员根据以往政策中联邦政府对国际教育的控制、对关键语言的狭隘限定以及对发展中国家造成的人才流

---

① U.S. Senate, *Congressional Record*. 89nd Congress, 2nd Session, Washington, D.C.: US Government Printing Office, 1966, p. 12256.

② U.S. Senate, *Congressional Record*. 89nd Congress, 2nd Session, Washington, D.C.: US Government Printing Office, 1966, p. 12244.

失等存在的问题,对其在政策目标上的理解进行了调整,并在《国际教育法》中对已经实施的《国防教育法》和《富布赖特—海斯法》中的相关条款进行了修正,以便更好地实现政治目的。

针对联邦政府对国际教育的控制权问题,参议员韦恩·莫尔斯表示,两党中的许多参议员反对联邦政府干预国际教育,政府自冷战后对接收国际学生上的立法控制和对美国大学的影响已经使他们深感不安,因此,《国际教育法》中应该明确国际学生流动政策的决策权在于地方政府和高校,而不是联邦政府。在取消《国防教育法》中仅对少数关键语言提供资金支持的问题上,迈阿密大学校长亨利·斯坦福表示,《国防教育法》第六章中只关注少数关键语言的条款缺乏逻辑,如果着眼于提高美国在国际事务中的能力,就不能只研究少数几门语言,而对加勒比、古巴和拉丁美洲的语言一无所知。因此,需要修改这些规定以便为罗曼语族教学提供资金。加德纳部长也支持对《国防教育法》第六章的资助部分进行修改,特别是删除仅授予关键语言资金的规定,取消规定教育机构提供50%配套资金的条款。

另外,广大教育工作者也从设计和管理上对美国开展的国际学生交流项目进行了反思,他们认为,教育美国的本科生和研究生是一回事,培训国际学生,使他们能够在自己的国家从事有成效的职业是另一回事。富布赖特计划的实施是成功的,但在接收国际学生方面也暴露出许多面临的问题和挑战。比如,在管理国际交流项目时,美国教育专业人士从未考虑过在美国的国际学生所接受的教育是否适合生源国的需要,很多非洲学生在美国大学无法完成专业课程,给他们带来很大困扰。当他们回到非洲时,他们不仅是反美的,还制造很多含有大量恶意的言论。亨利·斯坦福质疑道:"我们培训这些外国留学生到底是为了让他们在美国就业,还是在国内失业?我们的大学提供给他们非常复杂的教育,但当他们回到自己的国家时,他们的才华不能以任何有效的方式施展。如果打算让国际学生来美国学习，最好提前完善美国的教育交流项目。"①

针对以往国际学生流动政策造成欠发达国家人才流失的问题，参议员雅各布·贾维茨提出在《国际教育法》第 203 条中加入一条有关人才流失的修正案，对 1961 年的《双边教育和文化交流法案》进行修正。参议员沃尔特·蒙代尔还建议卫生、教育和福利部部长开展一项研究，以评估人才流失的原因和范围，并提出可能的补救措施。1966 年 10 月 29 日，约翰逊总统正式签署《国防教育法》为第 89-698 号公共法案，在以政策为导向的学习过程中，上述三项议案都被纳入其中。

第四节 《美国爱国者法案》子系统内的垄断

通过对立法文献的回顾后不难发现，《美国爱国者法案》是一项国家处于战争状态下为团结上下、进行国土防御、打击恐怖分子而出台的紧急立法，也是唯一一项在立法程序上没有经过参众两院审查、公众听证、调研和修正就在国会获得通过的法案。在当时的立法环境下，该法案的通过经过了一个刻意压缩、加快的程序，任何延迟和异议都是不被允许的。可以说，《美国爱国者法案》的通过完全是由小布什政府开启政策黑箱完成的。

一 重权在握的支持联盟

《美国爱国者法案》最大的推动者是小布什总统、司法部部长约翰·阿什克罗夫特和众议院司法委员会主席詹姆斯·森森布伦纳。支持联盟的深层核心信念是不惜一切代价保卫美国国土安全、打击恐怖主义。在政策核心方面，小布什政府认为有必要利用电子系统

---

① U. S. Senate, *Congressional Record*. 89th Congress, 2nd Session, Washington, D. C.：US Government Printing Office, 1966, p. 26557.

对入境的国际学生和学者进行追踪和监视。电子追踪系统可以阻止签证违规人员入境美国，将潜在的恐怖分子驱逐出境，从而保障美国的国土安全。如果早在1996年就启用电子追踪系统对外国留学生进行排查，"9·11"事件就不会发生。《美国爱国者法案》融合并拓展了美国众议院通过的《爱国者法案》和《防恐法案》中的大多数条款，并增设了拨款3600万美元用于实施"学生与访问学者信息系统"的条款。

2001年10月23日深夜，众议院就第3162号议案展开了辩论，而在辩论前夕，议员们拿到了该议案的两份未经修订的版本。众议员约翰·科尔特斯回忆道："第3162号议案在未经修订的情况下就进入辩论程序，新议案是由议长们在幕后商议的，根本没有咨询众议院司法委员会及众议院议员的意见。议员们在三更半夜被拉来进行辩论，但大多数议员在投票时还对议案的内容一无所知。"① 尽管有各种反对意见，但该议案最终以357票赞成比66票反对的绝对优势获得通过，并提交参议院辩论。10月25日，参议院就第3162号议案进行辩论，但除参议员拉斯·法因戈尔德外，只有参与起草和协商的参议员被允许参加辩论，而且整个辩论过程被严格控制。参议院司法委员会主席特里克·莱希指出："该议案不是参议院最初的版本，不是政府起草的版本，也不是司法部部长提交的版本，而是经过各方艰难协商的产物，参议院和政府双方都作出了让步，使新议案在原有的基础上得到很大改善。"② 在辩论过程中，众议院司法委员会主席森森布伦纳和该议案的主要支持者每人有90分钟的发言时间，除了唯一的反对者参议员法因戈尔德被允许发言1小时，其他的参议员只有10—15分钟的发言时间。最终，参议院以98票赞

---

① U.S. Senate, *Congressional Record* 107th Congress, 1st Session, Washington, D. C.: US Government Printing Office, 2001, p. 147.

② U.S. Senate, *Congressional Record* 107th Congress, 1st Session, Washington, D. C.: US Government Printing Office, 2001, p. 202.

成、1 票反对的投票结果通过了该议案。

就立法程序而言,《美国爱国者法案》跳过了国会审查、利益集团游说、政策掮客调解、收集公众反馈的程序,在总统和司法部部长开启的政策黑箱下,这项漏洞百出的议案在国会以有史以来最快的速度通过。曾任美国副总统的阿尔伯特·戈尔评价道:"小布什政府利用恐怖袭击事件制定的一系列反恐法案一步步把美利坚共和国变成一个独裁的国家,走向乔治·奥威尔在其《1984》一书中预言的危险境地。"①

二 势单力薄的反对联盟

在参议院对第 3162 号议案的最后表决中,司法委员会宪法小组委员会主席参议员法因戈尔德投了唯一的反对票。在辩论会上,法因戈尔德明确表达了自己对小布什政府为促使该议案通过而施加的高压手段的不满:"司法部部长在星期三提供给我们一个议案,然后敦促国会在周末之前使之生效。不经过充分考虑和辩论就迅速推动一项法案让国会感到喘不过气来。"② 法因戈尔德认为,在对第 3162 号议案的表决过程中,民主党领袖与司法部部长串通一气,施压所有议员对该议案投赞成票,而对他提出的所有修订稿都投反对票。

在深层核心信念上,法因戈尔德反对以牺牲自由为代价换取安全,他回顾了麦卡锡时期对共产主义人士的虐待、越战时期对包括马丁·路德·金在内的反战人士的迫害,呼吁国会在投入反恐战争时不要忘记尊重宪法,保护公民自由。"我们有责任保护人民的自由,打着反恐的旗号肆意虐待阿拉伯裔、穆斯林、南亚裔美国人,不分青红皂白地将其他国家的优秀人才拒之门外,这不是我们愿意

---

① Deborah Wilkins Newman, "September 11: A Societal Reaction Perspective", *Crime, Law and Social Change*, Vol. 39, No. 3, 2003, p. 225.

② U.S. Senate, *Congressional Record* 107th Congress, 1st Session, Washington, D. C.: US Government Printing Office, 2001, p. 202.

为之奋斗的国家。如果那样做，我们就已经战败了。"① 在政策核心信念上，法因戈尔德认为，第3162号议案未能在赋予执法机构执法权和保护公民自由上实现制衡。他指出，该议案赋予执法人员和司法部部长极大的权力，允许他们只凭"可疑"证据对任何移民或外国人进行无限期延长的拘留，并允许司法部部长在7天内对被拘留的可疑移民或外国人提出起诉，这违背了美国宪法第四修正案对公民自由的保护。

除参议员法因戈尔德外，美国的特殊利益团体，如美国公民自由协会和电子前沿基金会都召集相关团体联合起来声讨政府以国家安全为名侵犯公民自由的企图。这些来自不同政治阶层的利益集团通过保卫自由宣言呼吁政府和公众在采取反恐措施前进行深入、理性的思考，抵制把所有不同种族、宗教和风俗习惯的移民和外国人作为攻击的对象，政府的行动必须符合民主社会的要求，确保人民的自由权利不受侵犯。在《美国爱国者法案》的立法阶段，这些利益团体又发表了一系列详尽的报告反对该法案，它们警告政府当局和国会要小心行事，不要在反击恐怖主义的过程中，把自由的美国变成一个监狱。

美国的《华盛顿邮报》《丹佛邮报》《圣彼得斯堡时报》也都发表社论，质疑众议院司法委员会主席森森布伦纳在立法过程中避重就轻，为力促《美国爱国者法案》获得通过而对国会施加压力，其目的是利用恐怖袭击事件使司法部获得前所未有的执法权力。② 令人沮丧的是，所有这些非政府组织及其提交的报告无一例外地被政府部门拒之门外，丝毫没有引起态度蛮横的司法部部长和小布什政府的重视。

---

① U.S. Senate, *Congressional Record 107*th *Congress*, 1st *Session*, Washington, D. C.: US Government Printing Office, 2001, p. 147.

② Deborah Wilkins Newman, "September 11: A Societal Reaction Perspective", *Crime, Law and Social Change*, Vol. 39, No. 3, 2003, p. 230.

三 政策黑箱的开启

"9·11"事件打破了华盛顿在和平时期对总统权力的约束，国会在恐怖袭击后陷入一种被困的心态，整个国会山弥漫着高度警戒的气氛，时刻提醒着国会议员美国正处于战斗时期，这样的环境为小布什政府开启政策黑箱提供了政治便利。上任后一直无所作为的小布什也抓住了这个绝佳的机会，树立起在国家危难时期打击恐怖主义、伸张正义的领袖形象，建立起强权政府。国会记录显示，在恐怖袭击后到 2001 年 12 月，第 107 届国会共开展了 86 项立法行动，其中大多数都是在未经详细审查和评议的状态下完成的，但最终只有《美国爱国者法案》成为公共法案。一项被匆忙提交、未经国会两院正常立法程序、在内容上并不完善的立法最终为何能获得通过？小布什政府是如何开启政策黑箱的？这个问题值得我们探究。

（一）以政策为导向的博弈与学习

"9·11"事件后，小布什总统命令司法部部长阿什克罗夫特起草反恐动员提案，保证类似的恐怖袭击事件不会再次发生，后者下令司法部法律政策办公室部长助理维亚特·丁恩以最快的速度起草《反恐法案》（第 1562 号修订案），也就是《美国爱国者法案》的前身。

2001 年 9 月 19 日，专横的司法部部长阿什克罗夫特要求国会议员在一周之内通过《反恐法案》，并危言耸听地说："严厉打击恐怖主义的法案拖延一天，恐怖分子对美国的威胁就会增加一分。"① 众议院司法委员会主席森森布伦纳宣布将促使众议院司法委员会进行听证会，尽快启动全体会议最终审定和众议院投票程序。然而，由于受到两党的广泛攻击，《反恐法案》的最终审定一再被延迟。小布

---

① U. S. Senate, *Congressional Record 107th Congress*, 1st Session, Washington, D. C.: US Government Printing Office, 2001, p. 178.

什总统对于该议案的延迟很是不满,他在9月25日的政策演讲中指出:"国会应该听听司法部部长提出这项议案的道理,赋予执法当局新的执法权力将那些危害国土安全的敌人驱逐出境。"[①] 尽管司法部部长和小布什总统努力推动《反恐法案》尽快在国会获得通过,但却事与愿违,《反恐法案》夭折了。

虽然未能如愿开启政策黑箱,但经历了《反恐法案》的预演,小布什政府总结了失败的经验。首先,司法部部长事先没有寻求国会关键领导司法委员会主席共和党人森森布伦纳的支持,将行政部门置于与整个国会、利益集团和法庭的对立面。当森森布伦纳在电视节目中得知《反恐法案》并拿到该议案的传真件时,也曾向阿什克罗夫特提出一起合作使两党共同支持立法,但不能认为这个合作是理所当然的。尽管如此,高傲的司法部部长也没有表示出任何合作的意向。其次,小布什政府未能在《反恐法案》公开前,与白宫和政府官员进行必要的沟通、咨询和商议,幕后操作的意图过于明显。白宫幕僚长乔希·博尔滕直到最后一刻对《反恐法案》还一无所知,白宫法律顾问办公室和立法事务办公室也没有收到任何一份该议案的副本。最后,小布什政府低估了反对联盟的政治阻力,尤其是众议院代表鲍勃·巴尔与特殊利益团体美国公民自由协会合作,向森森布伦纳提交了一份由美国公民自由协会起草的反对《反恐法案》报告,要求对其开展进一步的辩论,阻挠了该议案的立法进程。

(二)对国会施加高压手段

第1562号《反恐法案》立法程序和辩论是对《美国爱国者法案》进行的一次预演,为后来该法案在没有公示和充分听取公众意见的情况下获得国会通过作了铺垫。汲取了《反恐法案》的"经验",小布什总统下定决心,对于《美国爱国者法案》,不会通过与

---

① John M. Murphy, "Our Mission and Our Moment: George W. Bush and September 11th", *Rhetoric & Public Affairs*, Vol. 6, No. 4, 2003, p. 630.

政策掮客的谈判途径寻求妥协,而是采取"要么接受、要么否决"的强硬态度。① 小布什强调,宪法全权授权总统在战争时期的决策权,美国人民必须自发地团结在他的周围。司法部部长阿什克罗夫特也利用恐怖主义的威胁迫使国会反对联盟议员无条件屈服于他的治国路线,对议案提出异议的人都被视为对国家的不忠。"对那些热爱和平、担心失去自由的人们,你们的想法只会让恐怖分子更加猖獗,破坏我们的民族团结。"②

在总统和司法部部长对国会施加的高压手段下,重权在握的众议院司法委员会主席森森布伦纳仅对第 2975 号议案做了象征性的修改就呈交参议院进行全体投票,并获得了通过。在参议院投票中,大多数党领袖和民主党核心小组主席托马斯·达施勒严厉地要求全体议员投赞成票,并告知他们如果拒绝投赞成票,所有事情都会崩溃。当参议员法因戈尔德提出质疑时,司法部部长直接打电话告诉他,也许他的某些担心是对的,但他的修改意见肯定不会被采纳,达施勒会继续推进该议案的立法进程,任何试图阻止立法程序的努力都是徒劳的。③ 实际上,《美国爱国者法案》在国会的迅速通过不仅仅是小布什政府的政治手腕的驱使,也是共和党和民主党领导层成员支持和默认的结果,更是双方幕后交易、秘密协商的结果。

(三) 控制媒体言论自由

小布什政府开启政策黑箱的另一个撒手锏是利用美国媒体进行公关,推动公众接受和支持严厉的反恐措施及立法。小布什的白宫通信团队不相信大众传媒具有客观、公正的报道能力,也不认

---

① Ivan Eland, "Bush's War and the State of Civil Liberties", *Mediterranean Quarterly*, Vol. 14, No. 4, 2003, p. 160.

② Ivan Eland, "Bush's War and the State of Civil Liberties", *Mediterranean Quarterly*, Vol. 14, No. 4, 2003, p. 161.

③ John M. Murphy, "Our Mission and Our Moment: George W. Bush and September 11th", *Rhetoric & Public Affairs*, Vol. 6, No. 4, 2003, p. 618.

为公众能理解、消化复杂的政治信息。为了使公众信奉小布什政府的反恐之战，接受《美国爱国者法案》这样削弱公民宪法权利的立法，小布什政府通过控制新闻媒体发布有关立法过程的重要消息，并在必要时要求媒体以联邦机构规定的方式和内容对《美国爱国者法案》进行正面的报道。据统计，小布什政府2001年为《反恐法案》《反恐动员法案》《美国爱国者法案》的公关花了600多万美元。①

事实证明，在政府和新闻爱国主义的压力下，很多媒体无法出于正义而发出自由言论。美国三大广播公司——美国广播公司、全国广播公司和哥伦比亚广播公司都没有对《美国爱国者法案》的立法详细情况进行客观的报道和深入的分析，即使报道中有所涉及，也是避重就轻地聚焦在该法案如何保护国家不再受到恐怖袭击上。2001年9月26日，美国广播公司（ABC）报道，《反恐法案》赋予了执法部门更多的权力，可以没有任何证据就监控、居留，甚至监禁那些政府认为会对国家安全造成威胁的外国人。② 2001年9月27日，哥伦比亚广播公司报道，小布什政府正在请求国会授予更多的执法权力对在美国的外国人进行窃听和监视，而这样做是否会侵犯他们的人身自由还"不好说"。③ 9月27日以后，就再也没有关于《反恐动员法案》或者《美国爱国者法案》的任何报道了。也有少数新闻记者出于媒体职责，勇敢地指出该法案缺乏公众反馈，质疑法案有违宪法精神，但这些言论在新闻爱国主义的巨大压力下被迅速淹没，犯了"政治错误"的新闻记者需要进行自我审查，注意自己的言行。美国有线电视新闻网总裁鲁帕特·默多克回忆道："这不

---

① Richard Wolffe, Rod Nordland, "Bush's News War", *Newsweek*, Vol. 142, No. 17, 2003, p. 32.

② ABC NEWS, "NYPD's Anti-Terrorism Capabilities", September 26, 2001, https://abcnews.go.com/Blotter/video/nypds-anti-terrorism-capabilities-14607900.

③ Laurie Thomas Lee, "The USA Patriot Act and Telecommunications: Privacy Under Attack", *Rutgers Computer & Technology Law Journal*, Vol. 29, No. 2, 2003, p. 402.

是威胁，但我们确实被告知限制和审查播放有关《反恐动员法案》或者其他反恐议案的任何煽动性新闻和广播，在决定播放内容时，也要考虑有关当局的指导性原则。"①

---

① Lisa Finnegan Abdolian, Harold Takooshian, "The USA Patriot Act: Civil Liberties, the Media, and Public Opinion", *The Fordham Urban Law Journal*, Vol. 30, No. 4, 2003, p. 1425.

第五章

美国国际学生流动政策发展中的经验与问题

通过对"二战"后美国联邦政府国际学生流动政策变迁历程的梳理，并对政策子系统外影响美国国际学生流动政策变迁的相对稳定变量、外部事件变量以及政策子系统内部联盟的信念体系、以政策为导向的学习的分析，本书总结出几点美国国际学生流动政策发展中的经验和问题。

第一节 美国国际学生流动政策发展中的经验

美国国际学生流动政策的发展是政策子系统内各种力量博弈与合作的结果。联邦政府、各州政府、高校和非营利性机构各司其职，通力协作，不越权、不缺位，美国才得以在日益激烈的全球留学生教育市场上站稳脚跟。第一，联邦政府始终是国际学生流动政策的领导者、管理者和资助者，起到宏观调控、适时干预的作用。在经济困难或局势动荡时期，联邦政府都会审时度势地出台相关留学生政策，并通过国会授权给不同部门实施。第二，各州政府和高校是国际学生流动政策的自主实施者，各州政府主要通过制定高校发展规划以及财政资助指导州立大学的国际学生接收。高校可以结合自身情况，采取各项措施吸引世界各地的优秀人才到校学习。第三，联邦政府重视与非营利性机构在国际学生流动政策实施与管理上的协同作用。

一 始终强调联邦政府对留学生教育的领导权

尽管美国是实行教育地方分权制的国家，但由于国际学生流动政策是美国外交政策中的一个重要环节，关乎美国的国家利益，因此，美国联邦政府制定的每一项国际学生流动政策和法令都能反映出不同时期联邦政府在对国际学生流动管理、资助和实施上起到的领导作用。

第一，美国联邦政府通过国会授权不同领导机构实现国际学生流动政策的统一管理（见表5-1）。《富布赖特法》被授权给国务院利用战后剩余资产资助海外交流计划，《富布赖特—海斯法》由教育与文化事务局负责，《国防教育法》被授权给卫生、教育和福利部负责资助大学建立外语教学和区域研究中心，《国际教育法》授权卫生、教育和福利部设立国际研究咨询委员会对国际教育进行资助和管理，《美国爱国者法案》被授权给国土安全部全面启动"学生与访问学者信息系统"，对每名国际学生和访问学者进行电子监视和追踪。可以说，从《富布赖特法》开始的所有法案，都对联邦政府在国际学生流动中的领导地位和责任作出了明确的规定和要求。

表5-1　　　美国联邦政府国际学生流动政策的管理机构

种类	政策/计划	管理机构
美国联邦政府国际学生流动政策	奖学金：富布赖特—海斯计划	美国国务院、教育与文化事务局
	外语与区域研究：《国防教育法》	美国卫生、教育和福利部
	资助与管理：《国际教育法》	美国卫生、教育和福利部
	签证：《美国爱国者法案》	美国国务院、国土安全部

资料来源：笔者自制。

第二，美国联邦政府通过立法拨款引导留学生教育的发展方向，为留学生教育提供长期、稳定的资助以强化自己的领导权力。《富布赖特法》一开始只是授权利用战后剩余资产资助与欧洲国家间进行有限的教育交流活动，修正后的《富布赖特—海斯法》拓宽了资金的渠道和范围，鼓励派出国政府对教育交流活动进行相应投资。《国防教育法》授权对美国高校的关键语言和区域研究进行资助，后来的历次修正又对留学生教育的不同领域进行了资助。《国际教育法》试图将研究生层次的国际研究资助拓展到本科生领域，且与《国防教育法》相比，投资的金额十分可观。虽然该法案由于受到越南战争和民权运动的影响而未能获得拨款，但其拨款计划最终被并入《高等教育法》第六章中，并延续至今。

第三，美国联邦政府通过调整签证和移民政策标准对高校的国际学生流动进行干预。"9·11"事件后，联邦政府为保障国土安全相继出台了针对中东等国家的留学人员的限制政策，直接导致赴美留学生数量的减少。但随之而来的争议，包括对经济困难和国际地位受到冲击的考虑，迫使联邦政府重新调整了赴美留学签证制度和发放标准，美国留学生教育市场得以回暖。金融危机后，为网罗更多的海外高科技人才，联邦政府又相继出台了《创业法案2.0》《STEM就业法案》《移民改革法案》，为在美国大学获得STEM硕士及博士学位的外国留学生提供新的STEM签证（EB-6），并重新分配5.5万张绿卡给美国大学STEM相关领域毕业的外国留学生。[①] 一系列法案的出台，促使大量国际理工科人才涌入美国高校攻读STEM专业，其数量远远超过了美国本土学生。

综上所述，美国联邦政府在国际学生流动政策发展中的领导地位是无法撼动的，"二战"后出台的每一部法案都强调了联邦政府对留学教育的责任与领导权力。联邦政府有权制定留学生政策的实施

---

① 参见安亚伦《美国国际学生流动政策的变迁及其内在逻辑——基于间断—均衡理论的视角》，《高教探索》2021年第10期。

与管理机构、有权制定留学生教育资助标准与资助领域、有权通过适时调整国际学生签证和移民政策对高校的国际学生招生进行宏观管理。

二 注重发挥各州政府和高校的自主调节作用

虽然美国联邦政府有权在政策上为国际学生流动提供指导和资助，但国际学生流动政策的落实主要依靠的是各州政府和高校。如果说联邦政府在国际学生流动政策发展中的成功经验之一是，始终坚持以国家利益为根本出发点，对留学生教育进行长期投资与管理，各州政府和高等教育机构就是要充分利用联邦政府出台的政策，改革与完善自身留学生教育制度，将国际学生流动政策落到实处。从这一点看，美国联邦政府与州政府、高等教育机构应该是伙伴关系，三者必须很好地合作与协调（见图5-1）。

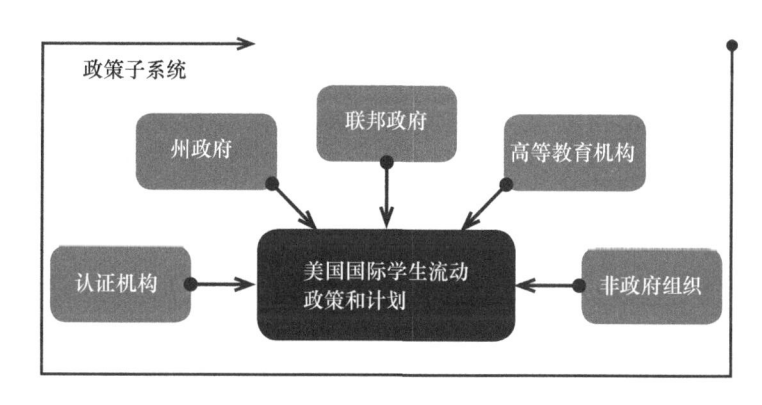

图5-1 美国国际学生流动政策子系统中的参与者

资料来源：笔者自制。

从各个时期的国际学生流动政策上看，强调联邦政府、地方政府与高等教育机构的合作与协调关系是贯穿整个政策发展的主线。《富布赖特法》主张美国与西欧债务国家开展教育交流活动，但还没有明确指出美国高等教育机构有责任开展留学生教育。《国防教育法》开始明确规定在大学建立外语教学和区域研究中心，将美国的高等教育机构作为实施留学生教育的主要场所。在《国防教育法》的指导下，耶鲁大学从20世纪50年代末开始对专业课程进行调整，到60年代初新增设了24门包括西班牙语、俄语、意大利语在内的欧洲语言，中文、日文、泰语等亚洲语言和中东国家语言，同时在跨专业交叉研究中增设了中国研究、苏联研究和日本研究。这些课程的开设证明，耶鲁大学对《国防教育法》中提到的外语教学和区域研究领域进行了积极回应，为日后与这些国家的国际学生交流打下了坚实的基础。《国际教育法》又从制度上将州政府、高校与留学生教育挂钩，资助高校制定海外交流计划、开发和实施留学生教育计划。《国际教育法》颁布后，很多美国大学和学院设立了国际项目办公室，为该法案的后期实施做好准备。《美国爱国者法案》中全面实施"学生与访问学者信息系统"的决策虽然备受争议，但美国高校还是力所能及地配合了政策落实。为遵守"学生与访问学者信息系统"的规定，普林斯顿大学支出了3.8万美元，还专门从信息技术办公室抽调了一名技术专家维护该系统的日常运行。①

（一）州政府制定高校国际化战略规划和财政预算——以俄亥俄州为例*

作为公立高等教育的主要投资者，州政府负责通过制定全州的高等教育法规和发展规划、给公立高等教育拨款等方式，影响公立高校在国际学生录取人数、录取标准、学费和奖学金等方面的决策，并根据自己州的政策环境，平衡学术和市场力量的影响。以俄亥俄州为例，俄亥俄州高等教育董事会对俄亥俄大学系统进行统一协调治理，其对全州高等教育国际化发展的要求和规划主要反映在年度《俄亥俄州高等教育情况报告》《高等教育战略规划2008—2017》

---

① Vicki J. Rosser, "A National Study Examining the Impact of SEVIS on International Student and Scholar Advisors", *Higher Education*, Vol. 54, No. 4, 2007, p. 527.

* 参见安亚伦、刘宝存《新世纪以来美国接收国际学生的策略、成效与挑战》，《复旦教育论坛》2019年第3期。

《俄亥俄州财政年度执行预算》中。

2008年,俄亥俄州高等教育董事会发布了《高等教育战略规划2008—2017》。该报告充分体现了州政府对于高等教育的价值观,提出对俄亥俄州大学系统的愿景:"致力于提供最高质量的高等教育,提高俄亥俄州在全国和全世界的竞争力,吸引更多本州以外的专业人士学习,并将更多海外优秀毕业生留在俄亥俄州。"① 此外,在2013年提交的《俄亥俄州高等教育情况报告》中,俄亥俄州高等教育董事会向各个州立大学传达了优先发展国际教育的策略和建议,认为州立大学应当充分利用其高水平的教育成果,开发具有全球竞争力的人力资源,吸纳和培养更多的国际人才,以便保持和提高自身商业化能力,给全州带来持续性的经济和非经济效益。②

为鼓励大学吸引和培养海外最聪明的学生到俄亥俄州学习和工作,敦促俄亥俄州立大学提高毕业率和学位获取率,满足社会对日益增长的高质量人才的需求,俄亥俄州长在《俄亥俄州2014—2015财政年度执行预算》中,开创性地提出基于绩效的高校预算拨款改革政策,修改了对俄亥俄州立大学的拨款计算公式,将50%的高校预算划拨给完成学位的人,保证优秀的国际学生及其家庭能够负担得起大学学费。③

俄亥俄州州政府以预算、报告等形式向州立大学表达的校园国际化发展期待具有强烈的约束性,州立大学出于经费和自身利益的考虑,通常会满足州政府的期待和要求。作为俄亥俄州所有州立大学的典型代表,俄亥俄州立大学积极响应州政府的高校国际化发展

---

① Board of Regents, *Strategic Plan for Higher Education* 2008 – 2017, Columbus: University System of Ohio, 2008, p. 5.

② Ohio Board of Regents, 2013 *Sixth Report on the Condition of Higher Education in Ohio*, Columbus: Ohio Board of Regents, 2013, pp. 3 – 4.

③ Ohio Higher Education Funding Commission, *Recommendation of Ohio Higher Education Funding Commission*, Columbus: Ohio Higher Education Funding Commission, 2012, pp. 5 – 6.

战略，提倡开放与创新，实现人员和思想的多样性，其哥伦布主校区拥有超过 7000 名国际学生，名列全美高校第 14 位。①

（二）高校为国际学生提供多元化财政支持和服务——以纽约大学为例*

由于联邦政府的分散型权力分配模式，美国的高校属于自治机构，享有较高的自主权，可以在国家政策范围内根据自身发展需要制定国际学生录取标准与招生规模、国际学生课程计划、国际学生奖学金计划，而无须经过联邦政府审批。可以认为，美国高校在政策范围内的自主调节促进了美国高等教育多元化发展，突出了高校的办学特色，成为吸引世界各国学生赴美留学的重要因素。

以纽约大学为例，自 1831 年建校以来，纽约大学始终坚持多元化的办学理念，对来自不同国家、宗教和社会背景的学生敞开大门，使他们在不断变化的全球化时代脱颖而出，成为独立且有创新精神的思想家。针对国际学生及其家庭最关心的学费问题，纽约大学不断尝试利用各种方法协调资源，为需要经济援助的国际学生提供了包括新生奖学金、在校学生奖学金和校外奖学金等许多奖学金和助学金类型。其中最为典型的是安布莱斯奖学金、阿尔希奖学金、刘易斯·鲁丁城市奖学金、马丁·路德·金奖学金。纽约大学的各个学院也设有面向国际学生的奖学金项目，如斯特恩商学院的突破领导力奖学金和帕梅拉·克雷格奖学金、坦顿工学院的尼古拉斯和安吉莉卡·罗曼内利奖学金、斯坦哈特文化、教育和人类发展学院的教育奖学金和艺术奖学金等。

为了更好地服务在校的国际学生，纽约大学成立了全球服务办公室，为有意愿到纽约大学学习和交流的国际学生及其家人提供全

---

① Institute of International Education, 2015 *Fast Facts*, Washington, D. C.: Department of State's Bureau of Education and Cultural Affairs, 2015, pp. 1 – 2.

* 参见安亚伦、刘宝存《新世纪以来美国接收国际学生的策略、成效与挑战》，《复旦教育论坛》2019 年第 3 期。

面的签证和移民指导，为已经在纽约大学学习的国际学生提供住宿、医疗、旅游、实习等方面的咨询和服务。全球服务办公室还帮助国际学生管理个人资产，指导他们申请校外财政资助，包括富布赖特外国学生项目和休伯特·汉弗莱奖学金。此外，纽约大学还成立了国际学生中心，通过定期举办新生欢迎会、跨文化午餐交流、校友联谊会、探索纽约市、同伴辅导等活动，打造良好的国际化氛围，加强他们与美国学生的接触与思想交流，改善他们在纽约大学的生活质量。

从纽约大学 2001 年至 2018 年的国际学生招生情况可以看出（见图 5-2），纽约大学的国际学生数量屡创新高，整体呈现出稳步上升的趋势。如今，纽约大学拥有来自全球 140 多个国家和地区的超过 1.7 万名国际学生和学者，国际学生比例占在校学生总数的 22%，成为美国大学中国际学生人数最多、学生群体最多元化的大学。

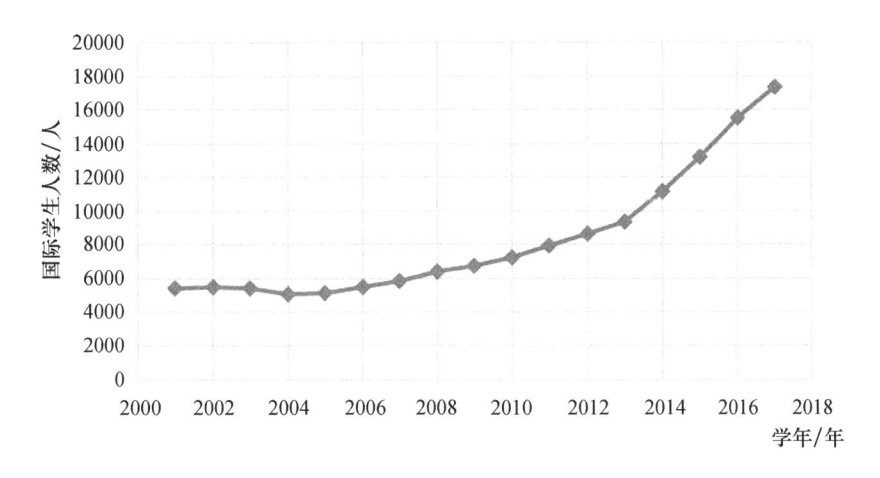

图 5-2 纽约大学 2000—2018 学年国际学生人数

资料来源：根据美国国际教育协会网站公布的《门户开放报告》相关统计数据整理，数据详见 https://www.iie.org/Research-and-Insights/Open-Doors/Data/International-Students/Leading-Host-Institutions/Leading-Institutions。

三 重视与非营利性组织的政策协同关系

在国际学生流动政策的发展过程中，美国联邦政府还非常重视与外国学生友好关系委员会、国际教育协会、全国外国学生事务联合会、私人基金会等非营利性组织在国际学生流动政策实施和管理上的协同关系。实际上，这些非营利性组织在政策子系统中扮演了"政策掮客"的角色，帮助政府在各联盟间斡旋，在美国国际学生流动政策发展过程中的作用不容小觑。

（一）助力《富布赖特法》和《国防教育法》的实施

"二战"后至20世纪60年代末是美国国际学生流动政策蓬勃发展的黄金时期，联邦政府相继出台了《富布赖特法》《富布赖特—海斯法》《国防教育法》等一系列促进国际学生流动的政策，这些政策的顺利实施和发展都离不开多方利益相关者的通力支持。美国的大型基金会，如福特基金会、卡内基基金会和洛克菲勒基金会为美国高校的区域研究和国际问题研究提供了巨额资金。美国基金会的财政支持不仅减轻了联邦政府对外汇项目的财务责任，而且对国际教育协会和全国外国学生事务联合会的制度发展以及国家外汇管理的官僚结构产生了重要影响。

由亨利·福特和艾德赛尔·福特成立的福特基金会是美国最富有的基金会之一。亨利·福特二世在新成立的以国际主义者为导向的共和党基金会理事会的帮助下，全面修订了基金会的使命宣言，以反映国际主义者资助全球项目的决心。福特基金会主席罗文·盖瑟在1951年提交给理事会的报告中反复强调，接收国际学生是促进国际理解的重要手段。在整个20世纪50年代，福特基金会都遵循着这一战略方针，向国际教育协会、全国外国学生事务联合会以及外国学生友好关系委员会提供了超过200万美元的财政支持，帮助它们开展有关国际学生流动政策中的项目。再加上美国国税局禁止免税基金保留不合理的累积收入的规定，意味着该基金会每年至少要捐出1亿美元。在这些因素的共同影响下，留学生教育成为最幸运的受益者，1953—1966 年，福特基金会向大学提供了超过 2.7 亿美元的赠款用于国际教育，并将对这些机构的资助持续到 20 世纪 60 年代。① 正如西奥多·维斯塔尔教授所指出的那样："当美国科学面临苏联发起的斯普特尼克号挑战时，私人基金会，特别是福特基金会，帮助美国政府在高等教育机构建立了外语和区域研究中心，并为联邦政府通过《国防教育法》资助国际培训和研究奠定了基础。"②

除提供资金支持外，国际合作署和国际教育交流处的官员还与国际教育协会、全国外国学生事务联合会等机构组织合作，力争优化国际学生的校园体验，为他们开设指导课程以及咨询服务，任命并培训了大批国际学生顾问负责处理校园内的国际学生事务。20 世纪 50 年代初，在处理国家层面的国际学生项目时，外国学生友好关系委员会、国际教育协会、全国外国学生事务联合会三大机构间已经形成了明确的分工。外国学生友好关系委员会重点开展入境口岸服务和社区项目，通过社区项目为外国留学生提供社会、精神生活和职业经验方面的帮助。国际教育协会专注于管理政府（主要是富布赖特计划和由政府各部门和机构赞助的）国际学生项目以及福特基金会、大学和公司等私人机构的国际教育交流项目。全国外国学生事务联合会则关注国际学生事务，特别是有关国际学生咨询和签证移民问题。

（二）延续《国际教育法》的理念

《国际教育法》拨款失败后，美国的国际学生流动政策也遭遇滑铁卢。与联邦政府对发展国际学生流动政策的消极态度相反，美国的国际研究所在不利的政策形势下积极推进各项国际学生流动政策

---

① Ford Foundation, "1950 Annual Report", September 28, 1950, https://www.fordfoundation.org/about/library/annual-reports/1950-annual-report/.

② Theodore M. Vestal, *International Education: Its History and Promise for Today*, London; Westport, Connecticut, 1994, p. 137.

的发展,促使美国在国际学生接收和管理方面逆流而上,取得了一定的成效。1968年,为《国际教育法》再次争取拨款失败后,米勒领导的特别工作组花费了大量时间和精力使其核心内容并入《高等教育法》第六章修正案中,并于同年设立国际研究所,任命卫生、教育和福利部专员罗伯特·利斯特马为所长,负责管理授权的国际教育项目,旨在延续《国际教育法》的理念。国际研究所的理念是"必须与世界上的人民进行教育交流,必须增进美国对世界及其人民的了解,必须将适当的国际维度整合进国内教育计划,必须激励或支持有助于改进国际教育方法与内容的研究与发展计划,必须培养更多的国际研究人才,必须促进国际理解与合作"[1]。

20世纪70年代初,国际研究所又对《国防教育法》第六章进行了重新定位,并对富布赖特计划资助的对象和内容进行了拓展。修正后的《国防教育法》第六章项目为原本不属于核心计划的加拿大、西欧等区域的国际研究提供了适当的资助。修正后的富布赖特计划更加重视资金的使用效率,将有限的资助重新分配给国际学生项目、海外博士论文研究项目、海外教师研究项目等具有代表性的研究项目,以确保可用资源的平衡。在利斯特马的领导下,国际研究所在留学生教育资源稀少、缺乏联邦政府支持的阶段,利用有限的资金开展了出色的国际教育交流活动,成功维持甚至扩大了教育交流与区域研究领域,在美国的留学生教育中发挥了关键作用。

在《国际教育法》提出联邦政府对国际教育的资助计划后,福特基金会就把资金撤出了国际教育领域,但像洛克菲勒基金会、卡内基基金会这样极具影响力的基金会始终保持着对留学生教育的热情与关注。随着全球化影响的日益加深,非营利性机构在美国国际学生流动政策的管理与实施上的协同作用愈发突出。可以看出,在国际学生流动政策的发展中强调政府的宏观领导作用,同时重视与

---

[1] Robert Leestma, *OE's Institute of International Studies Report*, Washington, D.C.: US Government Printing Office, 1969, p.8.

高校、地方政府和非营利性机构的合作与协调关系是非常重要的。

（三）扭转《美国爱国者法案》带来的不利局面

"9·11"恐怖袭击后不久，笼罩在恐怖主义阴影下的美国接连颁布了《美国爱国者法案》《航空和交通安全法》《加强边境安全和签证入境改革法》等紧缩性法案，并启用了"学生与访问学者信息系统"和"签证审查机制"加强出入境管理的审核，明令禁止赴美留学生学习并驾驶超过一定重量的飞行器械，监控境外恐怖分子和在美留学人员，导致美国的国际学生数量连续三年下降。《美国爱国者法案》引起了社会各界的强烈抵制，美国高校、美国教育理事会、全国外国学生事务联合会等多方利益相关者纷纷行动起来，最终扭转了该法案给美国国家形象和美国经济带来的负面影响。

首先，"学生与访问学者信息系统"的实施遭到了众多美国大学管理人员的强烈反对，他们认为，该系统的实施在财政上、法律上和技术上都存在很大的问题。宾汉姆顿大学研究生组织向学校提起诉讼，认为"学生与访问学者信息系统"的追踪和收费是对国际学生的区别待遇和歧视。威斯康星大学麦迪逊分校的教师、学生和行政职员联合抗议"学生与访问学者信息系统"在平等待遇和收费方面的适当性，要求管理当局暂时中止对系统的收费。普林斯顿大学校长雪莉·蒂尔曼代表学校对"学生与访问学者信息系统"不合理的工作量、不靠谱的经费和不成熟的技术指导向美国众议院科学委员会提出抗议。[1]

其次，拥有1700多所全国高校成员组织、相关协会和其他组织的美国教育理事会于2002年发布了《超越"9·11"：一项关于国际教育的综合国策》的报告，为联邦政府从国家层面制定新的国际学生流动政策提供建议。该报告明确了后"9·11"时代留学生教育为

---

[1] Vicki J. Rosser, "A National Study Examining the Impact of SEVIS on International Student and Scholar Advisors", *Higher Education*, Vol. 54, No. 4, 2007, p. 540.

美国国家安全利益服务的根本宗旨，指出加强国际人员往来、与其他国家的高等教育机构建立伙伴关系、培养和储备 21 世纪急需的人才，有利于促进与其他国家间的相互了解、应对国防安全的挑战、巩固美国在全球的领跑地位。[①]

作为全球最大的致力于国际教育和国际学生交流的非营利性组织，全国外国学生事务联合会 2003 年发布《为了美国的利益：欢迎国际学生》报告，呼吁联邦政府在国家层面制定新的、统一的国际学生流动政策，促进美国战略性地接收海外留学生。报告从政治、经济、教育的角度详细分析了美国从接收国际学生中获得的利益，认为加强国际学生流动有助于促进与其他国家间的相互了解、应对国防安全的挑战、维护美国在全球的领跑地位，促进美国经济的繁荣。从教育角度，接收国际学生可以拓宽美国学生的全球视野，培养学生的全球胜任力，并提升美国高校的科研和教学实力。[②] 报告还指出，"9·11"事件后，联邦政府在移民政策、外国学生追踪系统和签证审查政策上的强制性措施给接收国际学生制造了很大障碍。国家要在明确国际学生流动政策战略意义的基础上，协调国务院、商务部、教育部等综合制定国际学生招生战略，对当前的留学生政策进行调整，通过制定海外营销计划、建立国际学生财政资助信息交换中心、发放奖学金等措施促进国际学生交流。[③] 在多方利益相关者的共同努力下，《美国爱国者法案》等紧缩性政策所造成的不利局面开始扭转，美国高校在国际学生接收方面的形势逐渐回暖，重新参与到全球留学生教育市场的竞争中。

[①] American Council on Education, *Beyond September 11: A Comprehensive National Policy on International Education*, Washington, D. C.: ACE, 2002, p. 1.

[②] NAFSA, "In America's Interest: Welcoming International Students", Washington, D. C.: NAFSA, 2003, p. 11.

[③] NAFSA, "In America's Interest: Welcoming International Students", Washington, D. C.: NAFSA, 2003, p. 12.

第二节　美国国际学生流动政策发展中的问题

如上所述，美国国际学生流动政策的发展得益于联邦政府的宏观调控、各州政府和高校的自主调节、非营利性组织的协同管理，那么又是什么因素制约了国际学生流动政策的发展？美国国际学生流动政策的演变历程表明，政策的变迁是在子系统外相对稳定变量与外部事件变量的影响下，政策子系统内部联盟间发生冲突与博弈，最终将核心信念转化为政策行动的结果。同样，美国国际学生流动政策的发展也受到这些因素的制约，主要表现为难以克服孤立主义的基因缺陷、缺少统一的国际学生流动政策指导、缺乏稳定的联邦资金支持等。

一　难以克服孤立主义的基因缺陷

在传统意义上，美国的文化价值观是普世性的，但是在留学生教育政策行动上，美国却在孤立主义与国际主义两个极端中摇摆。国际学生流动政策中的孤立主义取向是指优先关注国内发展，限制对外援助和对教育交流活动的资助；国际主义取向则是提倡积极参与教育交流活动，以此宣扬美国的民主理论，为美国的道德使命辩护。

孤立主义在美国的历史同英国首次在北美大陆殖民一样悠久。早期欧洲移民们正是带着一种强烈的"孤立"情绪来到美洲，建立一个完全不同于沉没残破的欧洲的新家园。1796年，美国首任总统乔治·华盛顿在卸任之际发表的《告别演说》主导思想就是使美国在外交上完全独立于欧洲，不与外部世界永久结盟，不卷入外国的党派之争。尽管《告别演说》中并没有出现孤立主义的说法，但其建立的外交准则可以被称为美国孤立主义的宣言，标志着孤立主义对美国政治开始产生重大和持续的影响。1823年，第5任美国总统詹姆斯·门罗代表内阁向国会发表国情咨文,门罗咨文融合了孤立主义、扩展主义和现实主义,不仅继续坚持美国与欧洲国家的互不干涉原则,还将孤立主义的范围单方面扩大到美洲,提出"美洲是美洲人的美洲"的口号,要求整个美洲与欧洲隔离,排斥欧洲势力。① 门罗咨文的发表标志着孤立主义在美国的发展走向巅峰。

1845年,随着美国大陆扩张狂潮的到来,第11任美国总统詹姆斯·波尔克又对门罗咨文中的"互不干涉原则"进行了重申,1853年,门罗咨文正式成为门罗主义,其作为美国外交政策原则的历史地位已然确立。在随后的岁月中,美国经历了在太平洋的扩张、内战、美西战争,美国的外交开始突破传统的孤立主义局限,走向"开放门户"的历史性转变。1933年,第32任美国总统富兰克林·罗斯福决定从美国的现实利益出发,利用退还庚子赔款的余额资助中国学生赴美留学,为中国培养了胡适、赵元任、茅以升等一大批有用之才。但实际上,罗斯福在美洲依然坚持门罗主义的闭关原则,甚至对门罗主义进行了引申,作为美国行使国际警察权力的依据。② 在"二战"结束前,尽管美国的军事和经济实力不断增长,国际地位也日益提高,但都始终恪守着孤立主义的传统,没有出台任何鼓励国际学生流动的法案。

"二战"结束后,在政治、经济、军事上全面崛起的美国选择了国际主义的教育路线。"二战"后至20世纪60年代末70年代初,富布赖特引领的国际主义思潮一度占据上风,推动国际学生流动政策步入黄金时期。《富布赖特法》首次从法律层面将国际教育纳入美国战后对外政策,承认了留学生教育在提升国家软实力上的作用,政治取向成为留学生教育政策发展的主导价值取向。但每当国际局势动荡时期或国内经济相对衰退时期,新孤立主义思潮就会席卷而

---

① Cecil V. Crabb, *The Doctrines of American Foreign Policy: Their Meaning, Role, and Future*, Baton Rouge: Louisiana State University Press, 1982, p. 14.

② Elting E. Morison, *The Letters of Theodore Roosevelt*, Cambridge: Harvard University Press, 1951, p. 116.

来，继而导致联邦政府收紧、中断甚至终结留学生教育政策。

美国的国际学生流动政策变迁过程中，孤立主义思想出现了三次较大规模的回潮。第一次是在越南战争后，美国的综合国力相对衰退，联盟内部的政策制定者主张把更多的资金投入解决国内问题上，因此大大削减了已经实施的留学生教育项目预算。第二次是在苏联解体后，美国总统候选人帕特里克·布坎南提出美国不应该承担过多的国际责任，应该分轻重缓急地介入国际事务，将政策制定的核心转移到与国家利益密切相关的事务中。[1] 最近的一次新孤立主义思想回潮是在特朗普执政时期，美国颁布了一系列包括针对七个伊斯兰国家的旅行禁令、驱逐无证学生、削减国际教育交流预算的行政令，甚至单方面中止了与中国内地和中国香港的富布赖特交流项目。新冠疫情暴发后，特朗普政府对国际学生的限制政策进一步增加，譬如禁止大部分持有J-1、H-1B、H-2B等签证身份的外国人入境美国，并在2020年底前暂停发放所有签证。特朗普政府的国际教育政策行动充分展现出美国逆全球化、蔑视多元文化社会、否定"全球公民"的新孤立主义倾向，国际学生流动政策的发展始终无法完全摆脱孤立主义意识形态的束缚。

二 缺少统一的国际学生流动政策指导

首先，由于受到宪法对联邦教育权力的限制和高校自治的影响，美国教育部无法对各州、各高校的国际学生流动政策进行统一管理，导致美国各地区的国际学生流动政策差异很大，各种留学生教育计划间也缺乏联系。美国的国际学生流动政策和计划是分散在各个机构的，而这些机构都没有对高等教育机构产生任何重大影响，高等教育机构在一定程度上由州政府管理，但基本上还是自治的。曾有学者把美国联邦政府、各州政府及高校在国际学生流动政策上的不

---

[1] Lane Crothers, "The Cultural Roots of Isolationism and Internationalism in American Foreign Policy", *Journal of Transatlantic Studies*, Vol. 9, No. 1, 2011, p. 30.

稳定性描述为"决策欠缺"。① 不管这种表述是否贴切，但美国没有一个统一的国际学生流动政策，指导各州政府及高校对待国际学生采取更为合理和谨慎的态度，会对美国国际学生流动政策的实施造成不利影响。例如，2017 年，美国加州议会通过了 AB1674 法案，要求加州大学系统从 2018 年 7 月开始，在录取本科生时，禁止以任何理由预留入学名额给非加州的海外学生。这一法案不但提高了国际学生在加州大学系统内的入学门槛，还进一步压缩了国际学生的录取名额，势必会使加州大学系统放弃部分本科生的多样性录取原则。

《美国高等教育国际化：现行政策和发展方向》的报告指出，政府与机构间集中型权力分配模式在国际学生流动政策的实施上可能比美国的分散型权力分配模式更为可行。② 然而，美国实行的是联邦和州两级宪法体制，联邦政府的国际学生流动政策能否有效推行，州政府和地方高校的支持极为关键。由于高等教育机构自治的传统和权力分散状态的决策模式已经根深蒂固，美国的国体决定了其不可能制定单一的国际学生流动国家政策。

其次，美国高等教育系统的多样性和庞大的规模从一方面为发展国际教育创造了优越的条件，但从另一方面也不利于国家制定一项综合的国际学生流动政策促进高等教育的国际化。美国院校类型、使命、学生人数以及其他一系列变量的多样性都意味着，国际学生流动政策在不同的校园中需要以不同的方式实行，无论是 2000 年的国际教育政策备忘录，还是美国教育理事会和全国外国学生事务联合会发布的报告中，都曾强调联邦政府在国际学生流动政策中的宏观指导作用至关重要，但这些报告只是明确了高等教育国际化的国家战略，并没有进一步提出实现这一战略的步骤或计划。这也证明，

---

① Craufurd D. Goodwin, Michael Nacht, "Absence of Decision: Foreign Students in American Colleges and Universities", *Comparative Education Review*, Vol. 28, No. 2, 1984, pp. 342 – 343.

② Robin Matross Helms, *Internationalizing U. S. Higher Education: Current Policies, Future Directions*, Washington, D. C.: ACE, 2015, pp. 41 – 42.

美国联邦政府要想制定出一项综合性的国际学生流动政策，使之既要有足够的细节性，又要有足够的广泛性，以适用于所有的高等教育机构是一项艰巨的挑战。

三 缺乏稳定的联邦资金支持

为国际学生流动提供多样化、多渠道的资助一直以来是美国留学生教育的一大特色。在历史上，联邦政府、地方政府、私立机构和高校通过实施不同的项目计划对国际学生进行财政资助。目前，联邦政府在国际学生流动领域的投资由不同的部门负责和管理。美国国务院主要管理富布赖特—海斯计划中国际学生和学者的教育交流计划，美国教育部主要通过《高等教育法》第六章对国际教育进行资助，美国国际开发署主要为来自发展中国家的人员提供资助。

相比各州政府和私立部门在不同时期有不同的优先关注对象，联邦政府在国际学生流动领域提供长期、稳定的投资对于落实国际学生流动政策、培养国家全球能力是极其重要的。《国际教育法》中曾提及建立一个国际教育合作中心以协调联邦政府和各教育机构在国际教育领域的投资，但由于该法案未能得到拨款，美国至今都没有一个机构能够全面管理和协调来自各个部门的资金。鉴于当前美国的预算紧缩环境，联邦政府能否具有按国际学生流动所需规模调拨资金的实力值得怀疑。2010 财政年到 2012 财政年，美国教育部关于留学生教育项目的预算减少了大约 41%，直接导致富布赖特计划和《高等教育法》第六章中的预算被大幅削减。尽管美国教育部又制定了 2012—2016 年度战略性国际化计划，但这些项目的资金尚未恢复，教育部对国际学生交流计划的资助总额只占整个教育预算的 0.1%。[1] 相较美国教育部，美国国务院对留学生教育项目的资金投入变化没有那么剧烈。2011 财政年到 2013 财政年的项目预算基本持平，

---

[1] U. S. Department of Education, "Fulbright-Hays Seminars Abroad-Bilateral Projects", August 30, 2019, https://www2.ed.gov/programs/icgpssap/funding.html.

2014 财政年略有下降，2015 财政年的整体预算虽有所增加，但国务院教育与文化交流项目的资金占全部教育资金的比重只有 4.5%。①

美国教育理事会的报告表明，绝大多数的美国高校没有从联邦政府的留学生教育资助中受益，美国的大学和学院在很大程度上都是依靠自己的力量积极寻求外部资金发展留学生教育。尽管如此，如果缺少足够的联邦政府财政支持，现行的很多国际学生流动项目将不复存在。在经历了 2006—2011 年经济衰退期的下滑后，2016 年美国高校获得校友、校友外的私人捐赠、基金会和企业机构的资金比例正在升高（见图 5-3）。② 而鉴于目前国内预算环境紧张的形势和世界各国政府致力于扩大留学生教育市场的举措，大学无法负担起发展留学生教育优先事项的全部费用，美国亟须对在国际学生流动项目中的联邦资金投入比例进行调整和管理，建立和完善支持国际学生流动的拨款机制。

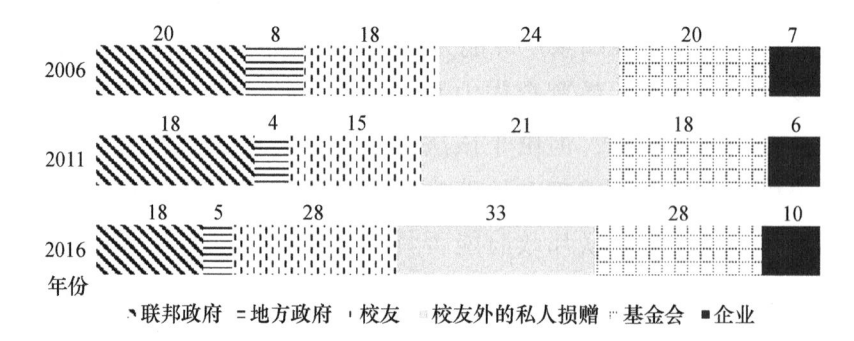

年份	联邦政府	地方政府	校友	校友外的私人捐赠	基金会	企业
2006	20	8	18	24	20	7
2011	18	4	15	21	18	6
2016	18	5	28	33	28	10

图 5-3 美国高校从外部获得留学生教育资金的比例（%）

资料来源：American Council on Education, *Mapping Internationalization on U. S. Campuses: 2017 Edition*, Washington, D. C.: ACE, 2017, pp. 40-42。

---

① U. S. Department of State, "FY 2017 Budget Amendment Summary-Department of State, Foreign Operations, and Related Programs", December 30, 2017, https://2009-2017. state. gov/documents/organization/264457. pdf.

② American Council on Education, *Mapping Internationalization on U. S. Campuses: 2017 Edition*, Washington, D. C.: ACE, 2017, pp. 40-42.

第三节 美国国际学生流动政策的发展趋势[*]

21世纪以来，在经济利益、政治外交、文化传播和人才培养等多方因素驱动下，美国的留学生教育发展迅猛，在校国际学生总数屡创新高，这既得益于联邦政府的国际学生流动政策指引，又得益于美国高校、非营利性组织和其他利益相关者的政策参与。2019年底以来，新冠疫情席卷全球，成为全球政治、经济、军事和教育发展中的最大"黑天鹅"。各国经济加速探底，许多国家选择"闭关锁国"，近年来已饱受质疑的全球化更是成为众矢之的，甚至出现了全球化终结论，高等教育全球化前景黯淡。美国作为当今世界上最大的留学目的地国家，其留学市场更是首当其冲。受到疫情带来的经济下行、民粹主义盛行、中美博弈、全球留学市场规模萎缩等多重因素影响，内忧外患的美国在全球留学生教育市场上的竞争力已不复往昔。在全球人才竞争愈演愈烈的后疫情时代，美国作为世界上唯一的超级大国断不会逆势而为，放弃对全球高端人才的争夺。另外，由于美国高等教育分权管理的特征，加之美国高校和非营利性机构的政策博弈，美国的国际学生流动政策仍有乐观的空间。

一 美国联邦政府的国际学生流动政策不确定性扩大

2017年1月20日，美国共和党总统候选人唐纳德·J. 特朗普正式就职美国第45任总统。作为华盛顿权势阶层的"圈外人"，特朗普在上任后的第一年就竭力推行"美国优先"的国家安全战略，将美国的利益和国家安全置于首要位置，强调更多关注国内经济复苏、

---

[*] 本节研究成果参见安亚伦、滕一《后疫情时代美国留学教育的新特点、新挑战与新动向》，《外国教育研究》2022年第7期。

增加就业、社会保障、减免税收等议题,对国际事务的关注度下降,新孤立主义倾向显现。

(一)"美国优先"的政策核心信念

在国际事务方面,特朗普政府时期秉持"美国优先"的信念,先后退出《跨太平洋伙伴关系协定》、《巴黎协定》、联合国教科文组织和《全球移民协议》,消极对待多边合作,单边主义倾向有所抬头。在移民方面,排外和反移民成为特朗普政府新孤立主义倾向的具体表现形式。由于大量的拉丁裔和亚裔移民来到美国,白人群体对于国内种族日益多元化的趋势感到十分不安,这种情绪在金融危机的催化下愈发强烈。为迎合这种情绪,特朗普政府以国家安全为由签发"禁行令",收紧移民政策,同时还修筑美墨边境墙,打击非法移民。在经济方面,特朗普政府无视多边贸易协定,大搞贸易保护主义,主张"购买美国产品、雇佣美国工人",极力遏制像中国这样的竞争对手从美国获取高新技术,更加彰显了"美国优先"的核心信念。*

2017年12月,特朗普政府发布的《美国国家安全战略报告》中,妄称中国等竞争对手每年窃取美国价值数千亿美元的知识产权,削弱了美国在敏感技术和重点产业上的长期竞争优势,报告建议对STEM等学科专业签证加以限制,防止外国人盗用知识产权、获取敏感技术。[1] 简而言之,在政策选择上,"美国优先"已经成为特朗普政府的最高指导原则。据此,特朗普政府颁布了一系列激进的行政命令,收紧了国际学生的赴美留学和工作签证,其中有些已经对国际学生的流入造成了严重的负面影响。

(二)特朗普政府收紧国际学生签证政策

美国教育分权管理的特征意味着联邦政府对留学教育政策的干

---

* 参见安亚伦、段世飞《美国高校接收国际学生政策的历史演进及其内在逻辑》,《江苏高教》2020年第1期。

[1] John M. Weaver, "The 2017 National Security Strategy of the United States", *Journal of Strategic Security*, Vol. 11, No. 1, 2018, p. 64.

预程度较低，但实际上由于接收国际学生关乎美国在政治、文化、经济等方面的核心利益，联邦政府的政策对美国高校接收国际学生的影响不容小觑。特朗普政府时期，"去中国化"言论叫嚣尘上，颁布的一系列限制国际学生签证和终止中美教育交流计划的行政命令扩大了新冠疫情对美国接收国际学生的不利影响。为限制高技能海外移民的名额，特朗普签署了《2017高技能职业移民诚信与公平法案》，该法案对于H-1B依赖型雇主取消硕士学位豁免*，并规定H-1B依赖型雇主在雇用新的H-1B员工前，必须先要善意地尝试雇佣美国国籍的求职者，只有在同等条件下招不到美国本土求职者时，方可雇用新的H-1B员工。2018年6月，美国移民和海关执法局将航空、高科技制造、机器人等"中国制造2025"相关专业的中国留学生签证有效期从5年缩短至1年，妄称这样做可以达到保护美国技术和知识产权的目的。

2020年5月29日，特朗普发布10043号总统声明，以中国利用研究生和博士研究人员窃取美国的新兴和敏感技术提高自身的军事能力为由，暂停和限制持有F或J类签证、具有军方背景的非移民中国学生进入美国学习或从事相关研究。受此影响，美国撤回了超过1000名中国学生和研究人员的签证。[①] 2020年6月22日，特朗普政府发布10052号公告，以疫情期间美国失业率增加，非移民签证项目对美国工人就业造成严重威胁为由，暂停和限制持有H-1B或H-2B签证以及若干J-1类签证项目的人员入境美国。同年7月6日，特朗普政府宣布禁止持有F-1和M-1类签证但只进行在线学习的国际学生留在美国，这意味着美国移民和海关执

---

* 原法案规定，H-1B依赖型雇主在为工作领域内拥有硕士或以上学位的雇员申请H-1B签证时，所负担的额外证明条件可以被豁免。

① The American Presidency Project, "Proclamation 10043—Suspension of Entry as Nonimmigrants of Certain Students and Researchers from the People's Republic of China", May 29, 2020, https://www.presidency.ucsb.edu/documents/proclamation-10043-suspension entry nonimmigrants certain students and researchers from.

法局将不会向 2020 年秋季在线注册的国际新生发放签证，也不允许进行远程学习的在读国际学生返回美国。该禁令后因哈佛大学、麻省理工学院等众多教育机构的上诉而被撤销，但此举无疑加深了国际学生对在美国学习的顾虑。由于与国会内部其他政策决策者以及美国高校和相关利益集团在留学政策、移民改革方面存在高度分歧，特朗普政府的留学教育政策推行并不顺畅，但其对国际学生采取的持续性政策打压，有违美国长期以来开放、友好的社会传统，与美国的国际教育理念背道而驰，美国的高等教育国际化发展也受到极大掣肘。

（三）拜登政府的留学生教育政策放宽与防范并存

美国第 46 任总统乔·拜登就职后，放宽了多项特朗普时期针对国际学生的限制政策。首先，拜登撤销了特朗普签发的"禁行令"，延长了自 2020 年 3 月 9 日后持有 F-1 和 M-1 类有效签证，但由于疫情原因进行远程学习的国际学生的授课时间，并允许他们重返美国继续学业。针对持有 F 类或 M 类有效签证，但受到旅行限制的学生或交流学者，自 2021 年 8 月 1 日起可以在"国家利益豁免"政策下入境美国。为保持美国 STEM 领域对国际学生的吸引力，培养并留住更多海外高科技人才，拜登政府拟通过《2021 保持 STEM 人才法案》，取消美国 STEM 领域博士项目应届国际毕业生的就业签证上限，免除每年授予在 STEM 领域获得硕士以上学位的国际学生的移民签证数量限制。其次，拜登政府计划修订《2021 美国就业法案》，取消多元移民绿卡抽签项目，依据市场需求增加高技能 H-1B 员工签证数量和薪资。2021 年 12 月 21 日，拜登总统签署通过《教育缓解方案和技术扩展责任法案》，允许接受退伍军人法案资助的高等教育机构以佣金代理模式委托海外机构招募国际学生。随着 REMOTE 法案正式生效，美国高校的国际学生招募能力以及在全球留学市场上的竞争力有望在短期内恢复。

相较特朗普政府，拜登政府的留学生教育新政释放了美国将继续欢迎国际学生的积极信号，美国在 F-1 和 M-1 类学生签证申请和面试要求上更为灵活，利用移民政策向海外高科技人才抛出"橄榄枝"的意向更加明显。如果上述议案能最终落地，势必有助于美国吸引更多的国际学生以满足其未来在科技、文化、经济方面的需求，稳固其霸权地位。另外，作为全球最大的两个经济体，中美贸易战的新常态以及由此引发的知识产权争端势必会对两国的国际学生交流产生长远影响，美国在留学生政策上将更加注重对高科技领域知识产权的保护，尤其加强对中国 STEM 专业研究生的赴美签证审查和高科技领域教育交流的限制，试图封堵中国的高科技人才培养路径，阻挠中国高科技产业的崛起。此外，特朗普政府终止中美富布赖特教育交流计划、关闭在美国的孔子学院以及对部分专业的管制措施所引发的寒蝉效应还将持续一段时日，赴美留学的负面预期性和不确定性在短期内依然存在。

二 长期联盟机会结构的政策参与度提高

尽管特朗普政府针对国际学生流动的行政命令在总体上是令人沮丧的，但美国的长期联盟机会结构，如国际教育和文化交流联盟、美国教育理事会、美国国际教育协会和大多数的高等教育机构仍然秉持高等教育国际化理念，通过举办国际化会议、开展留学生教育活动、制定国际教育战略规划等方式长期致力于国际学生的流动。

（一）美国国务院和教育部发表联合声明支持留学生教育

2021 年 7 月 18 日，美国国务院和教育部发表了《支持留学生教育的联合原则声明》，肯定了留学生教育在发展高科技产业、促进文化外交、助力美国经济复苏、保持美国全球领导地位中发挥的关键作用，表示美国不会在世界舞台上缺席，未来将加强与其他联邦政府机构、地方政府和高等教育机构的协作，致力于重建并推进美国的留学生教育，并承诺在保护国家安全和知识产权的前提下，积极采取行动为国际学生、研究人员和交流学者打造更友好的留学环境。① 该声明还附有一份包括欢迎国际学生和研究人员赴美留学、提高美国校园国际化水平、促进教育公平性、鼓励赴美留学群体多样性等支持留学教育的行动计划蓝图，虽然缺乏行动细节和实践路径，但都强调了联邦政府与地方政府、高校和非政府组织等相关利益集团在支持留学教育方面的协调性和一致性。

联合声明也获得了美国商务部和美国国土安全部的支持，美国商务部最近发起了一项名为"美国：留学目的地国"的倡议，针对美国各州教育情况提供扩大留学市场准入的战略建议，将各州内的教育机构召集在一起，以"教育州联盟"的形式宣传美国的留学生教育，并根据各州经济发展战略提供额外的资源以促进美国的教育出口。② 为确保2021年秋季学期的国际学生顺利入学，美国驻世界各国领事馆加快了国际学生签证审批速度，在5、6月份批准了近117000个F-1签证，签证发放数量正在恢复到疫情前的水平。③ 2021年秋季学期，有145528名国际新生能够亲赴美国或在线进行学习，比前一年增长了68%。④

（二）美国非营利性教育机构倡导接收国际学生灵活性

作为联邦政府宏观调控与高校自治间的"缓冲器"，美国教育理事会、美国国际教育协会、美国使馆留学与教育交流中心等非营利性教育机构在发挥与联邦政府政策协同作用的同时，代表美国高等教育组织为留学教育发展提供政策建议，化解联邦政府控制与高校自治间的矛盾，在留学教育发展的关键节点与政府的不利政策展开

---

① Department of State, Department of Education, *Joint Statement of Principles in Support of International Education*, Washington, D. C.: U. S. Government Printing Office, 2021, pp. 1 - 2.

② International Trade Administration, "U. S. Department of Commerce Education State Consortia", January 13, 2022, https://www.trade.gov/usa-study.

③ Travel. State. Gov, "Visa Statistics", July 20, 2021, https://travel.state.gov/content/travel/en/legal/visa-law0/visa-statistics.html.

④ Institute of International Education, *U. S. Colleges and Universities Remain Top Choice for International Students*, Washington, D. C.: Press Office, IIE, 2021, p. 1.

博弈。在移民和海关执法局发布国际学生秋季网课禁令后,美国教育理事会主席泰德·米切尔代表1700多所美国高校成员组织和相关协会向参议院和众议院司法委员会提起诉讼,敦促其撤销这项"既不明智,又不人道"的行政命令,并向国际学生保证,他们可以在疫情结束前继续留在美国进行全程线上学习。① 拜登政府取消旅行限制后,米切尔又上书联邦政府和美国疾病控制与预防中心,呼吁加强新政策的灵活性,允许持有F-1和J-1签证但无法完全接种新冠疫苗的国际学生和学者进入美国后在学校或当地社区接种疫苗。美国教育理事会还敦促美国国务院和国土安全部门采取行动,优先处理因疫情积压的国际学生签证,简化F、J和M类签证申请人面试流程,在判断申请人的非移民意图时更加灵活。

为方便疫情期间国际学生的信息咨询,美国使馆留学与教育交流中心通过开展线上大学博览会和招生咨询会,为全球175个国家和地区的国际学生提供最为准确、全面的美国高校招生信息,向世界各地的学生推广美国高等教育。美国国际教育协会的研究报告指出,鉴于疫情带来的不确定因素增多,美国高等教育机构在接收国际学生方面需要继续保持灵活性,创新在线咨询、国际学生服务和混合学习方式,为国际学生提供更好的学术和生活体验。② 在拜登政府留学生教育政策主张相对积极的态势下,非营利性教育机构在政策制定与实施上将发挥出更大的协同作用。

(三)美国高校通过自主调节优化留学生教育服务

在疫情危机下,美国高校的自主调节功能愈发凸显。调查显示,越来越多的美国高校正在将国际学生招募纳入其正式的战略规划,并专门设立了执行国际学生招生计划的工作小组。在全美

---

① American Council on Education, "Request to Congress to Protect International Student Visas Under the National Defense Authorization Act", September 15, 2020, https://www.acenet.edu/Documents/Letter-Armed-Services-Judiciary-NDAA-Sec-1763.pdf.

② Mirka Martel, *Fall 2021 International Student Enrollment Snapshot*, Washington, D.C.: IIE, 2021, p.1.

2500多所高等教育机构中，48%的高校都制定了相应的国际学生招募计划，其中超过80%的高等教育机构为本科生、研究生或两者制定了具体的招生目标。① 除自主制定留学生教育规划外，美国高校还通过紧急调整教学计划和教学模式，为国际学生提供住宿、医疗等服务和额外财政资助，拓展国际学生招生渠道等方式保持在读国际学生数量的稳定，凸显了应对疫情危机时政策的灵活性。超过80%的美国大学在2020年秋季学期通过IT办公和咨询、Zoom云视频会议、网络视频研讨会或举办网络虚拟活动等方式帮助教师和学生解决线上教学和学习中的问题，并提供了必要的硬件和软件以实现课程的在线迁移。随着防疫管理的完善，超过90%的美国大学在2021年秋季学期为国际学生提供线下学习的机会，77%的大学允许将国际学生入学时间推迟至2022年春季学期，另有48%的大学开通了在线注册通道，允许国际学生在线提交申请和移民材料，发展在线测试和个性化测试，为他们提供了更为人性化的选择。②

同时，美国大学结合自身现实情况在学生生活和经济方面给予帮助，以接收国际学生最多的纽约大学为例，在第一笔联邦资金下拨之前，纽约大学就承诺向国际学生提供400万美元的紧急资助，以帮助他们支付回国机票、远程学习以及与疫情相关的费用。自2020年3月，纽约大学总共花费了3100万美元为符合条件的国际学生提供紧急经济援助。③ 疫情期间，纽约大学开通了纽约大学健康交流全球网站为学生提供24小时心理健康咨询服务，帮助学生解决在

---

① American Council on Education, *Challenges and Opportunities for the Global Engagement of Higher Education*, Washington, D. C.: ACE, 2017, p. 3.

② Mirka Martel, *Fall 2021 International Student Enrollment Snapshot*, Washington, D. C.: IIE, 2021, p. 2.

③ New York University, "Student Financial Support", October 30, 2020, https://www.nyu.edu/life/safety-health-wellness/coronavirus-information/information-for-students/student-financial-support.html.

特殊时期的压力、抑郁、药物依赖、饮食失调等问题。碍于疫情造成的旅行限制，针对2020年秋季的国际新生招募工作，越来越多的美国大学把目光转向正在美国高中和社区学院就读的国际学生。还有许多大学借助社交媒体为国际学生提供虚拟大学校园导览，帮助他们了解学校的学术氛围和校园文化。由天普大学在全国范围内发起的"美国欢迎你"的社交媒体活动备受瞩目。目前，已有超过350多个高等教育机构和组织利用该平台传播了欢迎所有国际学生到美国学习的理念，还有50多所美国院校承诺通过该活动向国际学生提供奖学金。①

考虑到美国高校悠长的自治传统以及国际学生对美国大学科研、经济和文化等方面做出的巨大贡献，在后疫情时代，美国高校不会任由联邦政策左右而放弃对国际学生的招募，反而会为了自身发展加大与联邦政府在留学生政策方面的合作与博弈，继续致力于促进国际教育交流。由此推断，美国高等教育机构的留学生教育政策以及由此产生的项目和倡议，很有可能成为联邦政府层级优先了解或考虑的事项，甚至成为美国留学生教育政策的重要组成部分。如何拓宽联邦政府与美国高校在留学生教育政策上的沟通渠道，以及二者如何合作以实现各自的政策目标，将是未来围绕美国留学教育发展的重点。

三 外部环境对国际学生流动政策的牵制作用增强

新冠疫情导致美国校园关闭，国际学生交流项目暂停，重创了美国的留学生教育，也暴露了其在留学生教育理念、政策与行动上的问题。由于当前政策子系统内部在国际学生流动政策上的摇摆不定，外部事件变量的牵制作用只会愈发凸显。

---

① #You Are Welcome Here, "Social Media Campaign", November 20, 2020, https://www.youarewelcomehereusa.org/social-media.

(一) 留学生教育市场面临严峻外部挑战

与特朗普政府"门户关闭"的国际学生流动政策相反,以加拿大和澳大利亚为首的留学发达国家在国际学生签证政策和工作移民签证上利好频出,高校在读留学生人数增长速度明显,2017—2018 学年,国际学生增长比例分别为 18.8% 和 13.5%(见表 5-2)。① 加拿大更是比原计划提前 5 年完成了吸引 45 万名国际学生的目标,成为全球留学教育的大赢家。2016 年 11 月,加拿大政府就开始调整移民程序,为获得工作机会和取得加拿大学位的国际学生提供额外的移民积分,以便在劳动力市场更好地留住国际学生。澳大利亚一直是世界上国际学生占全部学生比例最高的国家,2016—2017 学年,澳大利亚高校的国际学生占比为 23.8%,而美国仅为 5.5%。② 2016 年 4 月,澳大利亚国际教育部长理查德·科尔贝克发布了《2025 澳大利亚国际教育国家战略》。该战略不仅承认国际教育和国际学生对澳大利亚经济的重要性和积极影响,而且建议到 2025 年,通过利用亚洲和其他新兴市场,将澳大利亚的国际学生人数增加一倍,达到近 100 万人。③ 为实现这一目标,该战略强调加强国际学生支持服务和质量保证机制,并增加海外留学生在澳大利亚工作和学习的机会。

表 5-2　全球十大留学目的地国接收国际学生数量及增长情况　　单位:名,%

	2016—2017 学年	2017—2018 学年	同比增长
美国	1078822	1094792	+1.5
英国	501045	506480	+1.1

---

① UNESCO, "Global Flow of Tertiary-Level Students", November 13, 2018, http://uis.unesco.org/en/uis-student-flow.

② Project Atlas, *A Quick Look at Global Mobility Trends*, New York: IIE Release, 2017, pp. 1-2.

③ Catherine Gomes, *Casting the Net Wider: Coping with An Increasingly Diverse, International Student Body in Australia*, Palgrave Macmillan, Cham: Quality Assurance in Asia-Pacific Universities, 2017, p. 151.

续表

	2016—2017 学年	2017—2018 学年	同比增长
中国	442773	489200	+10.5
澳大利亚	327606	371885	+13.5
法国	323933	343386	+6.0
加拿大	312100	370710	+18.8
俄罗斯	296178	313089	+5.7
德国	251542	265484	+5.5
日本	171122	188384	+10.1
西班牙	94962	109552	+15.4

资料来源：Project Atlas，*A Quick Look at Global Mobility Trends*，New York：IIE Release，2017，pp.1-2。

牛津大学国际高等教育教授西蒙·马金森预测，疫情对美国学生流动所造成的影响在疫情结束后的5年内都不会消除。① 究其主要原因，首先新冠疫情缩减了全球中产阶级规模，而这部分群体正是长期以来促进美国等传统留学国家学生流动的中流砥柱。由此判断，中产阶级规模的萎缩对美国留学市场的影响是巨大的。其次，在中美博弈的局面下，美国政府对部分专业的中国学生赴美留学签证、中美教育与科技交流等领域不断施加障碍，中国留学生和家庭或将暂时排除美国选项，转向在国内发展或者选择到更友好、更安全的国家留学。作为美国留学生教育市场中的最大消费者，中国赴美留学生数量的减少会使美国经济、科研等领域蒙受重大损失。种种迹象表明，疫情过后的全球留学生教育市场会是一个规模更小且竞争更加激烈的买方市场，新的国际学生流动格局正在形成，未来国际学生的流动模式有可能从高收入国家转向中等收入国家。

---

① University World News, "Five Years to Recover Global Mobility, Says IHE Expert", Nic Mitchell, March 26, 2020, http://www.universityworldnews.com/post.php?story=20200326180104407.

（二）留学生教育政治化倾向凸显

美国的留学生教育政策非常注重与美国的政治外交战略相结合。民粹主义、单边主义和保守主义势力近年来有所抬头，留学生教育政治化论调复苏，这点在美国的国际学生签证移民政策中尤为突出。无论是特朗普政府收紧留学和移民政策以兑现"美国优先"，还是拜登政府借力留学生教育"重振美国中产阶级"，都从联邦政府层面体现出将留学生教育与实现国家核心利益融合的理念。然而，在中美贸易冲突持续升级与中美大国博弈的背景下，美国留学生教育的发展会将维护国家安全、保持全球竞争力、助力经济复苏、促进文化外交等多方面利益进行融合，以巩固美国的霸权地位。

特朗普政府时期颁布总统令，禁止持有 F 类学生签证和 J 类交流签证、与中国军民融合战略相关的高校或研究机构的国际学生、研究人员和访问学者入境美国。此后，一些中国高校学生的赴美留学签证受到影响，加之特朗普政府颁布的其他关于赴美旅行、工作和移民的限制政策，美国对中国科技创新型人才的吸引力逐步下降。美国政府针对国际学生的政策具有浓郁的政治色彩，且充斥着巨大的任意性与张力。由此判断，拜登政府会在政策上继续推动美国留学生教育的发展，并采取更加积极的行动稳固美国世界最大留学目的地国的地位，但对于中国高科技领域国际学生的签证审查和交流限制在短期内不会撤销，甚至更为严苛。

（三）过于依赖留学生教育的经济功能

人力资本理论认为，人所拥有的知识与技能是一种资本形式，教育是形成和提升人力资本的重要途径，也是现代社会经济增长的重要源泉。作为实行市场经济的典型国家，美国的留学生教育发展深受市场经济的影响与制约，美国高等院校的国际学生规模和奖学金数量都取决于市场的供求关系。美国对自由市场的长期推崇与迷信使其将高校完全置于市场竞争中，自由市场对美国留学生教育的影响具体表现为高等教育面向市场开放、公平竞争经费与生源、自主决策国际学生招生和管理事宜。一方面，美国对自由市场的推崇与迷信，使其形成了较为完善的市场机制，加之美国较为完备的法律制度为高等教育市场的公平竞争创造了理想的法制环境，使得高等教育可以在激烈的市场竞争中健康、自由地发展。另一方面，这种资本主义市场逻辑陷阱已经导致美国大学过于依赖国际学生实现经济创收。

美国的市场经济体制也决定了新冠疫情对其高校造成的经济影响是无以复加的。在国内经济衰退、大学捐赠基金业绩普遍严重亏损以及联邦政府教育预算削减的情况下，美国高校的经费捉襟见肘。如此一来，无论是私立的精英文理学院还是社区学院，都会更加依赖留学生教育的经济功能，通过收取更高额的学费迅速从海外留学市场中获利，以缓解疫情带来的各种财政危机。《大学费用趋势与学生资助报告》中指出，2020—2021学年，美国四年制公立院校州外净学费价格（扣除通胀因素和学生助学金税收减免后的学费）为27020美元，在过去三年中上涨了5.5%。[1] 国际学生被视为州外学生，收取的费用通常比州内学生高出2—3倍，在明尼苏达大学、普渡大学、伊利诺伊大学厄巴纳—香槟分校和俄亥俄州立大学等大型研究型机构，国际学生的学杂费比州外学生还要多874—5218美元。[2]

后疫情时代，在全球经济复苏乏力、世界各国致力于扩大留学生教育市场的形势下，招募更多国际学生、收取更多的学费以弥补高校经费的不足将成为美国高校发展留学生教育的最大驱动力，国际学生的支付能力也必然成为未来美国院校在录取时的一个重要考虑。严酷的自由市场竞争也会把美国高校在人才市场上的马太效应发挥到极致，那些处于高等教育顶端的机构会继续凭借其卓越的教育质量吸引全球高端人才，迅速从这场疫情带来的各种财政危机中

---

[1] College Board, *Trends in College Pricing and Student Aid*, New York: College Board, 2020, p.10.

[2] American Council on Education, *International Students Funding*, Washington, D.C.: ACE, 2019, p.4.

恢复过来，而那些质量较低、资源较差的教育机构很有可能因为资金不足而关闭。从国家角度，留学生教育所产生的经济效益愈发显著，已经成为经济发展的新增长点。从美国高校角度，留学生教育已经成为一种全球自由贸易的商品，高校接收国际学生的行为更多是源自其"价格"的诱惑，而非出于对国际学生内在价值的认识或履行大学的社会服务使命，可能导致人才培养质量下滑、教育资源浪费、国际学生就业难等问题。从国际学生的角度，不断提高的赴美留学成本会给自身及其家庭带来经济负担，稀释留学生教育的价值，这给美国的留学生教育发展带来很大隐患。

结论与启示

本书的核心结论

本书基于倡议联盟框架，立足于间断—均衡理论的分析视角，从历史的角度梳理了"二战"后美国联邦政府国际学生流动政策的变迁脉络，分析了影响政策子系统的相对稳定变量、外部事件变量以及政策子系统内部联盟的构成、信念的凝聚与输出，总结了美国国际学生流动政策的变迁逻辑、政策变迁过程中的经验，反思了政策变迁过程中的问题，并对未来政策变迁的发展趋向进行了分析。具体而言，本书主要得出六点结论。

（一）美国国际学生流动政策的变迁是在渐进式模式和间断—均衡模式下交替进行的

查阅1946年至2018年美国国会通过的所有与国际学生流动相关的法案，可以发现，美国国际学生流动政策是在渐进的缓流和快速的变更中交替进行的（见表6-1）。1946年制定的《富布赖特法》在1948年、1952年、1961年、1966年进行了4次修正；1958年制定的《国防教育法》在1972年、1976年、1980年、1986年、1992年、1998年、2008年先后进行了7次重新授权；2001年出台的《美国爱国者法案》在2005年、2015年进行了两次修订；像1966年出台的《国际教育法》由于没有获得国会拨款而未经修正的法案是极少数的。

当美国国际学生流动政策处于渐进式变迁时期，政策子系统内部形成政策垄断,占统治地位的联盟政策核心信念稳定,政策制定者在保持目标不变的前提下,对政策中的计划或项目、工具配置、机构或人员配置方面进行细微的修正,所以新、旧政策之间能够保持较好的连续性。当美国国际学生流动政策处于间断—均衡式变迁时期,政策子系统内垄断被打破、占统治地位的联盟政策核心信念发生变化,政策目标的改变意味着现有政策发生了飞跃、中断甚至终结。

表 6-1　　　　　　　美国国际学生流动政策的变迁模式

政策变迁		变动内容			
		计划或项目变动	工具配置变动	机构或人员变动	政策目标变动
《富布赖特法》到《富布赖特—海斯法》	渐进式模式	√	√	√	
《国防教育法》第六章到《高等教育法》第六章		√	√	√	
《国防教育法》第六章到《国际教育法》		√	√	√	
《爱国者法案》到《美国爱国者法案》		√	√	√	
《富布赖特法》到《国防教育法》第六章	间断—均衡模式	√	√	√	√
《国防教育法》第六章到《国际教育法》终结		√	√	√	√
《国际教育法》终结到《美国爱国者法案》		√	√	√	√

注：表格中√视为变动。
资料来源：笔者自制。

第一,符合不同时期的国家核心利益是国际学生流动政策变迁的逻辑起点与落脚点。国家利益源于国家主权至高无上的基本原则,对于任何主权国家，在政策制定时都要竭尽所能为国家谋得更大的好处，维护国家安全、保卫领土完整、促进经济繁荣发展，更是国家利益的核心所在。① 另外，国家利益又是不断变化的，会依据国际形势的变化而变化。在国家层面上，美国联邦政府对国际学生流动政策没有明确和具体的文本表述，而是蕴含在几个针对不同留学生教育活动环节（如奖学金、课程设置、签证、移民）的相关法案中。这些法案的形成背景、动因和修正机理不尽相同，但都是建立在某些共同的理念之上，即实现美国的国家利益，维持美国的霸权地位。

"二战"后初期，世界格局由兵刃相见的"热战"转向以文化意识形态对抗为主的冷战，美国"救世主"的文化基因逐渐显现，欲求对第三世界国家和西欧国家进行意识形态的渗透和拉拢，使之成为自己的追随者与苏联相抗衡。《富布赖特法》在智力上配合了"马歇尔计划"和"第四点计划"的对外援助政策方针，通过与第三世界国家进行有选择的教育文化交流活动，输出美国的文化价值观，利用教育手段培养未来领袖的亲美情结，达到"不战而屈人之兵"的政治目的。1957年，苏联第一颗人造卫星的成功发射改变了国家利益的内涵，具有重大战略意义的《国防教育法》明确地把国防安全和教育结合起来，使留学生教育完全从国家安全利益出发，应对国际挑战成为重中之重。"9·11"事件后，美国的国际学生流动政策与国家安全和经济力量联系起来，吸收优质人才为我所用逐渐内化为美国国际人才战略的潜在核心原则。

第二，总统的参与增加了美国国际学生流动政策快速变迁的可能性。没有任何一个单独的政策参与者可以像总统那样使整个政策系统的注意力清晰地聚焦在某个议题上，或者改变大量的政策决策者的动机。在本书涉及的几个法案中，《富布赖特—海斯法》和

---

① 俞正梁：《变动中的国家利益与国家利益观》，《复旦学报》（社会科学版）1994年第1期。

《国防教育法》的变迁过程没有总统的明显的参与，但《国际教育法》和《美国爱国者法案》的案例又证明了，总统的参与可以推动议题成为政策议程高度关注的对象。《国际教育法》的诞生得益于约翰逊总统的国际教育理念，约翰逊把对国际教育的认知通过正反馈而传播到整个政策子系统，推进了该法案在国会的迅速通过。虽然该法案最终没有获得拨款，但如果不是总统的积极推动，在当时外部事件的不利影响下，《国际教育法》可能都无法通过立法程序。《美国爱国者法案》的诞生则完全是小布什总统利用国民恐惧情绪，控制大众传媒信息，开启政策黑箱的结果。否则，既没有理性也没有质量的《美国爱国者法案》不可能以史上最快速度获得国会通过。因此，美国总统在政策制定和变迁中的参与虽然不是必要的，但是一旦总统强势参与，他的影响可能就是决定性的。

（二）相对稳定变量通过制约政策参与者的深层核心信念，引导美国国际学生流动政策的渐进式变迁

同其他政策子系统一样，美国国际学生流动政策的制定与发展受到根本的文化价值观、社会结构和基本的法律框架的限制，并通过对长期联盟机会结构的影响制约政策子系统中的政策行动。由于这些因素可以在数十年的范围中保持稳定，极大地限制了政策子系统参与者的选择范围。

第一，根本的文化价值观为联盟内核心信念的形成奠定了基础。"二战"后，经济实力和军事实力的变化使美国人"天定命运"的使命感彰显无遗，美国作为唯一的霸权国家，理应加强与其他国家的文化往来，增进各国人民的相互理解与信任，寻求避免未来战争之法。可以说，天定命运成为以富布赖特为代表的教育交流联盟核心信念的起源。进入20世纪60年代，美国例外论受到多元文化主义的冲击，给美国人的身份造成割裂，由此塑造了联盟内部拒绝文化认同、反对移民、划清种族界限等思想。"9·11"事件后，美国爱国主义高涨，反恐成为美国新的"天定命运"，反击邪恶、保护国家安全为保卫国防联盟提供了合法性和正当性。总之，"天

定命运"和美国例外论对联盟核心信念的影响最为深远,使之在不同时期既可以为孤立主义的政策辩解,又可以为国际主义的政策佐证。

第二,美国的联邦体制决定了联邦政府与州政府和高校的分散型权力分配模式,为长期联盟机会机构的政策诉求提供了制度保障。一方面,在外部事件变化或局势动荡时期,联邦政府会出台相关政策对州政府和高校的国际学生流动进行宏观指导。《富布赖特法》设立国际学生奖学金,支持国际学生和学者赴美留学;苏联人造卫星上天后颁布《国防教育法》,增设区域研究和外语教学中心;"9·11"事件后颁布《美国爱国者法案》与《加强边境安全和签证入境改革法》,加强对国际学生的签证管理,都体现了联邦政府的政策指导作用。另一方面,美国高校的高度自主权又允许其在联邦政府制定的政策限定内进行自治调节,制定国际学生的招生计划、课程计划和财政资助计划。此外,美国教育理事会、美国国际教育协会等长期联盟机会结构也可以通过举办国际会议、开展留学生教育活动、制定国际教育战略规划等方式长期致力于国际学生的流动。

(三)外部环境的变化是动摇美国国际学生流动政策核心信念、促使政策发生重大变迁的关键因素

外部环境包括社会经济条件、公共舆论、占统治地位联盟和其他政策子系统的广泛变化。外部环境可以通过资源的重新分配、联盟权力的垮台和政策核心信念的变化促使政策发生间断式变迁。换言之,政府政策的核心在没有来自外部环境变化的干扰下,是不会发生改变的。

第一,社会背景的变迁为政策的重大变迁提供了直接动力,经济条件为政策的变迁提供了物质保障,美国国际学生流动政策的变迁都是出现在不断变化的社会经济背景中。"二战"后,美苏对峙的时代背景为《富布赖特法》和《国防教育法》的产生与发展提供了重要推动力,美国经济的空前繁荣和过剩的军事物资为《富布赖特

法》的实施提供了资金保障。20世纪60年代，越南战争的惨败使美国的经济出现相对衰退，通货膨胀问题严重。这段时期也是《国际教育法》拨款失败，国际学生流动政策再次回归均衡式发展的时期。进入20世纪80年代，在全球化浪潮的冲击下，美国的高校更加积极地制定国际学生的接收政策，参与全球科技、知识与人才的竞争。进入21世纪，"9·11"事件再次打破了政策的均衡变迁，打着保卫国防旗号的《美国爱国者法案》在规范了国际学生的信息和签证管理的同时，也对美国的国际学生流动造成了负面影响。2008年次贷危机后，联邦政府对高校的资助大幅减少，高校迫于资金压力拓展海外留学市场，更加积极地参与到国际学生流动政策的制定中。

第二，公共舆论可以改变政策决策者对国际学生流动政策图景的判断，政策制定者可以利用公共舆论推行或阻碍政策行动。冷战初期，无论是政府、教育机构还是大众传媒都极力宣扬教育交流活动在政治外交中的作用，《富布赖特法》更是在如潮的好评声中得以延续。斯普特尼克危机后，进步主义教育受到教育学家、媒体机构和民众的强烈批判，要素主义教育的兴起为《国防教育法》的出台奠定了教育理论基础。20世纪60年代，越来越多的教育界人士呼吁政府承担更多的国际教育责任，将留学生教育拓展到整个教育系统以发挥美国在教育方面的领导作用的理念在《国际教育法》中得以体现。"9·11"恐怖袭击发生后，美国公众情绪崩溃，大众传媒更是成为小布什政府的喉舌，打着新时期保护美国、反恐的幌子使公众接受了像《美国爱国者法案》这样的严厉措施。

第三，只要提起政策的子系统倡议联盟仍然掌握权力，国际学生流动政策的核心就不会发生重大改变。《富布赖特法》到《富布赖特—海斯法》的变迁过程验证了渐进式变迁中的联盟权力变化，以富布赖特为代表的教育交流联盟在政策子系统中占据主导地位，最终成功将核心理念转化为政府政策。《国际教育法》的变迁失败验证了支持联盟失去权力，反对联盟占据上风可以导致政策核心发生改变。《美国爱国者法案》则是在全国进入战争状态的情况下，小布什政府代表的保卫国防联盟跳过正常立法程序，开启政策黑箱，总统发挥重大影响的结果。

（四）美国国际学生流动政策的变迁是通过不同联盟间以政策为导向的博弈与学习过程实现的

在政策子系统内，政策参与者被划分为若干倡议联盟，信念体系为联盟间提供了政治上的纽带，并决定了一个倡议联盟的政策努力方向。根据不同的信念体系，在国际学生流动政策子系统内部可以划分为教育交流联盟、外交战略联盟、经济主导联盟和保卫国防联盟。在国际学生流动政策的发展历史上，四个联盟都曾在子系统内占据过主导地位。以政策为导向的博弈与学习是将联盟政策核心信念转化为政策行动的主要途径，也是从子系统内部推动政策变迁的重要机制。

第一，国际学生流动政策联盟的参与者对政策核心问题的立场有着基本共识，但在信念体系的次要方面共识度较低。《富布赖特法》的变迁过程中，教育交流联盟和外交战略联盟都认为接收国际学生有利于美国文化外交利益实现，但就富布赖特计划的教育文化属性或外交属性存在争议。《国防教育法》的变迁过程中，人才培养联盟认为外语和区域研究人才的培养将成为美国的第一道防线，但在政府对教育的控制、奖学金数量和资助条件等次要方面存在分歧。《国际教育法》的变迁过程中，人才培养联盟继续主张加大对留学生教育的资金支持，使其长期服务于美国的政治、经济、安全利益，但联盟内部也就联邦政府对国际教育的控制权、资助范围和额度等方面展开激烈的讨论和博弈。

第二，以政策为导向的博弈与学习是引发国际学生流动政策变迁的重要机制，其可以发生在联盟内部，也可以发生在跨联盟间，但通常只能改变政策的次要方面。在《富布赖特法》的变迁过程中，反对联盟未能如愿以偿地取消富布赖特计划，支持联盟也没能获得足够多的项目预算，但以政策为导向的学习却推动了该法案在拨款金额、范围、项目管理方式等次要方面的变迁。在《国防教育法》的变迁过程中，支持联盟根据反对联盟在联邦政府对高等教育的控制、政府资金短缺、进步主义教育没有得到纠正等观点，对自身的政策目标进行了调整，以便更好地达成自己的政治目的。在《国际教育法》的变迁过程中，支持联盟成员根据以往政策中联邦政府对国际教育的控制、对关键语言的狭隘限定以及对发展中国家造成的人才流失等存在的问题，调整了自己的政策目标，并在《国际教育法》中对已经实施的《国防教育法》和《富布赖特—海斯法》进行了修正。

第三，相对于外部事件，国际学生流动政策变迁的失败主要源于政策子系统内部。《国际教育法》最终未能获得国会拨款的原因是多方面的，虽然越南战争、美国国内的通货膨胀和反战运动不利于政策的变迁，但真正导致其成为一纸空文的原因是政策子系统内部主导联盟的失势。从《国际教育法》获得通过到之后执行拨款期间，政策子系统内占统治地位的联盟成员发生变化，国会对约翰逊总统的态度更加强硬，主张削减预算的乔治·马洪当选众议院拨款委员会主席，这些都对拨款委员会的拨款决策产生了重大影响。

（五）在美国国际学生流动政策的变迁过程中，联邦政府始终强调对留学生教育的领导权，注重发挥各州政府和高校的自主调节作用，重视与非营利性组织的政策协同关系

本书通过对"二战"后美国联邦政府国际学生流动政策发展历程的分析，发现联邦政府、州政府、高等教育机构和非营利性组织在政策发展中扮演了不同角色。

第一，美国联邦政府是留学生教育政策发展中的领导者。联邦政府制定的每一项政策都能反映出不同时期联邦政府在国际学生流动的管理、资助和实施上起到的领导作用，"二战"后出台的每一部法案中都强调了联邦政府对留学生教育的责任与领导权力。联邦政府通过国会授权不同实施部门实现国际学生流动政策的统

一管理，通过为留学生教育提供长期、稳定的资助强化自己的领导权力，并通过适时调整签证和移民政策标准对高校的国际学生流动进行干预。

第二，州政府和高等教育机构是国际学生流动政策的主要参与者与实施者。国际学生流动政策的落实主要依靠的是美国各州政府和高校，二者充分利用联邦政府出台的政策和投资改革与完善自身留学生教育制度，将国际学生流动政策落到实处。从各个时期的国际学生流动政策来看，强调联邦政府、各州政府与高等教育机构的合作与协调关系也是贯穿整个政策发展的主线。此外，由于联邦政府与高等教育机构的分散型权力分配模式，美国的高校享有较高的自主权，可以在国家政策范围内根据自身发展需要制定留学生教育战略或规划。美国高校在联邦政策范围内的自主调节是吸引世界各国学生赴美留学的重要因素。

第三，非营利性组织是国际学生流动政策的协同管理者。在国际学生流动政策的发展过程中，非营利性组织在政策子系统中扮演了"政策掮客"的角色，帮助联邦政府在各联盟间斡旋，助力《富布赖特法》和《国防教育法》的实施，延续《国际教育法》的理念，扭转《美国爱国者法案》带来的不利局面，发挥了联邦政府无法发挥的作用。

（六）美国国际学生流动政策的发展由于受到政策子系统内、外因素的制约暴露出诸多问题

美国国际学生流动政策的发展历史清楚地表明，政策的变迁是在子系统外相对稳定变量与外部事件变量的影响下，政策子系统内部联盟间发生冲突与博弈，最终将核心信念转化为政策行动的结果。然而，国际学生流动政策的发展也受到这些因素的桎梏，主要表现为难以克服孤立主义的基因缺陷、缺少统一的国际学生流动政策、缺乏稳定的联邦资金支持等。

第一，美国国际学生流动政策的发展难以克服孤立主义的基因缺陷。"二战"结束后，为吸引和拉拢前殖民地国家与发展中国家的

学生、学者以及专业人士，全面崛起的美国选择了国际主义的教育路线。但是，每当国际局势动荡时期或经济相对衰退时期，新孤立主义思潮都会再次席卷而来，继而导致联邦政府收紧、中断甚至终结国际学生流动政策。特朗普政府的国际教育政策行动充分展现出美国逆全球化、蔑视多元文化社会、否定"全球公民"的新孤立主义倾向，美国留学生教育政策的发展始终无法完全摆脱孤立主义意识形态的束缚。

第二，在联邦层面没有统一的国际学生流动政策指导各州和各高校的国际学生接收，且政策缺乏稳定性。联邦一级政策的欠缺一方面受到长期以来分散型权力分配模式和高校自治的影响，另一方面受到美国庞大的高等教育体系的影响。尽管拜登政府的国际学生流动政策正在向着积极的方向调整，但鉴于这两个方面的原因，政策制定者要制定一套综合性的国家政策以协调各州和各高校的国际学生流动是极其困难的。

第三，美国国际学生流动政策变迁中始终未能设立一个机构全面管理和协调来自各部门的资金，导致学校难以抵御高等教育财政风险。虽然州政府、非营利性机构和高校都会为国际学生提供资助，但联邦政府有责任和义务为国际学生流动提供长期、稳定和足够的财政支持。近年来，全球留学生教育发展遭遇逆流，美国高校的财政危机加剧，提高经济效益成为美国政府与高校接收国际学生的首要驱动因素，而过于依赖留学生教育的经济功能将是长期制约美国留学生教育发展的问题。

第四，由于受到内外因素的多重牵制，拜登政府的国际学生流动政策仍处在调整过程中，但吸引高端国际人才为己所用的政策实质不会改变。后疫情时代，美国国际学生流动政策的发展趋向是将国际教育与维护国家安全、助力经济复苏、促进文化外交、保持全球竞争力等多方面因素相融合，以驾驭世界多极化发展的新格局。可以预见，外部环境对政策的牵制作用会愈发凸显。无论拜登政府的留学生教育政策最终能否顺利实施，当前，大国博弈的背景和复杂的国际关系都会对美国的国际学生流动政策造成深刻影响。无法正确处理留学生教育与政治间的关系，合理把握二者间的内在张力，其结果就是造成留学生教育政策的不稳定，甚至中断，这是长期桎梏美国留学生教育发展的问题。

参考文献

一 中文文献

（一）著作

陈文干：《美国大学与政府的权力关系变迁史研究》，浙江大学出版社2015年版。

陈学飞：《美国高等教育发展史》，四川大学出版社1989年版。

陈学恂：《中国近代教育史教学参考资料》，人民教育出版社1986年版。

成有信：《教育政治学》，江苏教育出版社2000年版。

顾明远主编：《教育大辞典》（第3卷），上海教育出版社1991年版。

顾明远、梁忠义主编：《世界教育大系：美国教育》，吉林教育出版社2000年版。

顾明远、薛理银：《比较教育导论：教育与国家发展》，人民教育出版社1998年版。

黄福涛主编：《外国高等教育史》，上海教育出版社2003年版。

瞿葆奎主编：《美国教育改革》，人民教育出版社1990年版。

李爱萍：《美国国际教育：历史、理论与政策》，云南大学出版社2005年版。

李晓岗主编：《"9·11"后美国的单边主义与世界》，天津人民出版社2007年版。

刘宝存：《守望大学的精神家园》，安徽教育出版社2009年版。

马万华等：《全球化时代的研究型大学：美英日德四国的政策与实践》，教育科学出版社 2013 年版。

潘亚玲：《美国政治文化转型与外交战略调整》，复旦大学出版社 2018 年版。

沈红：《美国研究型大学形成与发展》，华中科技大学出版社 1999 年版。

孙大廷：《美国教育战略的霸权向度》，吉林大学出版社 2009 年版。

孙锦涛：《教育政策学》，武汉工业大学出版社 1997 年版。

王辉耀、苗绿主编，西南财经大学发展研究院、全球化智库（CCG）编：《中国留学发展报告（2017）》，社会科学文献出版社 2017 年版。

王英杰：《美国高等教育的发展与改革》，人民教育出版社 2002 年版。

王英杰、余凯：《美国教育》，吉林教育出版社 2000 年版。

徐辉：《国际教育初探》，四川教育出版社 2001 年版。

徐小洲：《自主与制约：高校自主办学政策研究》，浙江教育出版社 2007 年版。

叶澜：《教育概论》，人民教育出版社 1991 年版。

张千帆：《美国联邦宪法》，法律出版社 2011 年版。

张世贤：《公共政策析论》，台北五南图书出版公司 1982 年版。

赵祥麟、王承绪编译：《杜威教育论著选》，华东师范大学出版社 1981 年版。

郑文编著：《当代美国教育问题透视》，中山大学出版社 2002 年版。

周光礼：《公共政策与高等教育——高等教育政治学引论》，华中科技大学出版社 2010 年版。

朱春奎：《公共政策学》，清华大学出版社 2016 年版。

庄锡昌：《二十世纪的美国文化》，浙江人民出版社 1993 年版。

（二）译著

［美］保罗·A·萨巴蒂尔编：《政策过程理论》，彭宗超、钟开斌等

译，生活·读书·新知三联书店 2004 年版。
[美] 伯顿·R·克拉克：《高等教育系统——学术组织的跨国研究》，王承绪等译，王承绪校译，杭州大学出版社 1994 年版。
[美] 戴维·伊斯顿：《政治生活的系统分析》，王浦劬等译，华夏出版社 1999 年版。
[美] 菲利普·G. 阿特巴赫：《比较高等教育：知识、大学与发展》，人民教育出版社教育室译，人民教育出版社 2001 年版。
[美] 黄锦就、梅建明：《美国爱国者法案：立法、实施和影响》，蒋文军译，法律出版社 2008 年版。
[美] 美国 911 独立调查委员会撰：《揭秘·911 美国遭受恐怖袭击国家委员会最后报告》，黄乐平等译，中央编译出版社 2005 年版。
华东师范大学教育系、杭州大学教育系编译：《现代西方资产阶级教育思想流派论著选》，人民教育出版社 1980 年版。
[美] 罗伯特·M. 罗森兹威格：《大学与政治：美国研究型大学的政策、政治和校长领导》，王晨译，林薇校译，河北大学出版社 2008 年版。
[美] 塞缪尔·亨廷顿：《文明的冲突与世界秩序的重建》，周琪等译，新华出版社 1998 年版。
[美] 史蒂文·胡克、约翰·斯帕尼尔：《二战后的美国对外政策》，白云真等译，金城出版社 2015 年版。
[美] 唐纳德·怀特：《美国的兴盛与衰落》，徐朝友、胡雨谭译，江苏人民出版社 2002 年版。
[美] 威廉·曼彻斯特：《光荣与梦想：1932—1972 年美国社会实录》，朱协译，海南出版社 2006 年版。
[美] 休·戴维斯·格拉汉姆、南希·戴蒙德：《美国研究型大学的兴起：战后年代的精英大学及其挑战者》，张斌贤等译，张弛校译，河北大学出版社 2008 年版。
[美] 亚历山大·汉密尔顿、约翰·杰伊、詹姆斯·麦迪逊：《联邦

党人文集》，程逢如等译，商务印书馆 2020 年版。

［以］英博等：《教育政策基础》，史明洁等译，教育科学出版社 2003 年版。

［美］约翰·W·金登：《议程、备选方案与公共政策》，丁煌、方兴译，中国人民大学出版社 2004 年版。

［美］约翰·塞林：《美国高等教育史》（第二版），孙益等译，北京大学出版社 2014 年版。

（三）论文

安亚伦：《倡议联盟框架视角下美国吸引留学生政策变迁研究——以〈富布赖特法〉为例》，《比较教育研究》2020 年第 5 期。

安亚伦、段世飞：《美国高校接收国际学生政策的历史演进及其内在逻辑》，《江苏高教》2020 年第 1 期。

安亚伦：《美国国际学生流动政策的变迁及其内在逻辑——基于间断—均衡理论的视角》，《高教探索》2021 年第 10 期。

安亚伦、刘宝存：《美国联邦政府国际学生教育政策的价值取向评析》，《复旦教育论坛》2023 年第 1 期。

安亚伦、刘宝存：《新世纪以来美国接收国际学生的策略、成效与挑战》，《复旦教育论坛》2019 年第 3 期。

安亚伦、滕一：《后疫情时代美国留学教育的新特点、新挑战与新动向》，《外国教育研究》2022 年第 7 期。

白玉平、曲铁华：《冷战时期（1950—1974）美国国际教育政策探析》，《外国教育研究》2017 年第 5 期。

崔淑卿、钱小龙：《美国高等教育国际化的兴起、发展及演进》，《现代大学教育》2012 年第 6 期。

丁玲：《从联邦政府的行动透视 21 世纪美国高等教育国际化》，《高等教育研究》2011 年第 4 期。

［美］菲利普·G. 阿特巴赫、简·莱特：《高等教育国际化的前景展望：动因与现实》，别敦荣等译，《高等教育研究》2006 年第 1 期。

顾明远：《教育的国际化与本土化》，《世界教育信息》2011 年第 4 期。

黄明东：《试析实用主义思想对美国教育立法的影响》，《法学评论》2003 年第 6 期。

金帷、马万华：《20 世纪美国高等教育国际化历程——以动因—策略为脉络的历史分析》，《教育学术月刊》2012 年第 1 期。

[美] 劳拉·珀纳、卡培·奥罗兹：《促进学生流动：美国高等教育国际化的发展趋势》，刘博森译，《比较教育研究》2015 年第 8 期。

刘宝存：《高等教育强国建设与我国高等教育改革的政策走向》，《河北师范大学学报》（教育科学版）2012 年第 1 期。

刘宝存：《战后美国高等教育的全球性政策剖析》，《外国教育动态》1988 年第 2 期。

刘复兴：《教育政策的四重视角》，《清华大学教育研究》2002 年第 4 期。

[美] 罗伯特·罗兹：《特朗普时代的美国高等教育政策：六大要点》，梅伟惠译，《全球教育展望》2017 年第 8 期。

马佳妮：《欧美发达国家留学生教育发展探析》，《比较教育研究》2016 年第 7 期。

潘懋元、朱国仁：《高等教育的基本功能：文化选择与创造文明的冲突》，《高等教育研究》1995 年第 1 期。

孙大延、孙伟忠：《美国高等教育国际化政策的文化输出取向——以"富布赖特计划"为例》，《黑龙江高教研究》2009 年第 5 期。

王英杰、高益民：《高等教育的国际化——21 世纪中国高等教育发展的重要课题》，《清华大学教育研究》2000 年第 2 期。

王英杰：《后疫情时代教育国际化三题》，《比较教育研究》2020 年第 9 期。

王永秀、谢少华：《关于来华留学教育政策的审思》，《高教探索》2017 年第 3 期。

王毓敏:《富布赖特计划初探》,《兰州教育学院学报》2005 年第 2 期。

翁丽霞、洪明:《美国联邦政府国际教育政策探略——聚焦〈高等教育法〉第六款与"富布赖特计划"》,《教育发展研究》2011 年第 7 期。

武山山、贺国庆:《浅析"9·11"以来美国高等教育国际化新进展》,《宁波大学学报》(教育科学版) 2016 年第 2 期。

俞正梁:《变动中的国家利益与国家利益观》,《复旦学报》(社会科学版) 1994 年第 1 期。

赵富春等:《美国大学国际化教育发展钩沉与启示》,《江苏高教》2018 年第 3 期。

周保利:《美国高等教育经费来源的特点及其借鉴》,《河北大学学报》(哲学社会科学版) 2000 年第 4 期。

(四) 学位论文

崔建立:《冷战时期富布莱特项目与美国文化外交》,博士学位论文,东北师范大学,2011 年。

戴先凤:《近十年 (2001—2010 年) 美国留学生接收政策的历史回顾》,硕士学位论文,湖南师范大学,2012 年。

李联明:《后"9·11"时代美国高等教育国际化新发展研究》,博士学位论文,南京大学,2012 年。

鲁珺:《探析美国〈国际教育法〉》,硕士学位论文,苏州大学,2008 年。

吴宛稚:《20 世纪 90 年代以来美国留学生接收政策研究》,硕士学位论文,厦门大学,2008 年。

张国葵:《二战后美国国际教育的发展研究 (1945—1980)》,硕士学位论文,浙江师范大学,2012 年。

二 外文文献
(一) 著作

Alfred Rappaport, *Sources in American Diplomacy*, New York: Macmillan, 1966.

Asa Knowles, *The International Encyclopedia of Higher Education*, San Francisco: Bass Publishers, 1977.

Barbara Burn, *Expanding the International Dimension of Higher Education*, San Francisco: Jossey-Bass Publishers, 1980.

Catherine Gomes, *Casting the Net Wider: Coping with An Increasingly Diverse, International Student Body in Australia*, Palgrave Macmillan, Cham: Quality Assurance in Asia-Pacific Universities, 2017.

Cecil V. Crabb, *The Doctrines of American Foreign Policy: Their Meaning, Role, and Future*, Baton Rouge: Louisiana State University Press, 1982.

Charles A. Thomson, Walter H. C. Laves, *Cultural Relations and U. S. Foreign Policy*, Bloomington, Ind: Indiana University Press, 1963.

Charles B. Klasek, *Bridges to the Future: Strategies for Internationalizing Higher Education*, Carbondale, IL: Association of International Education Administrators, 1992.

Charles Frankel, *The Neglected Aspect of Foreign Affairs: American Educational and Cultural Policy Abroad*, Washington, D. C.: The Brookings Institution, 1965.

Clark C. Kerr, *The Realities of the Federal Grant University*, Cambridge, Mass.: Harvard University Press, 1963.

Clark C. Kerr, *Higher Education Can not Escape History*, New York: State University of New York Press, 1994.

Coombs H. Philip, *The Fourth Dimension of Foreign Policy: Educational and Cultural Affairs*, New York and Evanston: Harper & Row, 1964.

Craufurd D. Goodwin, Michael Nacht, Jari Hazard, *Missing the Boat: The Failure to Internationalize American Higher Education*, Cambridge: Cambridge University Press, 1911.

Derek Bok, *Universities and the Future of America*, Durham, N. C.: Duke University Press, 1990.

Easton David, *Political System 2nd Edition*, New York: Knopf, 1971.

Edward Richters, Uirich Teichler, "Student Mobility Data: Current Methodological Issues and Future Prospects", in Maria Kelo, Ulrich Teichler and Bernd Wächter, eds., *Eurodata: Student Mobility in European Higher Education*, Bonn, Germany: Lemmens Verlag, 2007.

Education in U. S Universities," in C. Klasek eds., *Bridges to the Future: Strategies for Internationalizing Higher Education*, Carbondale, USA: Association of International Education Administration, 1992.

Ellen McDonald Gumperz, *Internationalizing American Higher Education: Innovation and Structural Change*, Berkeley, California: Center for Research and Development in Higher Education, 1970.

Elting E. Morison, *The Letters of Theodore Roosevelt*, Cambridge: Harvard University Press, 1951.

Ernest L. Boyer, *College: The Undergraduate Experience in America*, New York: Harper & Row, 1987.

Frank A. Ninkovich, *The Diplomacy of Ideas: U. S. Foreign Policy and Cultural, Relations 1938-1950*, Chicago, IL: Imprint, 1995.

Frank Baumgartner, Bryan Jones, *Agendas and Instability in American Politics*, Chicago: University of Chicago, 1993.

Frank Freidel, Alan Brinkley, *America in the Twentieth Century*, New York: McGraw-Hill, 1982.

George F. Kennan, *American Diplomacy*, 1900-1950, Chicago: University of Chicago Press, 1951.

Gumperz McDonald, *Internationalizing American Higher Education: Inno-*

vation and Structural Change, University of California: Center for Research and Development in Higher Education, 1970.

Hans de Wit, *Internationalization of Higher Education in the United States of America and Europe: A Historical, Comparative, and Conceptual Analysis*, Westport, CT: Greenwood Press, 2002.

Hans de Wit, *Internationalization of Higher Education in the United States of America and Europe: A Historical, Comparative, and Conceptual Analysis, Greenwood Study in Higher Education*, Connecticut: Greenwood Press, 2009.

Henry D. David, *Challenge Past, Challenge Present: An Analysis of American Higher Education Since 1930*, San Francisco: Jossey-Bass Publishers, 1975.

Hugh Davis Graham, *An Uncertain Triumph: Federal Education Policy Under the Kennedy and Johnson Administration*, Chapel Hill: The University of North Carolina Press, 1984.

Hugh Heclo, *Social Policy in Britain and Sweden*, New Haven: Yale University Press, 1974.

Hugh Heclo, "Issue Networks and the Executive Establishment," in King Anthony eds., *The New American Political System*, Washington, D. C.: American Enterprise Institute, 1990.

James Anderson, *Public Policy-Making (3rd Edition)*, Florida: Holt, Rinehart & Winston, 1979.

Jane Knight, *Internationalization: Elements and Checkpoints*, Ottawa: Canadian Bureau for International, Education Research, 1994.

Jane Knight, *Quality and Internationalisation in Higher Education*, Paris: OECD, 1999.

John Bound, Sarah Turner, Patrick Walsh, *Internationalization of U. S. Doctorate Education*, Chicago: University of Chicago Press, 2009.

John Kingdon, *Agendas, Alternatives, and Public Policies*, Boston: Little Brown, 1984.

John L. Watzke, *Lasting Change in Foreign Language Education: A Historical Case for Change of National Policy*, Westport: Praeger Publisher, 2003.

John M. Heffron, *A History of American Higher Education*, Baltimore & London: The John Hopkins University Press, 2004.

Josef Mestenhauser, Brenda Ellingboe, *Reforming the Higher Education Curriculum: Internationalizing the Campus*, Phoenix: American Council on Education, Oryx Press, 1999.

Judith M. Mitchell, *International Cultural Relations*, London: Allen & Unwin, 1986.

Larson Eric, *Casualties and Consensus: The Historical Role of Casualties in Domestic Support for U.S. Military Operations*, Santa Monica, C.A: Rand, 1996.

Leonard Sussman, *The Culture of Freedom: The Small World of Fulbright Scholars*, Maryland: Rowman & Littlefield Publishers, 1992.

Manfred Grote, Robert A. McCaughey, *International Studies and Academic Enterprise: A Chapter in the Enclosure of American Learning*, New York: Columbia University Press, 1984.

Margaret M. Caffrey, *Parting the Curtain: Propaganda, Culture, and the Cold War* 1945–1961, New York: St. Martin's Press, 1997.

Michael P. Auerbach, *Education in National Politics*, New York: David McKay, 1957.

Paterson Thomas, Garry Clifford and Hagan Kenneth, *American Foreign Relations: A History Since* 1895, Lexington, Mass.: D.C. Heath and Company, 1995.

Paul Sabatier, Hank Jenkins-Smith, *Policy Change and Learning: An Advocacy Coalition Approach*, Boulder: Westview Press, 1993.

Paul Sabatier, *Theories of the Policy Process*, Boulder, Colo.: Westview

Press, 2007.

Pamela Ebert Flattau, *The National Defense Education Act of 1958: Selected Outcomes*, Washington D. C. : Science & Technology Policy Institute, 2006.

Peter Scott ed. , *The Globalization of Higher Education*, Buckingham: The Society for Research into Higher Education and Open University Press, 1988.

Philip Altbach, David Kelly and Younus Lulat, *Research on Foreign Students and International Study: An Overview and Bibilography*, New York: Praeger Publishers, 1985.

Philip Altbach, Jorge Balán, eds. , *World Class Worldwide: Transforming Research Universities in Asia and Latin America*, Baltimore, MD: Johns Hopkins University Press, 2007.

Richard I. Miller, *Major American Higher Education: Issues and Challenges in 1990s*, London: Jessia Kingsley Publisher, 1990.

Richard R. Hofferbert, *The Study of Public Policy*, Indianapolis: Bobbs-Merrill, 1974.

Roger King, *The University in the Global Age*, New York: Palgrave Macmillan, 2004.

Sandra Taylor, *Educational Policy and the Politics of Change*, London and New York: Routledge, 1997.

Seymour Martin Lipset, *American Exceptionalism: A Double-Edged Sword*, New York: W. W. Norton, 1996.

Stephen E. Ambrose, *Eisenhower, the President*, New York: Simon and Schuster, 1984.

Stephen J. Whitfield, *The Culture of the Cold War*, Baltimore, London: The Johns Hopkins University Press, 1991.

Theodore Vestal, *International Education: Its History and Promise for Today*, London: Westport, Connecticut, 1994.

Thomas G. Paterson, Garry J. Clifford, Kenneth J. Hagan, *American Foreign Relations: A History since 1895*, Lexington, Mass.: D. C. Heath and Company, 1995.

Walter Johnson and Francis Colligan, *The Fulbright Program: A History*, Chicago and London: The University of Chicago Press, 1965.

Wesley J. Childers, *Foreign Language Teaching*, New York: The Center for Applied Teaching, Inc., 1964.

Wilson Harold, "Education, Foreign Policy, and International Relations", in Blum R. Robert, eds., *Cultural Affairs and Foreign Relations*, N. J.: Prentice-Hall, 1963.

（二）论文

Anthony W. Robinson, *Ideological Influence on Higher Education: Progressivism Versus Conservatism*, Master Dissertation, Kentucky: University of Louisville, 2008.

Ashley Macrander, "An International Solution to a National Crisis: Trends in Student Mobility to the United States Post 2008", *International Journal of Educational Research*, Vol. 82, 2017.

Baiba Rivza, Uirich Yeichler, "The Changing Role of Student Mobility", *Higher Education Policy*, Vol. 20, No. 4, 2007.

Brain Hogwood, Peters Guy, "The Dynamics of Policy Change: Policy Succession", *Policy Sciences*, Vol. 14, No. 3, 1982.

Carlos J. Ovando, "The Politics and Pedagogy: The Case of Bilingual Education", *Harvard Educational Review*, Vol. 60, No. 3, 1990.

Carol Weiss, "Research for Policy's Sake: The Enlightenment Function of Social Research", *Policy Analysis*, Vol. 3, No. 4, 1977.

Carolin Kreber, "Different Perspectives on Internationalization in Higher Education", *New Directions for Teaching and Learning*, Vol. 2009, No. 118, 2009.

Charles Lindblom, "The Science of Muddling Through", *Public Adminis-

tration Review, Vol. 19, No. 2, 1959.

Cindy Ann, Richard Reuben, "Rethinking the Politics of the International Student Experience in the Age of Trump", *Journal of International Students*, Vol. 7, No. 3, 2017.

Ciolli Anthony, "International Students in a Post-Globalization World: A Critical Analysis", *Georgetown Journal of Law & Public Policy*, Vol. 5, No. 2, 2007.

Cennet Demir, Aksu Meral, Fersun Paykoç, "Does Fulbright Make A Difference? The Turkish Perspective", *Journal of Studies in International Education*, Vol. 4, No. 1, 2000.

Craufurd D. Goodwin, Michael Nacht, "Absence of Decision: Foreign Students in American Colleges and Universities", *Comparative Education Review*, Vol. 28, No. 2, 1984.

Deborah Wilkins Newman, "September 11: A Societal Reaction Perspective", *Crime, Law and Social Change*, Vol. 39, No. 3, 2003.

Ebuchi Kazuhiro, "Foreign Students and Internationalization of the University: A View from Japanese Perspective in Proceedings of OECD," in OECD, Hiroshima Daigaku and Daigaku Kyo⁻iku, eds., *Japan Seminar on Higher Education and the Flow to Foreign Students*, Hiroshima, Japan: Hiroshima University, 1989.

Fraser Stewart, "The Fourth Dimension of Foreign Policy: Educational and Cultural Affairs", *Journal of Higher Education*, Vol. 37, No. 7, 1966.

George F. Kennan, "International Exchange in the Arts", *Perspectives USA*, No. 8, 1956.

George J. Borjas, "An Evaluation of the Foreign Student Program", IDEAS Working Paper Series from RePEc, 2002.

Goodwin Craufurd, Nacht Michael, "Absence of Decision: Foreign Students in American Colleges and Universities", *Comparative Educa-*

tion Review, Vol. 28, No. 2, 1984.

Henry M. Wriston, "Education and the National Interest", *Foreign Affairs*, Vol. 35, No. 4, 1957.

Herbert G. Grubel, Alexander D. Scott, "The Immigration of Scientists and Engineers to the United States, 1949–1961", *The Journal of Political Economy*, Vol. 74, No. 4, 1966.

Hong Rideout, *International Education: Implications for United States National Security*, Masters Dissertation, University of Southern California, 2004.

Horn Aaron, Hendel Darwin and Fry Gerald, "Ranking the International Dimension of Top Research, Universities in the United States", *Journal of Studies in International Education*, Vol. 11, No. 3–4, 2007.

Hugo García, "The 'Redirecting' of International Students: American Higher Education Policy Hindrances and Implications", *Journal of International Students*, Vol. 4, No. 2, 2014.

Ivan Eland, "Bush's War and the State of Civil Liberties", *Mediterranean Quarterly*, Vol. 14, No. 4, 2003.

Jack Citrin, Ernst B. Haas, Christopher Muste, Beth Reingold, "Is American Nationalism Changing? Implications for Foreign Policy", *International Studies Quarterly*, Vol. 38, No. 1, 1994.

Janet V. Danley, "SEVIS: The Impact of Homeland Security on American Colleges and Universities", *New Directions for Institutional Research*, Vol. 2010, No. 146, 2010.

Joana Elizabeth Crossman, Marilyn Clarke, "International Experience and Graduate Employability: Stakeholder Perceptions on the Connection", *Higher Education*, Vol. 59, No. 5, 2010.

John Bridger Robinson, "Apples and Horned Toads: On the Framework-determined. Nature of the Energy Debate", *Policy Sciences*, Vol. 15, No. 1, 1982.

John E. Owens, "Congressional Acquiescence to Presidentialism in the US 'War on Terror'", *Journal of Legislative Studies*, Vol. 15, No. 2 – 3, 2009.

John M. Murphy, "Our Mission and Our Moment: George W. Bush and September 11th", *Rhetoric & Public Affairs*, Vol. 6, No. 4, 2003.

John M. Weaver, "The 2017 National Security Strategy of the United States", *Journal of Strategic Security*, Vol. 11, No. 1, 2018.

Kemal Gürüz, "Higher Education and International Student Mobility in the Global Knowledge Economy", *British Journal of Educational Studies*, Vol. 59, No. 3, 2011.

Lance DeHaven-Smith and Van Horn, "Subgovernment Conflict in Public Policy", *Policy Studies Journal*, Vol. 12, No. 4, 1984.

Lane Crothers, "The Cultural Roots of Isolationism and Internationalism in American Foreign Policy", *Journal of Transatlantic Studies*, Vol. 9, No. 1, 2011.

Laurie Thomas Lee, "The USA Patriot Act and Telecommunications: Privacy Under Attack", *Rutgers Computer & Technology Law Journal*, Vol. 29, No. 2, 2003.

Lazerson Marvin, "The Disappointments of Success: Higher Education after World War II", *The Annals of the American Academy of Political and Social Science*, Vol. 599, No. 1, 1998.

Liping Bu, "Educational Exchange and Cultural Diplomacy in the Cold War", *Journal of American Studies*, Vol. 33, No. 3, 1999.

Lisa Finnegan Abdolian, Harold Takooshian, "The USA Patriot Act: Civil Liberties, the Media, and Public Opinion", *The Fordham Urban Law Journal*, Vol. 30, No. 4, 2003.

Michael Givel, "The Evolution of the Theoretical Foundations of Punctuated Equilibrium Theory in Public Policy", *Review of Policy Research*, Vol. 27, No. 2, 2010.

Michael T. Mccarthy, "USA Patriot Act", *Harvard Journal on Legislation*, Vol. 39, No. 2, 2002.

Michael W. Apple, "Patriotism, Pedagogy, and Freedom: On the Educational Meanings of September 11th", *Teachers College Record*, Vol. 104, No. 8, 2002.

Naidoo Vikash, "International Education: A Tertiary-level Industry Update", *Journal of Research in International Education*, Vol. 5, No. 3, 2006.

Niall Hegarty, "Where We Are Now—The Presence and Importance of International Students to Universities in the United States", *Journal of International Students*, Vol. 4, No. 3, 2014.

Niefeld Harold Mendelsohn, "How Effective is Our Student-Exchange Program?", *Educational Research Bulletin*, Vol. 33, No. 2, 1954.

Paul Desruiseaux, "State Department, in Reversal, Backs Separate Bureau to Oversee Academic Exchanges", *The Chronicle of Higher Education*, Vol. 45, No. 32, 1999.

Paula McWhirter, Jeffries McWhirter, "Historical Antecedents: Counseling Psychology and the Fulbright Program", *The Counseling Psychologist*, Vol. 38, No. 1, 2010.

Paul Sabatier, "Knowledge, Policy-Oriented Learning, and Policy Change: An Advocacy Coalition Framework", *Science Communication*, Vol. 8, No. 4, 1987.

Philip Altbach, Jane Knight, "The Internationalization of Higher Education: Motivations and Realities", *Journal of Studies in International Education*, Vol. 11, No. 3-4, 2007.

Philip G. Altbach, "Globalization and Internationalization", *Journal of Higher Education*, Vol. 31, No. 2, 2010.

Richard Wolffe, Rod Nordland, "Bush's News War", *Newsweek*, Vol. 142, No. 17, 2003.

Robert Leestma, "Comparative and International Education in the U. S. Office of Education: A Bibliography of Studies and Publications, 1968 – 1980", *Comparative Education Review*, Vol. 25, No. 2, 1981.

Rupp Jan, "The Fulbright Program, or the Surplus Value of Officially Organized Academic Exchange", *Journal of Studies in International Education*, Vol. 3, No. 1, 1999.

Sá Creso, Emma Sabzalieva, "The Politics of the Great Brain Race: Public Policy and International Student Recruitment in Australia, Canada, England and the USA", *The International Journal of Higher Education Research*, Vol. 75, No. 2, 2018.

Samuel P. Huntington, "The Erosion of American Interest", *Foreign Affairs*, Vol. 76, No. 5, 1997.

Shelley Rodgers, "SEVIS: Chronology of a Federal Program", *College and University*, Vol. 78, No. 1, 2002.

Simon Marginson, "National and Global Competition in Higher Education", *Australian Educational Researcher*, Vol. 31, No. 2, 2004.

Susan Brudno, "The STEM Jobs Act: Scientists in Waiting", *Information Today*, Vol. 30, No. 2, 2013.

Terry Moe, "Political Institutions: The Neglected Side of the Story", *Journal of Law, Economics, and Organization*, Vol. 6, (special issue), 1990.

Van der Wende, "Internationalization Policies: About New Trends and Contrasting Paradigms", *Higher Education Policy*, Vol. 14, No. 3, 2001.

Vicki J. Rosser, "A National Study Examining the Impact of SEVIS on International Student and Scholar Advisors", *Higher Education*, Vol. 54, No. 4, 2007.

Weible Christopher, Paul Sabatier, Hank Jenkins-Smith, "A Quarter Century of the Advocacy Coalition Framework: An Introduction to the

Special Issue", *Policy Studies Journal*, Vol. 39, No. 3, 2011, p. 355.

Wong Kam, "Implementing the USA Patriot Act: A Case Study of the Student and Exchange Vistor Information System (SEVIS)", *Brigham Young University Education & Law Journal*, No. 2, 2006.

(三) 报告

Alison Siskin, *Monitoring Foreign Students in the United States: The Student and Exchange Visitor Information System (SEVIS)*, Congressional Research Service Report, 2004.

American Council on Education, *Beyond September 11: A Comprehensive National Policy on International Education*, Washington, D. C.: ACE, 2002.

American Council on Education, *Mapping Internationalization on U. S. Campuses: 2017 Edition*, Washington, D. C.: ACE, 2017.

American Council on Education, *Challenges and Opportunities for the Global Engagement of Higher Education*, Washington, D. C.: ACE, 2017.

American Council on Education, *International Students Funding*, Washington, D. C.: ACE, 2019.

Board of Regents, *Strategic Plan for Higher Education* 2008 – 2017, Columbus: University System of Ohio, 2008.

College Board, *Trends in College Pricing and Student Aid*, New York: College Board, 2020.

Congress Record, *Scholarship and Loan Program: Hearings on H. R. 13247, 85th Cong. 2nd Session*, Washington, D. C.: US Government Printing Office, 1958, p. 16572.

Department of State Office of the Foreign Liquidation Commissioner, *Report to Congress on Foreign Surplus Disposal*, Washington, D. C.: State Department Publication, 1946.

Department of State, Department of Education, *Joint Statement of Princi-*

ples in Support of International Education, Washington, D. C.: U. S. Government Printing Office, 2021.

Fulbright Foreign Scholarship Board, 2017 Annual Report, Washington, D. C.: Bureau of Educational and Cultural Affairs, 2017.

Fulbright Foreign Scholarship Board, 2018 Annual Report, Washington, D. C.: Bureau of Educational and Cultural Affairs, 2018.

Fred M. Hayward, Internationalization of U. S. Higher Education: Preliminary Status Report 2000, Washington, D. C.: American Council on Education, 2000.

Hayward M. Fred, Internationalization of U. S. Higher Education: Preliminary Status Report 2000, Washington, D. C.: American Council on Education, 2000.

House Subcommittee of the Committee on Education and Labor, Scholarship and Loan Program: Hearings on H. R. 13247, 85th Cong. 2nd Session, Washington, D. C.: US Government Printing Office, 1958.

Institute of International Education, Report of Conference of College and University Administrators and Foreign Student Advisers, New York: IIE, 1946.

Institute of International Education, Twenty-Seventh Annual Report of the Director, New York: IIE, 1946.

Institute of International Education, Education for One World, New York: IIE, 1952.

Institute of International Education, 1957 – 1958 Annual Report, New York: IIE, 1958.

Institute of International Education, 2015 Fast Facts, Washington, D. C.: Department of State's Bureau of Education and Cultural Affairs, 2015.

Institute of International Education, U. S. Colleges and Universities Remain Top Choice for International Students, Washington, D. C.: Press

Office, IIE, 2021.

Julie Bell, *Fall 2018 International Student Enrollment Hot Topics Survey*, New York: IIE Center for Academic Mobility Research and Impact, 2018.

Lister Hill, Hearings before the Committee on Labor and Public Welfare, 85th Cong., 2nd Session, Senate Committee on Labor and Public Welfare, Science and Education for National Defense, 1958.

Mirka Martel, *Fall 2021 International Student Enrollment Snapshot*, Washington, D. C.: IIE, 2021.

NAFSA, *In America's Interest: Welcoming International Students*, Washington, D. C.: NAFSA, 2003.

NAFSA, *The United States of America Benefits from International Students*, Washington, D. C.: US Department of Education, US Department of Commerce, 2021.

OECD, *Education at a Glance 2019: OECD Indicators*, Paris: OECD Publishing, 2019.

OECD, *Internationalization and Trade in Higher Education: Opportunities and Challenge*, Paris: OECD Publishing, 2019.

Ohio Board of Regents, 2013 *Sixth Report on the Condition of Higher Education in Ohio*, Columbus: Ohio Board of Regents, 2013.

Ohio Higher Education Funding Commission, *Recommendation of Ohio Higher Education Funding Commission*, Columbus: Ohio Higher Education Funding Commission, 2012.

Project Atlas, *A Quick Look at Global Mobility Trends*, New York: IIE Release, 2019.

Robin Matross Helms, *Internationalizing U. S. Higher Education: Current Policies, Future Directions*, Washington, D. C.: ACE, 2015.

The Committee on the College and World Affairs, *The College and World Affairs*, New York: The Ford Foundation, 1964.

U. S. House of Representatives, *Task Force on International Education of the Committee on Education and Labor*, Washington, D. C.: House of Representatives, 89th Cong., 2nd Session, 1966.

United States Congress House Committee on Science and Technology Task Force on Science Policy, *A History of Science Policy in the United States, 1940 – 1985*, Washington, D. C.: United States Government Printing Office, 1986.

U. S. Senate, *Congressional Record 107th Congress*, 1st Session, Washington, D. C.: US Government Printing Office, 2001.

U. S. Senate, *Subcommittee on Education of the Committee on Labor and Public Welfare*, *International Education Act 89th Cong. 2nd Session*, Washington, D. C.: US Government Printing Office, 1966.

UNESCO Institute for Statistics, *Global Education Digest 2009: Comparing Education Statistics Across the World*, Montreal, Canada: UNESCO Institute for Statistics, 2009.

三 网络资源

（一）中文资源

中华人民共和国教育部、中华人民共和国外交部、中华人民共和国公安部:《学校招收和培养国际学生管理办法》, 2017 年 6 月 2 日, http://www.moe.gov.cn/srcsite/A02/s5911/moe_621/201705/t20170516_304735.html。

中共中央办公厅、国务院办公厅:《关于做好新时期教育对外开放工作的若干意见》, 2016 年 4 月 29 日, http://www.gov.cn/home/2016-04/29/content_5069311.htm。

教育部发展规划司:《2022 年全国教育事业发展基本情况》, 2023 年 3 月 23 日, http://www.moe.gov.cn/fbh/live/2023/55167/sfcl/202303/t20230323_1052203.html。

（二）英文资源

ABC News, "Business 2001: The Good, Bad and Bankrupt", December 14, 2001, https://abcnews.go.com/Business/business-2001-good-bad-bankrupt/story?id=87214.

ABCNEWS, "NYPD's Anti-Terrorism Capabilities", September 26, 2001, https://abcnews.go.com/Blotter/video/nypds-anti-terrorism-capabilities-14607900.

American Council on Education, "Request to Congress to Protect International Student Visas Under the National Defense Authorization Act", September 15, 2020, https://www.acenet.edu/Documents/Letter-Armed-Services-Judiciary-NDAA-Sec-1763.pdf.

Australian Government Department of Education and Training, "Definitions and Acronyms," December 2018, https://internationaleducation.gov.au/Regulatory-Information/Education-Services-for-Overseas-Students-ESOS-Legislative-Framework/National-Code/Pages/Definitionsandacronyms.aspx.

British Council, "Glossary", December 1, 2018, https://www.britishcouncil.org/education/skills-employability/what-we-do/vocational-education-exchange-online-magazine/april-2017/glossary.

Bureau of Educational and Cultural Affairs, "Fulbright Foreign Language Teaching Assistant", December 13, 2018, https://exchanges.state.gov/nonus/program/fulbright-foreign-language-teaching-assistant-flta.

Bureau of Educational and Cultural Affairs, "Fulbright Foreign Student Program", December 13, 2018, https://exchanges.state.gov/non-us/program/fulbright-foreign-student-program.

Bureau of Educational and Cultural Affairs, "Funding and Administration", May 29, 2019, https://eca.state.gov/fulbright/about-fulbright/funding-and-administration.

Canadian Bureau for International Education, "Internationalization Statement of Principles for Canadian Educational Institutions", November 2014, https://cbie.ca/wpcontent/uploads/2016/06/Internationalization-Principles-for-Canadian-Institutions-EN.pdf.

Ford Foundation, "1950 Annual Report", September 28, 1950, https://www.fordfoundation.org/about/library/annual-reports/1950-annual-report/.

IIE, "Academic Level", Open Doors, November 13, 2022, https://opendoorsdata.org/data/international-students/academic-level/.

IIE, "All Places of Origin", Open Doors, November 13, 2022, https://opendoorsdata.org/data/international-students/all-places-of-origin/.

IIE, "Fields of Study", Open Doors, November 13, 2022, https://opendoorsdata.org/data/international-students/fields-of-study/.

IIE, "Terminology", Project Atlas, September 20, 2020, https://www.iie.org/research-initiatives/project-atlas/terminology/.

International Association of Universities, "Definition of Internationalization", December 8, 2018, https://www.iau-aiu.net/Internationalization?lang=en.

International Trade Administration, "U.S. Department of Commerce Education State Consortia", January 13, 2022, https://www.trade.gov/usa-study.

New York University, "Student Financial Support", October 30, 2020, https://www.nyu.edu/life/safety-health-wellness/coronavirus-information/information-for-students/student-financial-support.html.

Online Etymology Dictionary, "Mobility", November 2018, https://www.etymonline.com/word/mobility.

Pew Research Center, "American Psyche Reeling from Terror Attacks", September 19, 2001, http://www.people-press.org/2001/09/19/american-psyche-reeling-from-terror-attacks/.

The American Presidency Project, "Proclamation 10043—Suspension of Entry as Nonimmigrants of Certain Students and Researchers from the People's Republic of China", May 29, 2020, https://www.presidency.ucsb.edu/documents/proclamation-10043-suspension-entry-nonimmigrants-certain-students-and-researchers-from.

Travel. State. Gov, "Visa Statistics", July 20, 2021, https://travel.state.gov/content/travel/en/legal/visa-law0/visa-statistics.html.

U. S. Census Bureau, "An Older and More Diverse Nation by Midcentury", September 1, 2019, http://www.census.gov/newsroom/releases/archives/population/cb08 123.html.

U. S. Department of Education, "Fulbright-Hays Seminars Abroad-Bilateral Projects", August 30, 2019, https://www2.ed.gov/programs/iegpssap/funding.html.

U. S. Department of State, "FY 2017 Budget Amendment Summary-Department of State, Foreign Operations, and Related Programs", December 30, 2017, https://2009-2017.state.gov/documents/organization/264457.pdf.

UNESCO, "Global Flow of Tertiary-Level Students", November 13, 2018, http://uis.uncsco.org/en/uis-student-flow.

UNESCO, "Outbound Internationally Mobile Students by Host Region", March 1, 2019, http://data.uis.unesco.org/Index.aspx#.

University World News, "Five Years to Recover Global Mobility, Says IHE Expert", Nic Mitchell, March 26, 2020, http://www.universityworldnews.com/post.php?story=20200326180104407.

#You Are Welcome Here, "Social Media Campaign", November 20, 2020, https://www.youarewelcomehereusa.org/social-media.

索　引

G

高等教育国际化　3，7，12，14－19，28，29，31－33，53，137，151，159，216，228，235

国际学生流动　1，3，7，8，12－15，19－24，26－32，34，35，38－42，45－50，52－54，56，58，61，63－73，81，85，88，89，92，99，103，104，109－112，116，118，119，125，129，130，132，133，137，139，142，144－146，151－157，159，170，172，174，176，178，184，199，202，203，212－215，219－231，235，239，241，245－255

J

教育政策　10，11，15，24－26，28－30，35，38－42，44－47，64，68，70，80，94，95，108，109，133－136，156，166，225－228，232，234，237，239，241，252，254，255

L

来华留学　1，2，10－13，15，19，70

留学生教育　1，2，10，11，14，24，28－30，32－35，38－47，64，65，68，71，80，85，88，89，91－96，99，101，104，105，107，109－112，119，120，125－127，133，134，137，144，155，156，159，162，167，

索　引

174，176，179，196－200，212－216，220，222－227，229－231，234－239，241－244，247，249－255

M

美国　1，3，4，7－10，12－15，18－20，22，23，27－35，38－53，56，58，62，64－67，70－90，92－144，147－176，178－210，212－216，218－255

Z

政策变迁　2，13，15，24，27，28，31，35，48－51，53－55，57，59，60，62－65，68，70，71，146，175，176，245，251

后　　记

本书是在本人博士学位论文的基础上修改完成的。首先要感谢我的导师王英杰先生和刘宝存教授的谆谆教导。在学术上，他们是比较教育学科，乃至教育学界学识渊博，治学严谨，引领学科发展的前辈名家；在育人上，他们毫无保留，甘为人梯，重视提携后辈；在生活上，他们爱生如子，纯真善良，为人楷模。

人生交契无老少，论交何必先同调。我还要感谢北京师范大学国际与比较教育研究院"学为人师，行为世范"的老师们。感谢谷贤林教授、高益民教授、林杰教授、肖甦教授在我论文开题或预答辩时给予的细心指导和宝贵建议；感谢马健生教授、王璐教授、滕珺教授、刘敏副教授、殷慧娟老师、王艳老师在我读博期间给予我的支持和帮助。感谢北京师范大学亦师亦友的陈光巨教授、曲如晓教授、王君教授、梁迎修教授和魏浩教授，感谢他们在我读博期间给予我的跨专业建议和指点，开阔了我的学术视野，拓展了我的研究思路。感谢各位匿名评审专家和不辞辛苦参加我博士论文答辩的施晓光教授、王晓阳教授等，你们的宝贵建议让我能够继续改进和成长。感谢北京体育大学教育学院的各位领导和老师在出版项目申请过程中给予我的无私关怀和鼎力支持。

恰同学少年，风华正茂。感谢我在国际与比较教育研究院的各位学友兼兄弟姐妹们，读书虽苦，但庆幸有你们时刻陪伴、无私分享和热情帮助。虽然不能一一列举你们的名字来表达我的感激之情，但我要特别感谢胡昳昀师姐、张梦琦师姐、张惠师姐、苏洋师姐、臧玲玲师姐、郑灵臆师姐、秦毛毛师姐、郝理想师兄、丁瑞常师兄，感谢你们在生活上、学习上和求职上给予我的无私分享和热情帮助；还要特别感谢段世飞师弟、黄秦辉师弟、张金明师妹、王婷钰师妹、彭婵娟师妹、徐梦婕师妹、康云菲师妹、张瑞芳师妹、郭广旭师妹、穆翎师妹、杨蕊师妹和吴桐师妹等，感谢你们在师门会的分享和启发，在生活里的陪伴和帮助。同时，我要特别感谢我的同级学友兼好朋友肖军、尤铮、蔡娟、彭雪梅、陈晓菲、王希彤和朋腾，难忘我们在生活和学习上的交流分享，难忘我们畅谈过去、现在和未来，是你们在我的记忆中画出了一幅靓丽的风景。

吾爱有三，日月与卿。我要感谢我最好的朋友、陪我一起成长的爱人张心，她是照亮我前行的光，是我日复一日的梦想。感谢我们挚爱的双亲和可爱的宝宝，在背后默默的支持。

最后，在著作出版过程中，中国社会科学出版社赵丽老师付出了大量心血，在此致以衷心的谢意。

涉世或始今日，立身却在生平，未来我会一直在路上。